GOTTESDIENST PRAXIS SERIE A

Arbeitshilfen für die Gottesdienste
zu den Sonn- und Feiertagen
des Kirchenjahres

Herausgegeben von Erhard Domay

Gütersloher Verlagshaus

GOTTESDIENST-PRAXIS

IV. Perikopenreihe

Band 1: 1. Sonntag im Advent bis Judica

Gütersloher Verlagshaus

Die Deutsche Bibliothek – CIP-Einheitsaufnahme

Gottesdienstpraxis / hrsg. von Erhard Domay. –
Gütersloh : Gütersloher Verl.-Haus Mohn.

Ser. A, Arbeitshilfen für die Gottesdienste zu den Sonn-
und Feiertagen des Kirchenjahres.
Perikopenreihe 4.
NE: Domay, Erhard [Hrsg.]; 1. Abt.

Bd. 1: 1. Sonntag im Advent bis Judica. – 1993
ISBN 3-579-02881-2

ISBN 3-579-02881-2

Satz: Satz-Service-Berkemeier, Gütersloh
Druck und Bindung: Ebner Ulm
Umschlagentwurf: Franz Wöllzenmüller, Oberhaching
Umschlagbild: © Benedikt Werner Traut, 8677 Selbitz
Weizenkorn, 1974, Farbholzschnitt 60,0 x 72,5 cm

Gedruckt auf chlorfrei gebleichtem Werkdruckpapier.

Printed in Germany

Inhalt

Vorwort

Liebe Leserinnen und Leser!

Ab Band 1 der Perikopenreihe V erscheint die »GOTTESDIENST-PRAXIS-SERIE A« in einer leicht veränderten Konzeption. Von da an wird es keinen separaten Exegesenband mehr geben. Es wäre der dritte exegetische Durchgang durch die Reihen, und ich fürchte, Wiederholungen wären unvermeidlich. Selbstverständlich wird die Exegese künftig nicht fehlen. Sie wird in der theologisch-homiletischen Skizze ausführlicher vorgetragen werden, als das bislang in dieser Rubrik notwendig war.
Ein ganz neuer Bestandteil jeder Perikopenbearbeitung wird eine Annäherung an den jeweiligen Predigttext sein. Das sind Ergebnisse von Gesprächen, die Kolleginnen und Kollegen mit Gruppen oder einzelnen Personen in ihrer Gemeinde über den Text geführt haben: Fragen, Einwände, Zustimmungen, Echos, Anregungen, individuelle Wirkungsgeschichten werden notiert und zusammengefaßt. Diese »Exegesen von unten«, diese basis-theologischen Kommentare werden den Bearbeiterinnen und Bearbeitern der Perikopen vorgelegt (wie bisher die wissenschaftlichen Exegesen) und können in die Bearbeitung mit einfließen. Zur fachlichen Arbeit von Theologinnen und Theologen tritt die Mitarbeit von Gemeindegliedern – ein spannender Prozeß, der Überraschungen erwarten läßt!
Der Gesamtumfang der weiterhin vier Teilbände wird sich nicht ändern. Die Perikopen werden lediglich auf alle vier Bände verteilt sein. Auf jeden Fall werden Sie eine Fülle an neuen Anregungen und zusätzlichen Impulsen erhalten.
Ich würde mich freuen, wenn Sie diese Modifikation unserer Arbeitshilfe nützlich und interessant fänden und grüße Sie in Ihre Arbeit hinein sehr herzlich!

Erhard Domay

1. Sonntag im Advent

Predigttext: Offenbarung 5,1–5,(6–14)

Gisela Arp-Kaschel

Theologisch-homiletische Skizze

Am Anfang war die Skepsis: Offb 5,1–5,(6–14) ist eine harte Nuß – und diese Nuß soll vor Weihnachten und auf Weihnachten hin geknackt werden? Dann kam ein Stück Begeisterung: eine starke Vision! Und zuletzt das Angerührtsein: »Und ich weinte sehr ... Und einer spricht zu mir: Weine nicht!« Aber bei manchen Texten aus der Offenbarung des Johannes schrillen offenbar alle Alarmglocken: »Magst du solche Töne wirklich? Du bist doch kein Mitglied irgendeiner Sekte XY der letzten Tage!« Die Offenbarung ist eben auch das Lieblingsbuch der Weltuntergangsberechner (»Harmaggedon«), der Elitebewußten (»144.000«), der Zahlenfanatiker (»666«) – bis hin zum »Tausendjährigen Reich« (Kap. 20). Sie fordert zur Deutung heraus in ihrer Vieldeutigkeit – und gerade durch eindimensionale, einlinige Deutung wird alles schief.

Im Advent eine Vision auf Weihnachten hin, das ist schön – Eschatologie im Advent, das ist kirchliche Tradition, aber fremd in der Welt. Dieser Text macht das Auseinanderklaffen der Schere von kirchlichen und weltlichen Adventstraditionen noch stärker bewußt. Lichterketten, Tannenbäume und ›Stille Nacht‹ Ende November stehen gegen violette Paramente, veränderte Liturgie und ehemalige Fastenzeit. Dort sentimentaler Kitsch, hier eine merkwürdig spröde Herbheit. Einzig mit den Adventsliedern des Gesangbuches geht der Text gut zusammen.

In der Gemeinde gilt das letzte Buch der Bibel als ein »wildes Buch«. »Nein, also die Offenbarung, die ist nicht mein Fall«, sagt ein Kirchenvorsteher; »na, da wollen wir uns man nicht so ›reinsteigern‹«, lautet der Kommentar zu einer Andacht im Kirchenvorstand. Da läuten wieder die Alarmglocken! Wir sind rational und kritisch; Überwältigendes mit Sogwirkung fürchten wir. So werden die nüchternen Stimmen überwiegen. Das Wort ›Phantasie‹ hat im Alltag eher abwertenden Klang. Wir reagieren zurückhaltend, abwartend: »Ob es so kommt, wissen wir nicht. Wir wollen Gott nicht vorgreifen.« Das ist löblich protestantisch gedacht – selbst der kleine Schluck Abendmahlswein berauscht uns nicht. Der Text ist ein Fremdkörper in unserem rationalen Christsein, in unseren nüchternen Wortgottesdiensten.

Doch obwohl auch in der Offenbarung nur Worte stehen, malen sie uns Bilder vor die Augen – Bilder in kräftigen, ja grellen Farben: wie die apokalyptischen Reiter (Kap. 6)! Ich möchte diesen visionären Text nicht nüchtern ›verkaufen‹. Gegen die Stärke seiner Visionen sind wir ohnehin zu kurzatmig. Was muß geschehen, damit wir in diese sehnsüchtigen Visionen einsteigen können? Leid, Bedrängnis? Das kann man nicht herbeiwünschen; unsere Rolle ist wie jene: »Du hast den Krieg nicht erlebt, da kannst du gar nicht mitreden!« Wir leben nicht mehr – und noch nicht wieder – in der Wirklichkeit jener Christen, für die Johannes schrieb, das läßt sich nicht überspringen; bei dieser sehnsüchtigen Erwartung können wir schlicht nicht mitreden.

Ich will die Verse 1–5 in den Mittelpunkt stellen, auch bewußt sie selbst zu Wort kommen lassen, und aus dem Kontext des ganzen 5. Kapitels die ›Auflösung‹ (das

Lamm!) und die Anbetung betonen. Ich will den Weg vom Löwen über das Lamm zum Kind (1. Advent!) vorsichtig andeuten. Anbeten, das werden zu Weihnachten die Hirten und die Könige tun, ganz nah beim Kind. An der Krippe verbinde ich dieses Anbeten mit großer Nähe zu Gott bzw. großer Nähe Gottes zu uns. Im Offenbarungstext empfinde ich beim Niederfallen und Anbeten der Ältesten eher die Distanz. Was Anbetung bedeutet, habe ich zum ersten Mal in Taizé erfahren. »Der auf dem Thron sitzt«, fordert zur Anbetung heraus: Gott (4,11). Dieselbe Anbetung erfährt auch das Lamm (5,9.12.13). Thron und Anbetung erinnern mich an Darstellungen von Christus als Weltenrichter: auf einem Thron sitzend, mit einem Buch in der linken Hand, die rechte Hand zum Segen erhoben. Das Buch ist entweder geschlossen, mit Schnallen und einem Kreuz versehen; oder es ist aufgeschlagen. Manchmal ist Christus eingerahmt von den Buchstaben Alpha und Omega (vgl. Offb 1,8.17c; 21,6b; 22,13). Den damaligen Christen war dieses Weltbild selbstverständlich: Zwischen Alpha und Omega ist die Welt gefaßt, von diesen beiden Zeichen göttlicher Herrschaft wird sie zusammengehalten. Unser heutiges Weltbild ist eher diffus, da wird nicht mehr viel zusammengehalten, es fällt stattdessen auseinander. Die griechischen Buchstaben, die ja auch Paramente, Osterkerzen und Taufkerzen schmücken, werden als Zeitkategorien (»Anfang und Ende«) in der Offenbarung verschmolzen: Sie fallen in einen Punkt zusammen, das Reich Gottes bricht an. Gott und das Lamm – beide sitzen auf dem Thron. Die Bedrängnis der damaligen Gemeinde zeigt sich in der Verheißung (»Wer überwindet, der wird es alles erben«; 21,7a); ihre Sehnsucht im »Amen, ja, komm, Herr Jesus!« (22,20).
Im Predigttext geht es um das Sehen – Johannes sieht eine Gestalt, eine Hand, ein Buch, sieben Siegel – und um das Hören – von Stimmen, von Gesang. Es geht, obwohl es um ein Buch geht, nicht um das Lesen! Es geht um das Aufschlagen dieses Buches und um die Gestalten und Ereignisse, die uns aus ihm in dramatischer Weise entgegenkommen. Wer will, kann die apokalyptischen Reiter aus dem 6. Kapitel noch ein Stück in seiner Predigt galoppieren lassen – faszinierend sind sie und haben Künstler von Dürer bis Marcks beschäftigt.
Nachdenklich macht mich, daß wir Visionen nur noch in Form von Schreckensvisionen zu kennen scheinen, ohne dazugehörige Erlösungsvisionen. Statt eines ›Buches mit sieben Siegeln‹ begegnen wir der ›Büchse der Pandora‹, die wir nicht öffnen wollen, wir sind ja gewarnt – aber tun müssen wir es trotzdem. Apokalyptische Bedrohungen kennen wir in einem säkularen Szenario, und manchmal scheint uns das Schicksal unserer Erde ›besiegelt‹, ohne einen messianischen Hoffnungsschimmer am Horizont. Unsere kleinen und großen Katastrophen sind selbstgemacht, das wissen wir. Mit ihnen hat Gott nichts zu tun. Sie sind nicht Zeichen der ›Endzeit‹, sondern drohen vorzeitiges Ende an.

Vorschläge zur Liturgie

Lieder

EKG 1; 3; 5; 88,6; 275,7; zum Abendmahl 161,1–4. Kanon: Dona nobis pacem. Taizélieder bzw. -gebetsrufe: Maranatha – Alleluja; Adoramus te, Domine.

(Quelle: »Gesang aus Taizé« – Musik: J. Berthier, © Les Presses de Taizé. Deutsche Rechte: Christophorus-Verlag, Freiburg i.Br.)

Sündenbekenntnis
Barmherziger Gott! Wir schlagen oft Türen zu, die wir besser offen gelassen hätten. Wir lassen andere vergeblich an unsere Tür klopfen. Die Tür unseres Herzens ist verschlossen. Laß uns zusammen mit Dir die Tore weit und die Türen in der Welt hoch machen:
Kyrie …

Gnadenzusage
Jesus Christus spricht: »Siehe, ich stehe vor der Tür und klopfe an. Wenn jemand meine Stimme hören wird und die Tür auftun, zu dem werde ich hineingehen und das Abendmahl mit ihm halten und er mit mir« (Offb. 3,20):
Gloria.

Eingangsgebet
Allmächtiger Gott! / Wir wissen nicht, / was Du mit Deiner Welt vorhast, / was Du mit uns vorhast. / Keine Ahnung haben wir. / Manchmal wüßten wir das gern: / wie alles ausgehen soll, / worauf es hinauslaufen soll / mit uns, unserem Leben und Sterben, / mit unserer Welt. / Wir bitten Dich: Gib uns eine Ahnung von dem, / was kommen soll, / eine Ahnung von Erlösung und Erfüllung, / von Deiner Liebe und Deiner Nähe zu uns! / Dies bitten wir Dich im Vertrauen auf Jesus Christus, / der die Sünden der Welt auf sich genommen hat – / für alle Ewigkeit. Amen.

Fürbittengebet
(nach jedem Anruf singen alle das ADORAMUS TE, DOMINE, ohne den ersten Teil.)

Christus, selbst arm geworden, schenkst du den Armen auf Erden das Reich im Himmel, du erfüllst uns mit deinem Reichtum.
– Adoramus te, Domine.
Herr, gütig und einfach im Herzen, du enthüllst allen, die sich hingeben, eine neue Welt, von dir kommt uns die Fülle.
– Adoramus te, Domine.
Herr, du hast dich mit deinem Gesicht auf die Erde geworfen, in der Trübsal bahnst du uns einen Weg des Trostes, du bist die Freude, die uns niemand nehmen kann.
– Adoramus te, Domine.
Herr, du hast dein Blut vergossen, dem Volk der Gerechten reichst du den Kelch des Lebens, du löscht uns allen Durst.
– Adoramus te, Domine.
Herr, auferstanden hast du dich den Jüngern gezeigt, unser Herz aus Stein verwandelst du in ein Herz aus Fleisch, dich werden wir schauen von Angesicht zu Angesicht.
– Adoramus te, Domine.
Herr, du entwaffnest die Mächtigen und kleidest die Friedensstifter in Festgewänder, du schaffst uns um nach deinem Bild.
– Adoramus te, Domine.
Herr, Erster unter allen Lebenden, du nimmst in dein Reich alle auf, die mit dir sterben, wir bleiben in deiner Liebe.
– Adoramus te, Domine.

Quelle: Fürbittgebet aus »Gemeinsame Texte aus Taizé«, Christophorus-Verlag, Freiburg i.Br.

Vorschläge zur Predigt

Möglicher Predigtanfang (nach Lesung von Offb 5,1–5)
Es geht um ein Buch! Um die Prozedur des Öffnens eines siebenfach versiegelten Buches. Und es geht um Advent! Darum, daß wir uns öffnen für eine Zeit der Erwartung, für das, was kommen wird.
Das ist uns jetzt, auf Weihnachten hin, vertraut. Alles andere an diesen Versen ist uns fremd! Denn dieses geheimnisvolle Buch mit den sieben Siegeln ist nicht zum Lesen da. Wer die Siegel aufbricht, dem tun sich Visionen auf – der sieht etwas: Gestalten kommen ihm entgegen, Reiter auf Pferden, er hört Donnerstimmen. Dieses Buch kommt mir vor wie eine Videokassette, die von außen aussieht wie ein Buch; legt man sie ein, produziert sie rasend schnelle Bilder, bunt und wild – eine Mischung aus Science Fiction, Horror und Sehnsucht nach einem guten, erlösenden Ende. In unserem Alltag ist uns das gar nicht so fremd, aber in der Bibel??!

Visionen: auf Video, in der Freizeit; da gibt es sie: die schrecklichen Dinge mit dem guten Ende, den Kampf des Guten gegen das Böse. Unsere realen Visionen dagegen sind nur noch Schreckensvisionen: wir fürchten einen GAU in den unsicheren Atomkraftwerken; wir fühlen uns vom strahlenden Müll unter der Erde, auf dem Meeresgrund und vielleicht auch bald im All bedroht; das Ozonloch in der Luft ist unser Menetekel an der Wand. Die apokalyptischen Szenarien werden jetzt und hier, auf unserer Erde, durchgespielt: die atomare Verseuchung, der Hunger, der Krieg, die Flüchtlinge, der Regenwald, die Ölpest – aber auch der Haß, die Brandsätze, die Dummheit. Das alles findet nicht im Himmel statt, sondern auf unserer kleinen Erde! Da kann einem schon Hören und Sehen vergehen!

Zum weiteren Verlauf

Aber so soll es nicht sein. Wir sollen im Gegenteil genau hinhören und hinsehen – so wie jener Seher Johannes, der nicht nur hinsehen, sondern auch noch aufschreiben soll, was er sieht: »Und ich sah in der rechten Hand dessen, der auf dem Thron saß, ein Buch, beschrieben innen und außen, versiegelt mit sieben Siegeln.« – Er sieht einen, der auf dem Thron sitzt, doch Johannes beschreibt ihn nicht, denn von Gott soll man sich kein Bildnis machen. Jene Gestalt hält in der rechten Hand ein Buch, beschrieben innen und außen: Die Botschaft dieses Buches sprengt offenbar jeden Rahmen, sie läßt sich nicht einbinden zwischen zwei Buchdeckeln, sie läßt sich nicht bändigen. Deshalb ist das Buch zusätzlich versiegelt mit sieben Siegeln.

Soll es für uns ›ein Buch mit sieben Siegeln‹ sein? Ein großes Geheimnis, rätselhaft und unergründlich, dessen gefährlichen Inhalt man sich auch besser vom Leibe hält? Oder ist es so ehrwürdig und beeindruckend und kostbar wie eine dicke, alte Bibel, in Leder gebunden und mit Metallschließen zusammengehalten? Ein solches Buch gibt es jedenfalls in keiner Buchhandlung, in keinem Antiquariat und in keinem Museum: mit sieben Siegeln versiegelt!

»Und ich sah einen starken Engel, der rief mit großer Stimme: Wer ist würdig, das Buch aufzutun und seine Siegel zu brechen?« – Ein starker Engel – vielleicht ein Erzengel? Michael oder Gabriel oder Raphael? Seine große Stimme füllt das All. Er ist ein Ausrufer, ein Herold: »Wer ist würdig, das Buch aufzutun und seine Siegel zu brechen?« Die große Suche nach dem, der würdig ist, beginnt. Und wir wissen: Es kann nur EINER sein!

Wir kennen dieses Motiv aus den Märchen. Wer ist würdig, die Königstochter aus den Klauen des feuerspeienden Drachen zu befreien? Den kostbaren Edelstein aus dem Zauberberg zu holen? Den verwunschenen Bruder zu erlösen? Es ist immer nur EINER! Viele versuchen es, aber nur einem gelingt es. Und dieser Eine ist niemals der Starke, der Stolze, der Hochgestellte – es ist immer der Schwache, der Bescheidene, der Einfache. Es ist niemals der Löwe – es ist immer das Lamm. Wer die Siegel des Buches aufbricht, der zerstört sie; der hartgewordene Siegellack zerbricht,

das Zeichen bricht in zwei Teile. Wessen Zeichen mögen diese Siegel tragen? Gottes Zeichen? Wer ist würdig, Gottes Buch aufzutun?
»Und niemand, weder im Himmel noch auf Erden noch unter der Erde, konnte das Buch auftun und hineinsehen.« – Niemand! In allen drei Lebensbereichen – auf der Erde, unter der Erde, im Himmel – niemand. Von den Mächten, mit denen wir rechnen – Menschen, Teufel, Engel – keiner. Es ist nur einer, der das Buch auftun kann; und vor ihm werden sich die sieben Siegel öffnen wie vor einem, der »Sesam, öffne dich!« gesagt hat – sie werden sich vor ihm auftun wie von selber.
»Und ich weinte sehr, weil niemand für würdig befunden wurde, das Buch aufzutun und hineinzusehen.« – Der Seher Johannes weint in seiner Vision! Wir weinen manchmal im Traum. Heftig und laut vor einer Tür, die sich nicht öffnet; aber unsere Augen bleiben trocken bei diesem seltsamen Weinen im Traum, kein Laut ist zu hören, wir weinen nur innerlich. Oder still und leise über etwas ganz Trauriges, und das Kopfkissen ist morgens ganz naß von unseren Tränen. »Und ich weinte sehr« – Johannes ist so stark beteiligt, als hingen sein Leben und seine Seligkeit von dem Auftun dieses Buches ab. Er will nicht länger warten. Er will, daß sich der findet, der das Buch aufschlagen kann. Und plötzlich ist da einer, der ihn tröstet: »Weine nicht! Siehe, es hat überwunden der Löwe aus dem Stamm Juda, die Wurzel Davids, aufzutun das Buch und seine sieben Siegel.« – Weine nicht! Verzweifle nicht! Gib nicht auf! Es ist doch schon längst einer da, der das tun kann, worauf du so sehnsüchtig wartest! Einer, der die Beinamen trägt ›Löwe aus dem Stamm Juda‹ und ›Wurzel Davids‹; einer, dessen Vorfahren zu den Söhnen Jakobs gehören und seinen Segen tragen; einer, der aus der Nachkommenschaft König Davids stammt und zu Bethlehem geboren ist, wie es die alttestamentlichen Weissagungen verheißen, die wir im Advent und zu Weihnachten vorlesen und die wir auf Jesus von Nazareth hindeuten. ER ist es, der allein würdig ist, das Buch mit den sieben Siegeln aufzutun. Und dieser ›Löwe aus dem Stamm Juda‹ erscheint dem Seher Johannes als ›Lamm‹. Der Löwe ist ein Lamm! Und dazu noch eines »wie geschlachtet« – ein Stück Passionsgeschichte! Karfreitag im Advent!
Die Gestalt dieses Lammes nimmt das Buch aus der rechten Hand dessen, der auf dem Thron sitzt. »Christe, du Lamm Gottes«, singen wir in jedem Abendmahlsgottesdienst; »Christe, du Lamm Gottes, der du trägst die Sünde der Welt«. Wo kommt es her, dieses Lamm? Es ist kein Mensch, es ist kein Engel, es ist kein Dämon – es kommt von Gott. Es ist von Anbeginn der Welt dagewesen, und es wird am Ende der Welt dasein. Im Christuslamm fallen Vergangenheit und Zukunft zusammen. Anfang und Ende werden hier beschrieben, Alpha und Omega – und wir leben genau dazwischen.
Dieses Gefühl haben die Christen damals gehabt, für die Johannes schrieb. Sie meinten sogar, sie würden ganz nah am Ende leben – nah am Weltende, nah am Anbruch des Reiches Gottes, an der Wiederkunft Christi. Denn sie

waren sehr in Not: Gefängnis, Martyrium/Folter und Tod warteten auf sie, wenn sie nicht dem römischen Kaiser opferten und ihn als Gottes Sohn oder gar als Gott anbeteten. Und das wollten sie nicht. Schlimmer, so meinten sie, konnte es gar nicht werden. Und sie sehnten das Ende dieser Leidenszeit herbei! Sie wünschten sich das Ende aller Bedrohung und aller Angst. Sie wünschten sich die Erlösung in der Herrlichkeit Gottes.

Möglicher Schluß
Wir haben sicherlich nicht das Gefühl, so nah am Ende der Welt, am Ende der Zeit zu leben. Höchstens im Sinne jener Schreckensvisionen, die ich am Anfang aufzählte; und unsere Furcht vor ihnen muß nicht unbedingt religiös motiviert sein. Aber eines wissen auch wir heute: Wenn wir traurig sind, möchten wir getröstet werden! Wenn wir leiden, sehnen wir uns nach dem Ende dieser Leiden! Wenn wir am Ende sind, möchten wir einen neuen Anfang!
Was können wir aus diesem ›Buch der sieben Siegel‹ mitnehmen? Daß der Löwe ein Lamm wird? Daß dieses Lamm als Kind in unsere Welt geboren wird? Diese Erwartung des Christuskindes erfüllt uns im Advent. Auf seine Geburt warten wir, um dann hinzugehen zur Krippe, die am Heiligen Abend in der Kirche steht, und dieses Kind und damit Gott anzubeten.
Im Advent leben wir zwischen der längst erfolgten und immer wieder neu erwarteten Geburt Jesu Christi und seiner erhofften Wiederkunft – damit »ein neuer Himmel und eine neue Erde« für uns sichtbar werden. Auf das Kommen Jesu Christi können wir im doppelten Sinne hoffen, so wie es deutlich wird im Predigtlied (EKG 3): »Ihr lieben Christen, freut euch nun, bald wird erscheinen Gottes Sohn ... Der Jüngste Tag ist nun nicht fern. Komm, Jesu Christe, lieber Herr.«
Der Seher Johannes schließt die Niederschrift seiner Visionen mit den Worten: »Amen, ja, komm, Herr Jesus!«

Kontexte

Bilder
Albrecht Dürer, »Die vier apokalyptischen Reiter«, Holzschnitt, 1498.
Gerhard Marcks, »Apokalyptische Reiter«, Eiche, 1919.
Friedrich Press, »Das erwürgte Lamm« (zu Offb 5,12f.), Kiefernrelief, 1982.
Darstellungen von Christus als Weltenrichter (als kleine Bildchen zu beziehen bei den Abteien Ettal, Maria Laach usw.).

Musik
»Ich hatte viel Bekümmernis«, Kantate Nr. 21 von J.S. Bach (zu Offb. 5,12f.)
»Der Messias«, Dritter Teil, 51. Chor von G.Fr. Händel (zu Offb 5,12f.)

Texte
»Wir sind freilich nur Gäste auf diesem schönen Stern, Bewohner auf Abruf und mit versiegelter Order, in der Tag und Stunde des Aufbruchs verzeichnet sind ... Doch

als Christen sind wir gewiß, daß die uns zugemessene Lebensspanne nur die Adventszeit einer noch größeren Erfüllung ist. Das Land, in das wir gerufen werden, ist eine terra incognita, ein unbekanntes, ja ein unvorstellbares Land. Nur eine Stimme gibt es, die wir wiedererkennen werden, weil sie uns schon hier vertraut war: die Stimme des guten Hirten.« (Helmut Thielicke, Zu Gast auf einem schönen Stern, 1984, Schlußsatz)
Als typische Visionen unserer Zeit können die Bücher von Gudrun Pausewang stehen: Die letzten Kinder von Schewenborn, 1983; Die Wolke, 1987.
Als ähnlich geheimnisvolle Bücher wie die Offenbarung des Johannes fallen mir ein: Marion Zimmer Bradley, Die Nebel von Avalon, dt. 1983; Umberto Eco, Der Name der Rose, 1980 (worin es auch um ein Buch geht, aber um eines mit vergifteten Seiten).

2. Sonntag im Advent

Predigttext: Jesaja 63,15–16(17–19a)19b; 64,1–3

Klaus Eulenberger

Theologisch-homiletische Skizze

Was bewirkt die extreme Verzweiflung, die sich in diesem Klagelied dokumentiert? Drei Antworten scheinen mir möglich:

1. die Demütigung durch die Feinde, die »Zion zur Wüste« gemacht, »Jerusalem zerstört« haben (64,9). Sicherlich ist, wie J. Ebach es in seiner Exegese ausdrückt, »der gesamte Abschnitt 63,7–64,11 ... ein – vermutlich früher, nämlich in größerer Nähe zu Tempelzerstörung und Exilierung formuliertes – in den ›tritojesajanischen‹ Kontext integriertes Volksklagelied«. Das Jahr 587 muß noch nach Jahrzehnten als traumatisches Datum empfunden worden sein;
2. die Enttäuschung der nach Juda und Jerusalem Zurückgekehrten darüber, daß die erwartete große Wende ausblieb: Weder fand die von »Deuterojesaja« angesagte Erneuerung der Schöpfung statt, noch kam man mit dem Wiederaufbau der Stadt und des Landes voran. Hatten die Heimkehrer sich »überfreut«, oder wurde aus einer riesengroßen Erwartung tatsächlich »eine einzige Enttäuschung«?;
3. die Ernüchterung *nach* dem schon weitgehend abgeschlossenen Wiederaufbau: Die böse Zeit ist zuende, und dennoch ist dies keine gute Zeit; das Leben gelingt nicht, die Menschen sind nicht froh. Der Glanz fehlt, es strahlt nichts. Es ist, als weigerte sich Gott, in den wieder errichteten Tempel einzuziehen.

Die verschiedenen Schichten innerhalb der Kapitel 56–66 und möglicherweise doch auch innerhalb des Abschnittes 63,7–64,11 sind kaum ordentlich auseinanderzuhalten, und dafür könnte es sehr wohl einen »inneren« Grund geben: Gott wird in den verschiedenen Etappen der Geschichte nach 587 als durchweg abwesend empfunden. So daß sich eine gegen Ende des 6. Jahrhunderts erhobene Klage durchaus solcher Formulierungen bedienen kann, die siebzig Jahre vorher entstanden sind.

Verschiedene Zeiten, erlebt als Zeit der Gottesferne. »Du hast dein Angesicht vor uns verborgen und läßt uns vergehen unter der Gewalt unserer Schuld« (64,6). Wer trägt die Verantwortung dafür? Die Frage wird unterschiedlich und scheinbar widerspruchsvoll beantwortet. Nach der Version von 63,17 hat Gott sich abgewendet (»Kehr zurück!«) und damit die Verfehlungen des Volkes selbst bewirkt (wie der polare Winter unweigerlich zu einer Vermehrung des Eises führt), nach 59,2 ist es gerade anders herum: »Eure Verschuldungen scheiden euch von eurem Gott, und eure Sünden verbergen sein Angesicht vor euch, daß ihr nicht gehört werdet«: Gott wird ins Abseits gezwungen, der Himmel verschlossen von denen, die sich nicht »an ihn halten« (64,6)! Diese zweite Version ist Analyse der Wirklichkeit im Angesicht des verborgenen Gottes: Wenn das von ihm gesetzte Recht »verlassen« wird (58,2), ist der Schalom zerstört, in dem Gott präsent ist, und das Leben gelingt nicht. Wozu aber die andere Version, nach der Gott sich zurückgezogen und sein Angesicht verborgen habe? Liegt es denn nicht an den Menschen, wieder zu tun, was vor Gott recht ist, und damit den verschlossenen Himmel wieder aufzureißen? Sie können es nicht, sagt der Text, sagt die Erfahrung der Wirklichkeit. Sie wüßten schon, was zu tun ist, aber sie bringen es nicht über sich, es auch zu tun. Sie »tasten an der Wand entlang wie die Blinden« und »sind im Düstern wie die Toten« (59,10). Wenn sich

Gott nicht aufmacht, den Himmel zu zerreißen, bleiben sie im selbst gemachten Dunkel.
Statt »sie« könnte ich auch »wir« sagen. Ich empfinde den Text als eine wahrhaft unheimlich genaue Beschreibung dessen, was ist. Die »kognitive Dissonanz«, die der Dauerzustand unserer Existenz geworden ist (wir wissen, was zu tun ist, und »können« es nicht tun), kann »nicht ein Akt der Belehrung, sondern allein ein Akt der Befreiung ... überwinden« (D. Bonhoeffer, Von der Dummheit, in: Nach zehn Jahren). Wer wird uns von unserer Befangenheit befreien? Ich komme, auf anderen Wegen, zu demselben Schluß, den der Exeget gezogen hat: »So wird die Predigt vielleicht in die Sprachform münden, in der Klage, Frage und Antwort im dialektischen Sinne des Wortes *aufgehoben* sind: die Bitte.«

Vorschläge zur Liturgie

Der als *Introitus* vorgesehene *Psalm* 80 ist ein so »exklusives« Dokument aus der Geschichte Israels, daß man ihn für mein Empfinden nicht in einen christlichen Gottesdienst übertragen kann: Wir sind nicht der verbrannte Weinstock, und das »Tränenbrot«, das die Menschen im zerstörten Jerusalem gegessen haben, kann nicht zur Metapher für *irgendein* Leiden gemacht werden. – In der Nähe des Predigttextes finden sich Sätze, die eine christliche Gottesdienstgemeinde viel eher nachsprechen könnte und dürfte, so gewiß auch hier das Subjekt der Rede »Israel« ist. Ich schlage als Introitus Stücke aus Kap. 59 vor:
Das Recht ist ferne von uns,
und die Gerechtigkeit kommt nicht zu uns.
Wir harren auf Licht, siehe, so ist's finster,
auf Helligkeit, siehe, so wandeln wir im Dunkeln.
Wir tasten an der Wand entlang wie die Blinden
und tappen wie die, die keine Augen haben.
Wir stoßen uns am Mittag wie in der Dämmerung,
wir sind im Düstern wie die Toten.
Denn wir sind zu oft von dir abgefallen,
und unsre Sünden zeugen gegen uns.
Die Wahrheit ist auf der Gasse zu Fall gekommen,
und die Aufrichtigkeit findet keinen Eingang.
Das alles sieht der HERR,
und es mißfällt ihm sehr, daß kein Recht da ist.
Da hilft er sich selbst mit seinem Arm,
und seine Gerechtigkeit steht ihm bei.
Für Zion wird er als Erlöser kommen
und für die in Jakob, die sich von der Sünde abwenden.

Eingangsgebet
Gott, unser Vater, der du bist und der du warst und der du kommst:
Wir leben nicht in der Wahrheit, und du weißt es.

Das Recht, auf das wir uns berufen, ist *unser* Recht,
und was wir Gerechtigkeit nennen, kommt nicht allen, sondern wenigen zugute.
Wir sind Räuber, die festhalten, was mit Gewalt erworben ist.
Wir sind begierig nach Licht, wir leben in Finsternis.
Wir sehnen uns nach Aufrichtigkeit, wir unterstützen die Falschheit.
Wir können uns nicht helfen.
Du läßt uns sagen:
Seht auf und erhebt eure Häupter, weil sich eure Erlösung naht.
So sei es, Gott.
Laß den, der da kommt, uns erscheinen als der Mensch Gottes,
der uns aus erkannter Schuld erlöst und uns befreit zur Liebe,
auf daß wir in der Wahrheit leben, die du uns sehen läßt. Amen.

Lieder

Natürlich: EKG 5, »O Heiland, reiß die Himmel auf«. Mir genügen die Strophen 1–5.

In seinem Buch mit Geschichten über Heilige, »Die emanzipierte Nonne«, Stuttgart 1990, S. 49ff., erzählt Hans Conrad Zander Beeindruckendes über den Autor des Textes, Friedrich Spee von Langenfeld. Sein Kampf gegen den Hexenwahn im 17. Jahrhundert ist ein Beispiel für das Bemühen um Wahrheit und Recht und um Licht unter einem verdüsterten Himmel – und insofern vielleicht auch von Belang für eine adventliche Predigt, die, indem sie von ihm erzählt, Hinweise auf das Ende der Gottesferne geben kann.

Dann: EKG 9, »Mit Ernst, o Menschenkinder«; EKG 14, »Die Nacht ist vorgedrungen«. Und: EKG 188, »Nun lob, mein Seel, den Herren«. Ein neueres Lied: »Es werde hell auf der Erde«.

2. Aus Trauer werde Freude, aus Haß werde Liebe, aus Wüste werde Garten.
Es werde …

3. Aus heute werde morgen, aus Worten werden Taten, aus Erde werde Himmel.
Es werde …

4. Aus Knospe werde Blüte, aus Korn werde Ähre, aus Tropfen werden Meere.
Es werde …

(Text: W. Willms, Melodie: P. Janssens, aus: Das Licht einer Kerze, 1991.

Vorschläge zur Predigt

Möglicher Predigtanfang

»Du läßt uns vergehen unter der Gewalt unserer Schuld.« Im 6. Jahrhundert vor Christus hat jemand, den wir nicht kennen, diesen Satz formuliert, gesprochen oder geschrien in das Ohr Gottes, mit der verzweifelten Hoffnung, Gott möge ihn hören: »Du läßt uns vergehen unter der Gewalt unserer Schuld.« Gott, so empfindet es der so Sprechende, hat sich abgewandt, der Himmel wirkt ihm wie aus Stein: »Deine große, herzliche Barmherzigkeit hält sich hart gegen mich.« Aus der Klage wird ein dringender Appell an Gott: »So schau nun vom Himmel und sieh herab von deiner Wohnung!« Und noch einmal drängender, fordernder und kühner, mit Worten, die sich fast schon am Himmel vergreifen und Gott aus seiner Verborgenheit heraus-, herunterzerren wollen: »Ach daß du den Himmel zerrissest und führest herab!« Ich lese den Predigttext für diesen 2. Adventssonntag aus dem 63. und 64. Kapitel des Propheten Jesaja im Zusammenhang:

Lesung des Textes

In Übereinstimmung mit J. Ebach (vgl. die Exegese in Band 4) entscheide ich mich für das *ganze* Volksklagelied 63,7–64,11, evtl. mit Auslassung von 64,8–10, in jedem Fall aber mit 63,17–19a.

Das Klagegebet, das mit einer so bedrängenden Frage an Gott endet, ist irgendwann im 6. Jahrhundert in Jerusalem formuliert worden. Ich beschreibe mit knappen Sätzen, was man über die Situation weiß:

Das fast fünfzigjährige babylonische Exil ist zuende gegangen. Der Perserkönig Kyros, seit kurzem Herrscher über Babylon, hat denen, die noch übrig sind, und ihren Kindern die Rückkehr in ihre Heimat erlaubt. Sie machen sich daran, das Land Judäa wieder bewohnbar zu machen und die Stadt Jerusalem wieder aufzubauen: die Häuser, die Mauer, den Tempel. Lange Zeit geht es damit nicht voran, es bleibt ein elendes Leben. Es könnte aber auch sein, daß der Wiederaufbau schon weitgehend abgeschlossen ist, als der Prophet in Jerusalem seine Stimme erhebt. Vielleicht steht der Tempel schon wieder, Landwirtschaft, Handwerk und Handel blühen, die Straßen sind belebt, und in den Häusern der Wohlhabenden etabliert sich eine Kultur des Überflusses, wie es sie auch *vor* dem Exil gab. – Die Zeit des Elends ist vorüber, man ist, wohin man gehört, man könnte aufatmen, dankbar und befreit sein. Die Erleichterung will sich aber nicht einstellen. Die böse Zeit ist zuende, und dennoch ist dies keine gute Zeit. Es fehlt ihr der Glanz, sie strahlt nicht. Das Leben innerhalb der wieder aufgebauten Mauern gelingt nicht. Die Menschen sind nicht froh.

Einige sagen: Was ist nun mit den Verheißungen Gottes? Hat er uns nicht durch seine Propheten sagen lassen, er werde sich über uns erbarmen und uns helfen? Wollte Gott nicht Wasser gießen auf das Durstige und Ströme auf das Dürre? Hat er nicht versprochen, uns neue Kraft zu geben, daß wir auffahren mit Flügeln wie Adler? Warum tut er's nicht? Warum sind wir so elend dran?

Zum weiteren Verlauf

Indem ich mich nicht nur auf den Predigttext selbst, sondern auch auf ihn umgebende Abschnitte beziehe, gebe ich die Antwort des Propheten auf solche Fragen wieder. Er sagt: Es liegt nicht an Gott, daß er sich verborgen hält, es liegt an euch. Ihr selbst sorgt dafür, daß ihr nicht gehört werdet. Ihr beugt und verbiegt das Recht. Eure Hände heilen nicht, sie verletzen, und sie töten. Ihr sagt nicht die Wahrheit, eure Lippen reden Falsches. Ihr betrügt andere, und ihr betrügt euch selbst. Ihr seid hinter dem Nichtigen her. Ihr findet keinen Frieden, weil ihr mit allem, was ihr tut, euer Verderben vorantreibt. Gott kann nicht unter euch wohnen, weil es keinen Raum gibt für ihn. – Die prophetische Analyse hat eine gewisse Zeitlosigkeit, die man natürlich auch als verblüffende Gegenwärtigkeit empfinden kann: Das Leben kann nicht gelingen, wenn es auf »falsche« Voraussetzungen gegründet ist, auf Betrug und Selbstbetrug, auf Gewalt und Egoismus, auf Unrecht und Unheil. Der Wunsch nach Licht bringt dann kein Licht zustande, sondern produziert Dunkelheit. Am hellen Tag tappt man umher wie ein Blinder. Die Lebenden kommen sich vor wie Tote, die in Grabhöhlen eingeschlossen sind. Selbst dieses drastische Bild – mitten im Leben sind wir schon wie Tote! – wird (in 64,5) noch einmal überboten: »Wir sind alle verwelkt wie die Blätter.« Abgefallen vom Baum, dürr und grau geworden, zur Verwesung bestimmt, einstweilen vom Wind verweht, der seinen Mutwillen mit uns treibt: »Unsere Sünden tragen uns davon wie der Wind.« Für verwelkte Blätter gibt es keine Zukunft.

»Du läßt uns vergehen unter der Gewalt unserer Schuld.« In diesem Satz verdichtet sich die Selbsterkenntnis derer, die auf einmal wissen, daß sie nicht in der Wahrheit leben. Das Wort »Schuld« ist keine moralische Kategorie. Es zielt nicht auf die Erzeugung eines schlechten Gewissens bei denen, die häßliche Gedanken und verbotene Wünsche gehabt haben und damit den Vorschriften eines menschlichen oder göttlichen Vaters nicht Folge geleistet haben. »Schuld« ist das, was dazu führt, daß das Leben der Einzelnen innerhalb des Gemeinwesens, zu dem sie gehören, nicht gelingt. »Schuld« ist ein anderer Name für die inneren Widersprüche, an denen ein Mensch oder eine Gesellschaft zugrunde geht. (Man kann das Klagelied auch als einen säkularen Text lesen, und man kann ihm auch als überzeugter Atheist folgen. Dann hat er einfach diesen Sinn: Es gibt kein wahres Leben im falschen. Der Haß auf die anderen verzerrt die eigenen Züge. Wer nur sieht, was er sehen will, ist blind. Wer nur auf das eigene Wohl aus ist und sich dem fremden Leid verweigert, ist ein verwelktes Blatt; wer den Mitmenschen, wer immer sie sein mögen, die Solidarität aufkündigt, wird nicht im Frieden leben.)

Der Prophet in Jerusalem spricht die Bevölkerung der Stadt an. Manchmal sagt er »ihr«, manchmal – so, als wolle er auf Distanz gehen – »sie«, und dann, immer wieder: »du«. »Mache dich auf«, heißt es einmal, oder: »Brich dem Hungrigen dein Brot«. Für dieses »du« gibt es im Deutschen keine

Entsprechung. Es meint das Volk als ganzes, es meint jeden einzelnen Menschen in ihm besonders, es meint die Bevölkerung, exemplarisch zusammengefaßt in *einem* Menschen. Genauer, als wir es tun könnten, verweist dieser Sprachgebrauch auf den unauflösbaren – oder unentrinnbaren – Zusammenhang zwischen dem Leben der einzelnen Menschen und dem Zustand ihres Gemeinwesens. Wo es öffentliche Aufgeschlossenheit gibt, wo Toleranz und Solidarität durch politisches Handeln befördert und auf den verschiedenen gesellschaftlichen Ebenen praktiziert werden, da teilt sich Aufgeschlossenheit auch den Einzelnen mit, und es wird ihnen möglich, tolerant zu sein und Solidarität zu üben. Wo aber – um die Bilder der prophetischen Rede abzuwandeln – die öffentliche Hand befleckt ist, vielleicht sogar mit Blut, wo die Bürger- und Menschenrechte eingeschränkt, das Recht gebeugt wird, wo öffentlich Trug geredet wird mit falschen Zahlen, uneinlösbaren Versprechungen und verführerischen Programmen, da werden auch die Einzelnen in ihrem Denken, Wollen und Handeln korrumpiert, sie nehmen das Unrecht hin und erklären es für Recht, sie fangen an, dem Trug Glauben zu schenken. Ja: Selbst die, die guten Willens sind, können nicht in der Wahrheit leben, wenn die Wahrheit politisch und öffentlich verraten wird.

Möglicher Schluß

So war es damals in Jerusalem, aber manches wiederholt sich ja, wenn auch nicht auf den ersten Blick erkennbar. Was hat der unbekannte Prophet damals getan – in einer Situation, die er als verzweifelt aussichtslos empfunden hat? Er hat die Menschen gelockt, und er hat Gott beschworen. Ihr könnt den Zustand der Abwesenheit Gottes beenden! hat er zu ihnen gesagt, mit bewegenden, werbenden, lockenden Sätzen, in denen er wieder alle zusammen als »du« anredet: »Brich dem Hungrigen dein Brot, und die im Elend ohne Obdach sind, führe ins Haus! Entzieh dich nicht deinem Fleisch und Blut!« Dann, so fährt er fort, wird, was dumpf ist, strahlen, dann wird das Leben endlich gelingen, und Gott wird unter uns wohnen. Ach, er sagt es viel grandioser: »Dann wird dein Licht hervorbrechen wie die Morgenröte, und deine Heilung wird schnell voranschreiten, und deine Gerechtigkeit wird vor dir hergehen, und die Herrlichkeit des HERRN wird deinen Zug beschließen. Dann wirst du rufen, und der HERR wird dir antworten. Wenn du schreist, wird er sagen: Siehe, hier bin ich. Und du wirst sein wie ein bewässerter Garten und wie eine Wasserquelle, der es nie an Wasser fehlt ...« Es ist an euch, sagt der Prophet, daß Gott sich euch wieder zuwendet.

Er sagt es, und er scheint doch nicht überzeugt zu sein, daß es so geht. In dem Predigttext, den wir gehört haben, schlägt er noch einen ganz anderen Ton an. Hier spricht er *für alle*, und hier beschwört er den abwesenden Gott. »Du bist doch unser Vater«, sagt er. Kannst du es hinnehmen, daß wir von dir verlassen sind? Unsere Ur-Väter, Abraham und Jakob, würden

uns nicht wiedererkennen, so weit haben wir uns von ihrer Gottesleidenschaft entfernt. Wir sind Fremde für sie. Aber du, HERR! Du hast dich einmal zu ihrem Gott erklärt, du bist der Urheber dieser ganzen Geschichte von Verheißung und Enttäuschung, Heil und Unheil, Segen und Fluch, und so bist du, so verkehrt wir auch sein mögen, unser Vater; nun sei es auch! Kannst du immer noch zögern und schweigen und uns weiter zu Boden schlagen? »Ach daß du den Himmel zerrissest und führest herab, daß die Berge vor dir zerflössen!« – auf daß man endlich wieder sagen könnte: »Kein Ohr hat gehört, kein Auge hat gesehen einen Gott, der so wohl tut denen, die auf ihn harren.« Wenn du den Himmel nicht aufreißt, Gott, und uns mit deinem Angesicht, das jetzt versteinert ist, nicht barmherzig ansiehst, dann werden wir Opfer unserer Taten in Ewigkeit sein. Kannst du das wollen?
»Kehre dich doch endlich wieder zu uns und sei deinen Knechten gnädig! Fülle uns frühe mit deiner Gnade, so wollen wir rühmen und fröhlich sein unser Leben lang. Erfreue uns nun wieder, nachdem du uns so lange plagest, nachdem wir so lange Unglück leiden. Und der Herr, unser Gott, sei uns freundlich und fördere das Werk unsrer Hände bei uns. Ja, das Werk unsrer Hände wollest du fördern!« (Ps 90,13–15.17)
Amen

Was man auch machen könnte:
Erzählen von Friedrich Spee von Langenfeld und seinem Kampf gegen den Hexenwahn (s. die Hinweise zum Liedvorschlag EKG 5). Ist die Stelle, wo *dieser* Wahn saß, eigentlich unbesetzt geblieben?

Eine Nikolauspredigt zum 6. Dezember

Friedrich Gölz

Als ich ein Kind war, hatte ich ein bißchen Angst vor ihm. Als Junge hätte ich nur überlegen gelächelt, wenn man mich gefragt hätte, ob ich an ihn glaube. Und auch als Erwachsener habe ich ihn eigentlich nie ernst genommen. – Erst in allerletzter Zeit bin ich ihm nähergekommen. Oder er mir. So nahe, daß ich Ihnen heute von ihm erzählen muß.

Denn heute ist sein Tag. Der Todestag. Schon das finde ich bemerkenswert: An sicheren Daten gibt es nämlich von diesem Mann kaum mehr als eben das Todesdatum. Vor rund 1600 Jahren hat er gelebt, in einer kleinen Stadt an der türkischen Südküste. Was hat er hinterlassen? Nichts Schriftliches. Keine bedeutenden Aussprüche sind von ihm überliefert, wie von anderen berühmten Menschen jener Zeit. Nicht einmal seine letzte Ruhestätte ist sicher bekannt: Sie hätten, heißt es, seinen Leichnam später gestohlen und vom türkischen Myra ins italienische Bari gebracht.

Und doch: Obwohl es von diesem Menschen so gut wie nichts Sicheres, historisch Verbürgtes zu berichten gibt, kennt ihn jedes Kind. Schier auf der ganzen Welt. Und es laufen in diesen Tagen wieder ungezählte Leute herum, die in seinen Rolle zu schlüpfen versuchen.

Richtig, ich rede vom Weihnachtsmann. Nein, nennen wir ihn lieber bei seinem Namen: Nikolaus, Bischof von Myra im 4. Jahrhundert, also in jener aufregenden, folgenschweren Zeit der Machtergreifung des Christentums. Kurz zuvor noch (Nikolaus mag das selbst noch erlebt haben) waren die Christen um ihres Glaubens willen geschmäht und verfolgt worden. Jetzt aber schickte sich das Christentum an, durch die Gunst des Kaisers Konstantin die Herrschaft im Römischen Reich anzutreten.

Leider begann mit diesem Herrschaftsantritt des Christentums bald auch die Geschichte der spezifisch christlichen Intoleranz, also der Unterdrückung und Verfolgung der jeweils Andersgläubigen. Macht ist den Christen nie bekömmlich gewesen. Ich las, es seien damals in wenigen Jahren beim Streit um den richtigen Christenglauben mehr Christen von *Christen* verfolgt, vertrieben, ja auch umgebracht worden, als zuvor durch heidnische Gegner. Vor allem die Juden hatten nun zu leiden – und solche Christen, die von der jeweils herrschenden Lehre abzuweichen wagten. Übrigens: es sieht so aus, als wirke diese alte, christliche Spielart der Unduldsamkeit zum Beispiel bis in den gegenwärtigen Konflikt der jugoslavischen Völker hinein.

Ich denke dabei an die These, daß die Vorfahren der islamischen Bosnier arianische Christen gewesen seien, die zunächst von der dogmatisch siegreichen Partei verfolgt wurden, dann aber in der Jesuslehre des in den Balkan

eindringenden Islam Verwandtes zu erkennen glaubten: Jesus nicht als Gott, sondern als gottgesandter und geisterfüllter, begnadeter Mensch ...
Freilich: der Mann, von dem ich erzählen möchte, war in solche theologischen Streitigkeiten wenig oder nicht verwickelt. (Erst später haben ihn seine Fans dann auch zum dogmatischen Helden gemacht, der beim ersten Nicaenischen Konzil dem Irrlehrer Arius eine schallende Ohrfeige verpaßt [1. Version] oder den unterlegenen Theologen freundlich die Tür gezeigt habe [2. Version].) Ihm war es nicht so sehr um die richtigen Glaubenssätze, als vielmehr darum zu tun, wie denn ein Christ nach dem Willen seines Herrn zu leben habe.

Vorhin sagte ich, es gebe nur ganz wenige, fast keine gesicherten Nachrichten über diesen Mann. Was es aber gibt – in Fülle! – und was im Lauf der Jahrhunderte immer reicher wurde, das ist ein großer Kreis bunter Geschichten, die man sich von ihm erzählte. »Legenden« – d.h. auf deutsch: »was man einander vorlesen und weitersagen und für sich bedenken sollte«. Erzählungen von einer viel tieferen Wahrheit und Wirksamkeit als die paar Daten, die man z.B. von unsereinem berichten könnte.

Einige von diesen Legenden möchte ich gleich erzählen. Sie sind mir – über all die Jahrhunderte hinweg – zu Hinweisen geworden auf diesen geheimnisvollen Mann Nikolaus nicht nur, sondern auf das, was ich meinem eigenen Christsein wünsche – und dem Ihren. Manches Erzählte klingt unseren Ohren, die jene Sprache der Legenden nicht gewohnt sind, höchst seltsam. Wenn z.B. berichtet wird, Nikolaus sei schon am Tag seiner Geburt wohl eine Stunde lang freiaufrecht in der Badewanne gestanden. Auf den Bildern steht er natürlich mit Heiligenschein und schön segnender Gebärde. Er habe auch standhaft am wöchentlichen Fasttag die Mutterbrust verweigert. Das sind volkstümliche Hinweise auf die spätere Bedeutung dieses Kindes.

Er sei reicher Leute Sohn gewesen, heißt es. Und er habe als Jüngling seine Probleme mit dem ererbten Wohlstand gehabt. Daß bis heute goldene Nüsse zur Ausstattung aller rechten Nikoläuse gehören, das rührt von der Erzählung, wie der reiche Jüngling heimlich und nächtlich drei Goldklumpen durch das Fenster einer Wohnung warf, wo ein Vater verzweifeln wollte, weil er seinen drei Töchtern keine Mitgift und also keine Ehemänner verschaffen konnte. Unerkannt wollte der bescheidene Nikolaus als Wohltäter bleiben. Er kannte das Wort von der linken Hand, die nicht wissen soll, was die Rechte tut. So war er ganz bestürzt, als er eines frühen Morgens in die Kirche ging und dort kurzerhand vom Erzhbischof ergriffen und zum Bischof von Myra geweiht wurde. Der Erzbischof hatte nämlich in der Nacht eine Stimme gehört, er habe den künftigen Bischof in demjenigen zu erkennen, der am Morgen als erster zum Gottesdienst käme. Als Bischof – in schlechtem Latein heißt das übrigens SPECULATIUS! – wurde Nikolaus ein besonderer Freund der Jugend und ein Helfer für alle Bedrängten.

Und da gibt es nun in den alten Texten Berichte von gewaltigen Wundertaten und auch solche, die Nikolaus nicht nur als Wundertäter, sondern als einen ungewöhnlich mutigen Mann schildern: So erweckt er im vielleicht spektakulärsten Mirakel drei fahrende Schüler wieder zum Leben, die ein böser Metzger schon geschlachtet und in einem Faß eingepökelt hatte. Er erscheint und hilft solchen Seeleuten, die in Sturmesnot alle Hoffnung auf Rettung schon aufgeben wollten. Er erlöst Knaben und unschuldig Verurteilte aus Fron und Angst. Er erreicht es vollmächtig, daß man aus einem in Myra anlegenden, dem Kaiser gehörenden Getreideschiff der hungernden Bevölkerung Nahrung gibt, ohne daß das Schiff davon leichter und leerer wird.
Besonders eindrücklich ist's, daß der beherzte Bischof sich nach Kräften einmischt, wo immer es gilt, Unrecht beim Namen zu nennen und zu verhüten. So entreißt er auf einem alten Bild dem Scharfrichter das Schwert, als der drei unschuldige Burschen zum Tode bringen will. Und den für den Justizmord verantwortlichen Statthalter staucht Nikolaus mit recht groben Worten zusammen. Ja, er scheut sich nicht, selbst dem Kaiser Konstantin im Traum zu erscheinen und ihm wegen eines unbedachten Urteils die Leviten zu lesen. – Der Einfluß, den die christliche Kirche in jenem Jahrhundert bekam, sollte nach Nikolaus Meinung dazu benützt werden, daß Christen im Geist und im Auftrag ihres Herrn Unrecht aufdecken und für Erniedrigte und Beleidigte beherzt Partei ergreifen sollten.
So gibt Nikolaus in einer Legende sogar einem Juden Hilfe, indem er ihn vor einem christlichen Betrüger rettete (wobei angemerkt werden muß, daß diese Wundertat des Heiligen wohl nur deshalb Aufnahme in die Sammlung fand, weil der Jude am Ende von der Macht des Retters so beeindruckt war, daß er sich prompt zur Taufe anmeldete!).
Die schönste Nikolaus-Geschichte fand ich freilich in den alten Sammlungen nicht. (Sie stammt, wie wir sehen werden, auch aus einer späteren Zeit, da die Kirche schon zu beträchtlichem Einfluß und Reichtum gekommen war.):
Als die Stadt Myra einmal von schlimmen Seeräubern überfallen wurde, verlangten die, daß eines ihrer Boote von der Bevölkerung mit Gold zu füllen sei. Sonst würden sie statt des Goldes die Kinder der Stadt nehmen und in die Sklaverei verkaufen. Der Jammer war groß, denn das Boot wurde natürlich von den paar Ringen und Kettchen der armen Frauen nicht voll. Schon mußten die hilflosen Eltern zusehen, wie ihre Kinder von den Räubern eingefangen und zum Schiff geschleppt wurden. Da, in der größten Not, öffnet sich die Kirchentür. Heraus tritt Bischof Nikolaus mit seinen Diakonen, beladen mit goldenen Leuchtern und Kelchen und Kruzifixen. Mit diesem Schatz seiner Kirche füllt er das Boot der Räuber, um die Kinder zu retten.
Ein Wunder? Eigentlich nicht; und doch ja: ein Wunder wäre eine Kirche, die das ihre dran gibt, um gefährdete Menschen zu retten. – Der Schatz der

Kirche – das können wie damals wertvolle Gegenstände sein. Es könnte sich aber auch um kirchliche Privilegien, Vorrechte, um Überlieferungen und Vorurteile handeln, die eine gottgeliebte, menschenfreundliche Kirche drangibt, um Menschen aus Gefahr zu retten, ihnen Freiheit zu verschaffen. (Ich erinnere die Gemeinde an eine Flut von unverständigen und oft recht bösen Gemeindeblatt-Leserbriefen gegen eine Resolution der württembergischen Vikarinnen und Vikare, in der vorgeschlagen wird, die traditionell harte Haltung der Kirchen zur Homosexualität zu überprüfen und zu ändern. Ich erinnere auch an die Eilfertigkeit, mit der man nach der Wiedervereinigung den östlichen Kirchen Privilegien der westlichen Kirchen geradezu aufnötigte.) Was Nikolaus uns da vorgeführt hat, das gilt, meine ich, vom kleinen, individuellen Christenleben wie auch im größeren Rahmen der Kirchenpolitik: Was für eine ungewöhnliche Bewegung wäre dies, wenn Christen und Kirchen das, was sie einmal gehabt, worauf sie vielleicht sogar ein gutes Recht gehabt zu haben meinten (Einfluß, Ansehen, Rechte, eine in Jahrhunderten erworbene und verteidigte religiöse Monopolstellung gar!), zur Diskussion und auch zur Disposition stellen lernten! Denn nicht wahr, das ist doch die ganze biblische Botschaft: daß Gott das Teuerste, das ihm Liebste dran gibt, daß er sich selbst hergibt, um zu retten, was sonst verloren wäre.

Ich hoffe darum so sehr, daß Sie verstehen, warum ich in dieser Predigt von Nikolaus berichtete – und nicht von Jesus. Oder doch von Jesus? Wird denn nicht gerade im Leben und Handeln eines solchen Dieners Jesu sichtbar, was der Meister eigentlich wollte?

Wenn Sie mich also fragen würden, ob ich an den Weihnachtsmann glaube – früher hätte ich bloß gelacht. Neuerdings denke ich fast, wir *sollten* an den Weihnachtsmann glauben: an solche Weihnachtsmänner und natürlich auch -frauen, die wie Nikolaus *anderen* deutlich machen, was Weihnachten eigentlich soll:

Menschwerdung Gottes – das klingt so schwierig. Und darüber haben sie sich damals schon im 4. Jahrhundert gestritten und die Köpfe zerbrochen (oft sogar mit Prügeln!): ob nun Jesus wirklich ganz und gar wie Gott und gleichen Wesens wie sein himmlischer Vater sei, oder IHM und Seiner Art nur ähnlich? Ob die Mutter Maria wirklich Jungfrau gewesen und geblieben sei? Und ob man dies (und was denn sonst noch alles) als Christ unbedingt glauben *müsse* ... Den Bischof Nikolaus scheinen diese theologischen Fragen freilich nicht so umgetrieben zu haben. Menschwerdung Gottes – das war für ihn offenbar eine ziemlich klare Sache: daß der, den wir GOTT nennen, dort sein will (immer schon!), wo Menschen in Not sind und Hilfe brauchen – und daß ER dazu, zu solcher Hilfe, nicht nur einen Mann mit Namen Jesus braucht, sondern viele Weihnachtsleute. Verbindungsleute zwischen Himmel und Erde, zwischen dem ewigen Gott und seiner elenden Menschheit, die ohne ihn verkommt.

Und wenn der Bischof Nikolaus dort, wo er jetzt ist, sehen kann, wie Jahr für Jahr um diese Zeit auf der ganzen Welt so viele tausend Menschen für eine Weile in seine Rolle schlüpfen: er wird sich nicht ärgern, wenn solche Verkleidung da und dort zum Geschäft ausartet. »Nur zu!«, würde er rufen. »Ich habe es nicht bereut, so zu leben, den Kindern und den Hilflosen zulieb. Und Ihr werdet es auch nicht bereuen, wenn Ihr an meinem Tag (und hoffentlich an vielen weiteren Tagen) Weihnachtsmänner und Weihnachtsfrauen werdet; Verbindungsleute zwischen einer ziemlich kalten Welt und dem warmen Herzen Gottes.« Solange es Kinder gibt und Eltern, die nicht mehr aus und ein wissen, Alte und Junge, die ohne Hilfe verloren sind –, so lange gibt es keine lohnendere Rolle als die Rolle der Weihnachtsfrau und des Weihnachtsmannes.

Literatur:
G. und T. Sartory, Der heilige Nikolaus, Herder TB 897
L. Heiser, Nikolaus von Myra, Trier 1978
H. Schuhladen, Die Nikolausspiele des Alpenraumes, Innsbruck 1984
R. Müller, Sankt Nikolaus, Herder-Verlag
K. Meisen, Nikolauskult und Nikolausbrauch im Abendland, 1931
Legenda aurea

Nikolaus wurde übrigens zum Patron Rußlands und Serbiens, zum Patron der Seefahrer, Bäcker, Reisenden, Kaufleute, Advokaten, Müller, Gefangenen, heiratsfähigen Mädchen, Metzger, Schüler, der Brücken (vor Nepomuk) und auch der Diebe.

3. Sonntag im Advent

Predigttext: Römer 15,4–13

Berthild Boueke-v. Waldthausen

Theologisch-homiletische Skizze

In der angegebenen Perikope geht es Paulus darum, Gemeindeglieder, die eine gegensätzliche Glaubenspraxis vertreten, zu einem christus- und gottgemäßen Umgang miteinander zu motivieren. Statt sich aufgrund unvereinbarer Standpunkte gegenseitig zu verurteilen und zu verachten, sollen sie einander annehmen aufgrund der einen glaubensbegründenden Annahme in Christus, die den Menschen beider Gruppierungen gleicherweise gilt. – Allein diese Annahme ist es, aus der heraus Gott angemessenes, weil einmütiges Gotteslob erwächst. Denn auch Gott selbst hat so gehandelt, daß er sein Heil unterschiedslos Juden und Heiden, also Menschengruppen mit unterschiedlicher, unvereinbarer religiöser Herkunft, zugeeignet hat.

Ursprünglich sind diese Überlegungen auf zwei miteinander konkurrierende Gemeindegruppen, die Fleisch Essenden und die Vegetarier/innen gemünzt. In der kirchlichen Predigttradition dagegen werden sie – konzentriert auf Vers 7 – vorzugsweise auf zwei Einzelpersonen, auf Mann und Frau bei ihrer Eheschließung, bezogen.

Mit Blick auf die inhaltliche Ähnlichkeit von Gal 3,26–28 ist diese gedankliche »Umfunktionierung« tatsächlich auch exegetisch zu verantworten. Ich möchte sie aufgreifen, aber entindividualisieren und auf die beiden Gruppierungen von Frauen und Männern in Gemeinde und Kirche beziehen. Diese Art der Konkretion legt sich in unserer Zeit nahe, in der die Art, wie Frauen und Männer in der Kirche miteinander umgehen, hinterfragt wird (EKD-Synodenthema 1989).

Die Frage, mit der ich an die Predigt herangehe, lautet: Was trägt der biblische Text und was trägt der heutige Umgang der Geschlechter in unserer Kirche heute füreinander aus? Im Hinblick auf diese Fragestellung unterscheidet sich die Situation damals und heute in wesentlicher Hinsicht:

- Bekam es Paulus mit dem konkurrierenden Verhalten zweier gleichgewichtiger Partner in der Gemeinde zu tun, so besteht heute ein Gefälle von Vor- und Nachordnung zwischen den beiden Geschlechtern. Was heute gegenseitige Annahme verhindert, ist nicht gegenseitige Konkurrenz sondern eine gegenseitige Rollenzuteilung, die Männern die Macht gibt, Rechtgläubigkeit und kirchengültige Praxis zu definieren, und von Frauen erwartet, daß sie das so Definierte für sich übernehmen und ausüben.
- Wenn Paulus zu einer aus gegenseitiger Annahme erwachsenden Einmütigkeit aufruft, so meint er eine Einmütigkeit in gleichberechtigter Vielfalt (Röm 14,5b). Wenn heute weitgehende Einmütigkeit in der Kirche zwischen beiden Geschlechtern besteht, dann kam sie dadurch zustande, daß Frauen erst gar keine eigene Auffassung von Glaube und Praxis entwickeln durften, sondern sich zur Anpassung an eine von Männern vorgegebene Definition genötigt sahen. Eine solche Art bemächtigender »Einmütigkeit« erwächst aber nicht aus gegenseitiger Annahme, sondern ist Ausdruck einer Abwehr von gleichberechtigter Vielfalt.

- Wenn Paulus auf die Annahme durch Christus als Grund für zwischenmenschliche Annahme und Einmütigkeit verweist, so greift er auf das eine Geschehen zurück, das von beiden Parteien unabhängig und für beide gleich gültig ist. Heute aber wird deutlich, daß auch jenes grundlegende Eine so ausschließlich männlich definiert ist, daß jene Verschmelzung von dem für beide Geschlechter gültigen Inhalt und einseitig männlicher Definition nur schwer aufzulösen ist.

Daraus ergibt sich: Nach wie vor geht es unter Christinnen und Christen um die Verwandlung von zwischenmenschlicher Abwehr in Annahme aufgrund der göttlichen Annahme aller. Dieser Prozeß sieht heute aber anders aus als damals. In der Predigt geht es darum, Gottes Annahme beiden Geschlechtern so nahezubringen, daß sie Männer aus einem Zwang zur Bevormundung und Frauen aus einem Zwang zur Anpassung befreit und Mut und Lust weckt zu einer gleichberechtigten Vielfalt, in der jedes Geschlecht sich und dem anderen erlaubt, die eine göttliche Annahme auf eigene, unterschiedliche Weise auszudrücken und danach aufeinander zuzugehen.

Daß die Verwandlung von Abwehr in Annahme nicht ohne Leiden abgeht und die, die sich auf sie einlassen der Stärkung durch Geduld, Trost und Hoffnung bedürfen, daß sie aber auch begleitet wird von der Ruach (Geist) der Freude, des Friedens und der Hoffnung – diese adventliche Glaubenseinsicht gilt nach wie vor für jede Gestalt, in der sich dieser Prozeß vollzieht.

Vorschläge zur Liturgie

Zu einer Predigt, die die gegenseitige Annahme von Frauen und Männern zum Inhalt hat, gehört eine Liturgie, in der Frauen und Männer als solche zur Sprache kommen.

Eingangsvotum

Im Namen Gottes, der uns Vater und Mutter ist,
im Namen Jesu, der uns Bruder und Heiland ist,
und im Namen des Heiligen Geistes, der uns tröstet und die uns Mut macht.

Bitte um Erbarmen

Frau und Mann: Guter Gott, Du hast Mann und Frau zu Deinem Bild geschaffen und willst, daß wir einander annehmen und eins sind in Dir. Wir bekennen Dir, daß wir die Gemeinschaft mit Dir und untereinander oft verraten haben.

Mann: Wir haben oft von uns geglaubt und verlangt, Frauen überlegen zu sein.

Frau: Wir haben uns oft kleiner gemacht, als wir sind. Wir haben oft nicht gewagt, zu unserer Stärke zu stehen und sie zu entwickeln.

Mann: Wir haben uns oft der Frauen gemächtigt, ihren Spielraum eingeengt und ihren Wert geschmälert.

Frau: Wir haben uns oft von Männern imponieren und einschüchtern lassen. Wir haben ihnen klein beigegeben, oft wider eigenes besseres Wissen.

Mann: Es fällt uns schwer, unsere Begrenztheit anzuerkennen, uns eine Blöße zu geben, unsere Schwäche anzunehmen und uns darin von Dir, Gott, annehmen zu lassen.
Frau: Wir passen uns Männern an, um dafür von ihnen zu profitieren. Wir geben uns dafür her, ihren Vorstellungen von uns zu entsprechen, statt auf die Würde zu setzen, die wir von Dir, Gott, haben.
Mann: Wir sind darauf aus, uns mit unserer Leistung zu beweisen und Recht zu behalten, statt uns auf Menschen einzulassen, so wie wir sind.
Frau: Wir sind leicht bereit, unser Selbst zu opfern und uns Unrecht gefallen zu lassen, statt auf uns zu hören und uns zu geben, so wie wir sind.
Frau und Mann: O Gott, wir brauchen Befreiung aus Überheblichkeit und Selbstentwertung, um Dir und einander aufrichtig zu begegnen. Befreie uns und nimmt uns an in unserer Begrenztheit und unserer Würde. Öffne uns füreinander, daß wir einander achten und uns nicht größer oder kleiner machen als wir sind. Bahne den Weg zu einer Gemeinschaft, in der wir unsere Ängste und unsere Hoffnungen, unsere Schwächen und unser Vermögen miteinander teilen.
Gott, erbarme Dich.

Gnadenwort
Christus hat uns angenommen zu Gottes Lob. (Röm 15,7b)

Fürbittengebet
Mann: O Gott / der du auftust und offenbar machst: / Wann wird es soweit sein? / Wann werden wir sichtbar? / Wann wird die Wahrheit an uns sichtbar? / Wann wird man an unseren Städten sehen: / Hier wohnen die Töchter und Söhne Gottes, / die Schwarze nicht von Weißen fernhalten, / die Türken nicht von Deutschen trennen / und Frauen nicht ausschließen / bei der Suche nach der Wahrheit. / Wann werden wir sichtbar, Gott, / als deine Töchter und Söhne?
Frau: O Gott, / der du Leben hervorbringst und Lachen, / wann wird es soweit sein? / Wann werden wir offenbar? / Wann wird die Wahrheit an uns sichtbar? / Wann wird man an unseren Fernsehprogrammen erkennen: / Hier wohnen die Freunde und Freundinnen Gottes? / Sie schrecken niemanden ab, / sie laden sein, / sie spielen Handball mit denen, / die sie früher Feinde nannten, / und vertrauen ihnen, / die deine Kinder genauso sind wie wir. / Wann werden wir sichtbar, Gott, / als deine Töchter und Söhne?
Mann: O Gott, / der du uns besser kennst, als wir uns selber kennen: / Wann müssen wir unser Gesicht nicht mehr vor den Verhungernden verstecken? / Wann werden wir sichtbar? / Wann wird die Wahrheit durch uns hindurch leuchten? / Wann wird man an unseren Handelsbeziehungen sehen: / Hier wohnen die neuen Menschen, / die schwesterlichen und brüderlichen? / Wann wird die Sonne der Gerechtigkeit über uns aufgehen / und die Aus-

plünderungsnacht zu Ende gehen? / Wann werden wir sichtbar, Gott, / Töchter und Söhne in deinem Reich?
Frau: O Gott, / der du alles geschaffen hast: / Wann wird es soweit sein, / daß wir es SEHR GUT nennen wie du, / wann werden wir sichtbar? / Wann wird die Wahrheit scheinen? / Wann wird man an unseren Gärten und Feldern sehen: / Hier wohnen die sanften Kinder der Erde, / die das Vergewaltigen nicht gelernt haben / und das Plündern verlernten? / Hier wohnen kleine Menschen, / die die Türme nicht in den Himmel bauen / und die Tiere nicht zu Tode testen. / Gott, Freudin der Menschen, Freund der Erde, komm bald, / maranatha, / beeil dich, / mach dich sichtbar / und uns mit dir: / Töchter und Söhne in deinem Reich. (nach D. Sölle)
Mann und Frau: Amen.

Segen
Der Gott aber der Hoffnung erfülle euch mit aller Freude und Frieden im Glauben, daß ihr völlige Hoffnung habt durch die Kraft des heiligen Geistes. Amen. (Röm 15,13)

Liedvorschläge

(Kantate Domino Nr. 137. Mel.: Doreen Potter, Jamaica. Text: Renate Schiller nach Fred Kaan)

Siph' amandla (Sanftmut den Männern)

2. Flügel den Lahmen!
Lieder den Stummen!
Träume uns allen,
weil wir sie brauchen.

3. Ehrfurcht den Starken!
Mut den Gejagten!
Friede uns allen,
weil wir ihn brauchen.

Siph' amandla Nkosi
Wokungesabi
Siph' amandla Nkosi
Styawodinga

Aus Südafrika.
Satz: Utryck Verlag, Schweden. Übertragung ins Deutsche: Gerhard Schöne.

Zur Predigt

Möglicher Predigtanfang
Mag sein, daß der eine oder die andere beim Vorlesen des Predigttextes dachte: Das kommt mir doch irgendwie bekannt vor, so fremd und kompliziert sich das Ganze auch anhört. »Nehmet einander an, gleichwie Christus uns angenommen hat zu Gottes Lob« – diese Worte habe ich doch irgendwann schon einmal gehört.
Ja, es könnte durchaus sein, daß dies bei einer Hochzeitsfeier war. Denn dort wird jener Vers gern als Trautext gewählt und verlesen. Und das mit gutem Grund. Denn wo ließe sich das Glück einer Ehe wohl eher finden als in der gegenseitigen Annahme der Eheleute?
Paulus meinte diese Worte damals allerdings viel grundsätzlicher, gültig für *alle* Christen und Christinnen. Gegenseitige Annahme so grundsätzlich wie die gegenseitige Liebe.

Wie es weitergehen könnte:
1. Teil: Sich gegenseitig annehmen – wie sieht das aus?
Zeit geben, bei dem zu verweilen, was mit gegenseitiger Annahme gemeint ist. Von den Gottesdienstbesucher/innen oder selbst zusammentragen, was sie sich darunter vorstellen: Sich gegenseitig gelten lassen, akzeptieren, die Freiheit geben, so zu sein, wie man/frau ist; sich gegenseitig entdecken, wahrnehmen, sich öffnen, aufeinander hören, achten, als Bereicherung empfinden, aufeinander eingehen usw.; beruht auf Gegenseitigkeit, bekomme die Person des/der anderen in den Blick und bin ihr zugetan. Gegenteil: Sich voreinander verstecken usw.
Abschließend, zusammenfassend zwei Bilder:
Zwei Menschen, die einander annehmen, sind wie zwei Menschen, die aufeinander zugehen, sich gegenseitig immer deutlicher entdecken in Unterschiedlichkeit und Gemeinsamkeit und sich die Hand geben. – Wenn es viele Menschen sind, die einander annehmen, sind auch sie wie Menschen, die aufeinander zugehen, sich an der Hand fassen und einen Kreis bilden. Wo wir uns angenommen fühlen, atmen und blühen wir auf, drücken es aus, tanzen miteinander und preisen den oder die oder das, die uns dieses Glück der Annahme ermöglichen.
Bild von Picasso: Menschen tanzen um Friedens- und Hoffnungstaube. Menschen, die sich in all ihrer Unterschiedlichkeit und bunten Vielfalt gegenseitig anschauen und gelten lassen, die sich an der Hand fassen, im Kreis tanzen, sich ihres Lebens und ihrer Gemeinschaft freuen und dafür Gott preisen – so stellt sich Paulus nicht nur das Glück zweier Eheleute, so stellt er sich das Glück einer ganzen Gemeinde, aller Frauen und Männer vor, die miteinander Christinnen und Christen sind.

2. Teil: Was ist daraus geworden?
Wenn Sie Ihr Bild von Gemeinde malen sollten, fiele Ihnen dann Picassos Tanz um Gottes Geist ein? Wenn Sie den Stil beschreiben sollten, wie Männer und Frauen in der Gemeinde miteinander umgehen, fiele Ihnen dann spontan die gegenseitige Annahme ein? Das ist die Ausnahme. Die Regel: Männer leiten, Frauen lassen sich leiten. Nicht: Männer und Frauen akzeptieren sich gegenseitig und handeln miteinander aus, was in der Gemeinde geschehen soll, sondern Frauen akzeptieren die Entscheidungen und Verlautbarungen, die Männer fällen und verkünden. Unterschiede zwischen beiden Umgangsstilen: Einander annehmen ist gegenseitig und personenbezogen; Leiten und sich leiten lassen ist ein unumkehrbares Gefälle, institutions- und sachbezogen. Wir brauchen sachbezogenes Handeln, aber gefährlich, wenn es personenbezogenen Blick verdrängt, und Rollen einseitig auf Mann und Frau verteilt werden. Folge: Männer und Frauen geben etwas von sich selber preis und an das andere Geschlecht ab, was für sie selbst – und für die Gemeinde – lebensnotwendig ist. Männer verlieren ihre Demut, Frauen ihre Würde, Männer ihre Fähigkeit, sich dankbar von Frauen

etwas schenken zu lassen, Frauen ihre Initiative usw.; Selbsterkenntnis, Verantwortung und Sorge für sich selbst nimmt gleicherweise ab bei Männern und Frauen.

3. Teil: Der Weg zu gegenseitiger Annahme
Wie kommt es, daß aus gegenseitiger Annahme zwischen männlichen und weiblichen Gemeindegliedern einseitige Leitung geworden ist?
Personenbezogene, gegenseitige Annahme ist nicht nur beglückend. Tiefes, echtes Glück von Gemeinschaft ist nur möglich nach vorangegangenen Schmerzen. Sonst oberflächlich oder trügerisch – heuchlerisch. Denn gegenseitige Annahme meint mich und den/die andere/n *ganz*, auch mit dem Unerfreulichen und Störenden. Das Glück wird dadurch erst echt und tief, daß wir gegenseitig wahrnehmen, erleiden, ansprechen und austragen können, was uns aneinander *nicht* gefällt. Es beruht auf der Erfahrung, daß Störendes die Beziehung nicht zerstört, sondern gemeinsam aufgefangen wird. Es kostet Mut und Bereitschaft zu schmerzhafter Selbsterkenntnis in die eigene Begrenztheit. Das ist zunächst unangenehm. Andere Leiten und sich leiten lassen erspart schmerzhafte Begegnungen und (Selbst)erkenntnisse. Im Namen der Sachlichkeit und geschützt durch meinen Status kann ich mich durchmogeln und brauche mich nicht mit der anderen und meiner Person auseinanderzusetzen. Aber dieser Umgangsstil bringt uns auch um das Glück echter gegenseitiger Gemeinschaft, das Gott uns zugedacht hat und für das Jesus auf dem Weg zu uns ist.

Möglicher Schluß
Jesus, das Kind jener Gemeinschaft stiftenden Gottestaube, hat alles darangesetzt um anzunehmen, was uns an uns und aneinander unannehmbar erscheint. Er hat sich nicht begnügt mit unseren Schokoladenseiten und hat sich nicht um unsere Schattenseiten gemogelt im Namen der Sachlichkeit. Er hat uns leiden mögen mit allem, was wir an uns und anderen nicht leiden mögen. Wir bringen uns um das Glück der Befreiung, wo wir uns von unseren Grenzen mehr einschüchtern lassen als seinem tragfähigen Erbarmen zu trauen. Wo wir uns seiner Annahme anvertrauen, brauchen Männer sich nicht mehr der Frauen bemächtigen und meinen, sie leiten zu müssen. Frauen brauchen sich nicht länger nach Männern zu richten und sich ihre Überheblichkeit gefallen zu lassen. Jesu Annahme bringt Männer dazu, zu ihrer Begrenztheit zu stehen und weckt in Frauen den Mut, denen entgegenzutreten, die sich ihrer bemächtigen. Sie macht uns Mut, einander so wahrzunehmen und wahrnehmen zu lassen, wie wir sind, einander die Hände zu reichen, Fuß vor Fuß zu setzen und uns dem Tanzschritt zu überlassen, zu dem die Gottestaube unsere Herzen und Füße beschwingen möchte.

Kontexte

1. Zum Thema: Annahme statt erobernder Assimilation
»Die Herausforderung, die uns gestellt ist, besteht darin, wahrhaft ich/wir mit den andern zu sein, ... indem wir die Differenz in der Gleichheit anerkennen. Hier ist Christus, hier sind wir zusammen mit den andern ...« (Philipp Potter, Die Entdeckung des anderen. Ev. Komm. 11/92, S. 661)
2. Texte, in denen Männer und Frauen über sich als Männer und Frauen nachdenken – Selbstwahrnehmen als Voraussetzung für gegenseitiges Wahr- und Annehmen – finden sich bei Kurt Marti: Zärtlichkeit und Schmerz, S. 47–68 (Das männliche Spiel) und Christel Voß-Goldstein (Hg.): Abel, wo ist deine Schwester?
3. Picasso:

Quelle: Pablo Picasso, © VG-Bild-Kunst, Bonn, 1993.

4. Advent

Predigttext: 2. Korinther 1,18–22

Christian Schad

Theologisch-homiletische Skizze

In der Abfolge der vier Adventssonntage lebt der 4. Advent in seinem Proprium ganz von der *Freude* über die unmittelbare Nähe des verheißenen Messias, die die Kirche an Weihnachten feiert. Das adventliche Violett, die Farbe der Buße und Bereitung vor dem Fest, befindet sich angesichts der Texte und Lieder dieses Sonntags deutlich im Wandel – und das glänzende Weiß des Christfestes leuchtet bereits hell auf. Als Zeichen der Hoffnung und Vor-freude entzünden wir alle Kerzen am Adventskranz, die Kinder stimmen zu Hause und in unseren Gottesdiensten schon weihnachtliche Weisen an und auch wir Erwachsenen lassen uns an diesem Tag hineinnehmen in die Bewegung des wunderschönen Klepper-Liedes (EKG 14), das anhebt mit der gewissen Ankündigung: »Die Nacht ist vorgedrungen, der Tag ist nicht mehr fern. So sei nun Lob gesungen dem hellen Morgenstern!«

Auf diesen affirmativen Grundton ist auch der Predigttext 2. Kor 1,18–22 gestimmt. Wie schon die Abgrenzung der Perikope zeigt, soll weniger der historische Anlaß dieser Briefzeilen im Mittelpunkt stehen – das Mißfallen der korinthischen Gemeinde angesichts der geänderten Reisepläne des Paulus (vgl. dazu die im vorgeschlagenen Abschnitt gar nicht berücksichtigten Verse 12–17 und 23) –, sondern die theologische Grundaussage: Jesus Christus, das eindeutige und bedingungslose »Ja Gottes«, in dem alle Verheißungen erfüllt sind (Verse 19f.). Daß diese Affirmation nicht ein billiges, sondern das in göttlicher Definitivität gesprochene Ja zum Leben meint, mithin ein ebenso klares Nein gegen alle todbringenden Mächte impliziert, wird im Rekurs auf die Jesusüberlieferung besonders deutlich. Sie kann darum im Blick auf die Konkretion des in Christus leibhaftig gewordenen Ja-Wortes homiletisch fruchtbar gemacht werden. Ist es die Meinung des Apostels, daß wir als Getaufte in unserem Leben gewissermaßen *zehren* von der Eindeutigkeit des in Christus Wirklichkeit gewordenen »Ja«, so dürfen freilich die sich hart daran reibenden Widerspruchserfahrungen nicht überspielt werden. Sie müssen vielmehr exemplarisch zur Sprache kommen. Wird in diesem Kontrast die bis ins Ethische gehende Dimension des Textes evident, so führt doch allein dessen soteriologische Konnotation zur Doxologie der bekennenden Gemeinde: »... darum sprechen wir auch durch ihn das Amen, Gott zum Lobe« (Vers 20b). Es ist allein das *Ja der Vergebung*, das uns angesichts der bleibenden menschlichen Ambivalenz von Ja *und* Nein »Amen« sagen läßt zur Definitivität des göttlichen Wortes. Wer in diesem Sinne einstimmt, spricht darum notwendig *mehr* aus, als er von sich aus in seinem eigenen Leben zu verwirklichen vermag. Er spricht die Wahrheit eines Wortes aus, auf die er selber angewiesen *bleibt*. Darum kann der Text m.E. nur unter dem Aspekt der Verheißung gepredigt werden: als Einladung, inmitten aller Divergenzerfahrung immer wieder – wie Luther im Blick auf die Taufpromissio sagt (vgl. dazu die Verse 21f.) – »hineinzukriechen« in die göttliche Zusage des in Christus verbürgten »Ja«, um sich dort je und je neu festmachen zu lassen.

Vorschläge zur Liturgie

Eingangsspruch
Freuet euch in dem Herrn allewege, und abermals sage ich: Freuet euch! Der Herr ist nahe! (Phil 4,4.5b)

Oder
Freuet euch des Herrn und seid fröhlich, ihr Gerechten, und jauchzet, alle ihr Frommen. Freue dich und sei fröhlich, du Tochter Zion! Denn siehe, ich komme und will bei dir wohnen, spricht der Herr. (Ps 32,11 + Sach 2,14)

Oder
Introitus-Psalm
Ps 102,17–23 (als Rahmenvers ist Jes 45,8 möglich)

Alttestamentliche Lesung
Jes 52,7–10 Aller Welt Enden sehen das Heil unseres Gottes

Neutestamentliche Lesung
Luk 1,(39–45)46–55(56) Lobgesang der Maria

Eingangsgebet
Herr, nun kommst du zu uns. / Wir sind dir / in unserer Geschäftigkeit / nicht zu geschäftig, / in unserer Müdigkeit / nicht zu müde, / in unserer Ungeduld, / die an keiner Freude / mehr satt werden kann, / nicht zu ungeduldig. / Nun kommst du in unsere Welt, / willst du da wohnen, / wo es keine Freude mehr macht, zu wohnen, / willst du sättigen die Hungrigen, / die wir nicht sättigen können, / willst du Menschen / das Gesicht zurückgeben, / das sie schon lange verloren haben, / willst du den Haß, / der das Antlitz der Erde / entstellt hat, / befrieden, / willst du in jedem Haus / und in jedem Land / die Kraft der Versöhnung sein. / Nun kommst du zu uns, Herr, / und willst du eines jeden Menschen Leben, / das sich so oder so / zur Last geworden ist, / mittragen, / willst es aus Bruchstücken von Schuld und Vergeßlichkeit / zu einem Ganzen machen, / so daß sich / eines jeden Menschen Leben / sehen lassen kann. / So laß uns, Herr, / in diesen Tagen deines Kommens / wollen, was du willst, / werden, wozu du uns machst: / Zu dem Stück Frieden / in dieser Welt, / das versöhnt und heilt und sättigt.

Gebet nach der Predigt
Deiner warten wir, / Herr, / denn wir haben / der Resignation, die umgeht, / der Angst, die sich überall einnistet, / der Sorge, die überall rechnet, / dein Ja / für den Menschen / gegen die Resignation, / gegen die Angst, / gegen die Sorge / entgegenzuhalten. / Wir haben / diesen unseren Tagen / und dieser unserer Zeit / in die Ohren / Lärm zu schlagen / mit deinen Verheißun-

gen / für uns und unsere Welt, / damit diese Zeit / ein anderes Lied / und andere, / laute und deutliche und klare / Worte / in die Ohren bekommt. / Wir warten dein, / o Herr, / mit Gebet / und mit Flehen / und mit Lob / und mit Tanzen / und mit Werken der Gerechtigkeit, / damit wir nicht selbst / für das Lied dieser Zeit / anfällig werden, / das im Rhythmus / zwischen Ja und Nein / so unentschieden / hin- und herschwankt, / das Freude und Trauer, / Leben und Tod / für gleichberechtigt hält. / Wir warten dein, / o Herr, / damit unser Lied / von deinen Verheißungen / in dieser Welt / nicht mehr verstummt.
(a.a.O.)

Lieder
Eingangslied: EKG 14,1–3; Lied vor der (den) Schriftlesung(en): EKG 9,4; *Lied vor der Predigt* (Wochenlied): EKG 7,1+3–6; *Lied nach der Predigt:* EKG 241,9; *Schlußlied:* EKG 6,5 oder Vorentwurf zum EG 17,1–3 »O komm, o komm, du Morgenstern«.

Als musikalischer Interpret des Predigttextes kann an diesem Sonntag gut ein Chor fungieren – etwa mit den folgenden, leicht singbaren Sätzen: »Singt Gott, lobsinget seinem Namen! Er gibt sein Wort. Bringt ihr ihm Lieder. Sein Wort ist lauter Ja und Amen. Im Worte kommt Gott selbst hernieder« (Text: J. Klepper, Weise und Satz: J. Petzold, in: Chorheft 1966 des Landesverbandes der evangelischen Kirchenchöre der Pfalz, hrsg. v. A. Graf, Berlin 1966, Nr. 11) und »Weil du Ja zu mir sagst und mich nicht nach gestern fragst: darum fang ich wieder an. Hast mich hierher gestellt du, du weißt, wie schwer mir's fällt: darum fang ich wieder an. Ist mein Widerstand auch groß, komm ich doch nicht von dir los: darum fang ich wieder an« (Text und Weise erhältlich beim Gustav-Bosse-Verlag Regensburg); vgl. desweiteren die Rubrik »Paralipomina« (s.u.).

Vorschläge zur Predigt

Möglicher Anfang
Liebe Gemeinde! Gott sagt unwiderruflich »Ja« zu uns. Dessen dürfen wir uns heute, an diesem 4. Adventssonntag, uneingeschränkt freuen! So will es das Wochenlied mit seinem Ruf: »Nun jauchzet, all ihr Frommen ...«, und auch der Wochenspruch stimmt uns ganz auf *Freude* ein: »Freuet euch in dem Herrn allewege, und abermals sage ich: Freuet euch!« »Denn Gottes Sohn, Jesus Christus, ... war nicht Ja und Nein; sondern ein unbedingtes Ja ist in ihm Wirklichkeit geworden.«
Gott leistet sich das. Er sagt: »Ja!« Niemanden schließt er aus, sondern vorbehaltlos jede und jeden ein. Die Fremdlinge und Gäste in unseren Städten und Dörfern nicht weniger als uns Einheimische; die Brüder und Schwestern im Osten Deutschlands und genau so die Türken, Polen und Vietnamesen. Die Verurteilten hinter Gefängnismauern nicht weniger als ihre

Ankläger und Richter. Aber auch die Heiden und Gottlosen in aller Welt nicht weniger als den gottlosen Heiden in uns: Das Ja Gottes ist ein grenzenloses Ja zum Leben! In dieser adventlichen Zusage kommt es spürbar auf uns zu, klopft an an unsre inneren und äußeren Türen und bittet um Einlaß. Gott wirbt. Wirbt darum, daß wir ihm Stimmrecht geben in unserem Leben, daß wir hören und einstimmen. Einstimmen in sein vorbehaltloses »Ja«.

Zum weiteren Verlauf

1. Leben, denken und handeln wir aus der Kraft solcher Lebensbejahung? – Machen wir uns nichts vor! Was im Lauf dieses Jahres geschehen ist, hat es bei uns bisher noch nie gegeben in der Nachkriegszeit. Es geht bösartig zu: Schwere Ausschreitungen gegen Ausländerheime; Hetze gegen Fremde; geschändete jüdische Friedhöfe; Verwüstungen in den Gedenkstätten ehemaliger Konzentrationslager. Rechtsextreme Brandstifter und Totschläger sind unterwegs. Und wenn sie keine Asylbewerber finden, dann suchen sie sich ganz andere Opfer. Sie vergreifen sich sogar an Behinderten und verüben Anschläge auf kleine Kinder. In schreckliche und schrille Töne verpacken sie ihr unüberhörbares »Nein«: »Unser Boot ist voll!« – schreien sie – »Fremdlinge raus!«

Wo bleibt – angesichts dessen – unser Sturm der Entrüstung? Wo unser unmißverständliches Ja zum Leben, das ein ebenso unmißverständliches Nein gegen alle Gewalt miteinschließt? ...

Zu kompliziert und vielschichtig ist unsere Welt geworden, so scheint es. Zu verwirrend die verschiedenen Ideologien, zu undurchschaubar die Wirtschaftssysteme, zu unsicher die gesellschaftlichen Werte und Normen. Zu jedem »Schon« gesellt sich sofort ein »Aber«, zu jedem »Einerseits« sofort ein »Andererseits«, zu jedem Ideal – etwa die Unantastbarkeit der Menschenwürde – sofort ein Sachzwang – etwa die Abwehr von Menschen aus Armutsgebieten wegen nationaler und ökonomischer Interessen. Gerade die Informierten sagen immer häufiger »Jein« oder »Naja« oder »Sowohl als auch«: Wir empfinden den lauwarmen Geschmack. Aber *was* sollen wir tun?

2. Der dänische Philosoph und Theologe Sören Kierkegaard hat im vorigen Jahrhundert das Buch »Entweder – Oder« geschrieben und sich zu diesem Titel später folgendermaßen geäußert: »Ich, der ›Entweder-Oder‹, kann keinem mit einem ›Sowohl-als-Auch‹ dienen. Ich bin im Besitze eines Buches, das hierzulande so gut wie ganz unbekannt ist, dessen Titel ich daher ganz genau anführen will: ›Das Neue Testament unseres Herrn und Heilandes Jesu Christi‹. Wiewohl ich ein ganz freies Verhältnis zu diesem Buch habe und z.B. durch keinen Eid darauf verpflichtet bin, so übt es doch eine große Macht über mich aus und flößt mir einen unbeschreiblichen Abscheu vor der Halbheit ein, vor jedem ›Sowohl-als-Auch‹.«

Mag sein, daß Kierkegaard in diesem »hierzulande so gut wie unbekannten Buch« gelesen hat, was der Apostel den Korinthern schreibt: »Unser Wort an euch ist nicht Ja und Nein zugleich.« Und daß der Grund solcher Eindeutigkeit in Jesus Christus liegt, der ganz und gar, durch und durch »Ja« ist. Kein weichlicher Ja-Sager, der um des lieben Friedens willen zu allem »Ja und Amen« sagt, im Gegenteil: »Selig seid ihr, die ihr jetzt weint, denn ihr werdet lachen«, aber »wehe euch, die ihr jetzt lacht, denn ihr werdet trauern und weinen.« – »Wenn ihr den Menschen nicht vergebt, wird euer Vater im Himmel eure Verfehlungen auch nicht vergeben.« – »Niemand kann zwei Herren dienen. Ihr könnt nicht Gott dienen und dem Mammon.« – »Geht durch die enge Pforte, denn der Weg ist schmal, der zum Leben hinführt, und wenige sind es, die ihn finden.« – »Nicht jeder, der zu mir sagt: Herr, Herr! wird in das Himmelreich kommen, sondern wer den Willen meines Vaters im Himmel tut.« – In diesen Jesusworten aus der Bergpredigt begegnet uns, was Kierkegaard das »Entweder-Oder« nennt. Die Aufforderung, Ja *oder* Nein zu sagen, den Abscheu vor dem »Sowohl-als-Auch«: die Kompromißlosigkeit Jesu, wo es um Gottes Willen geht, um Gottes unbedingtes Ja zu den Schwachen und ins Aus Gesetzten.

3. Es sind die schlechtesten Hörer nicht, denen hier das feierliche »Amen« im Halse stecken bleibt. Noch dazu, wo es wirklich niemanden gibt, der in der jeweils konkreten Situation immer genau wüßte, was der Wille Gottes sei. Aber hören wir als Orientierungshilfe noch einmal Paulus. Er bezeichnet Jesus ganz und gar als »Ja«. Inwiefern? Weil seine Liebe zu uns so ungeheuer verschwenderisch ist! Jesus verschwendet seine Worte, seine Taten, sich selbst an bedeutungslose Fischer, Zöllner, Kinder, Sünderinnen und Sünder; an alle, die seinen Weg kreuzen, selbst an die, die ihm den Prozeß machen und ihn kreuzigen werden. Auch wo er zornig ist, ist es der heilige Zorn des Liebenden, dem das Böse und Verkehrte nicht gleichgültig ist. Er verschwendet sich an Juden, Christen und Muslime, an ausländische und einheimische Nachbarinnen und Nachbarn. Mit ihm sagt Gott »Ja« zu *allen* seinen Geschöpfen; durch ihn spricht er den Gottlosen, *mich*, los von schuldbeladener Vergangenheit; in ihm ist Gottes Liebe, die dem verlorenen Sohn entgegenläuft, begreifbar, leibhaftig geworden. Darum sprechen wir – unter Berufung auf ihn – und Gott allein zur Ehre das »Amen«.

Möglicher Schluß

»Der Sohn Gottes, Jesus Christus, ... der war nicht Ja und Nein; sondern es war Ja in ihm.« Das Weihnachtsfest, auf das wir zugehen, erinnert uns an diese unüberbietbare Menschenfreundlichkeit Gottes. Gott ward Mensch, dir, Mensch, zugute: Das ist die große Freude, die allem Volk widerfahren ist. Von dieser großen Freude wird uns in ein paar Tagen die Weihnachtsgeschichte erzählen. Und so können wir heute nichts Besseres tun, als hineinzukriechen in jene adventliche Zusage, um uns von Gottes Ja festhalten zu lassen. Wie es in Luthers Vaterunserlied heißt: »Amen, das ist: es werde wahr. / Stärk unsern Glauben immerdar, / auf daß wir ja nicht zweifeln dran, / was wir hiemit gebeten han / auf dein Wort, in dem Namen dein. / So sprechen wir das Amen fein.«

Kontexte

Aber das (sc. Mt 15,21–28) ist uns allen zu Trost und Lehre geschrieben, daß wir wissen sollen, wie tief Gott vor uns seine Gnade verberge und wie wir nicht nach unserm Fühlen und Dünken von ihm halten sollen, sondern stracks nach seinem Worte. Denn hie siehest du, ob sich Christus gleich hart stellet, so gibt er doch kein endlich Urteil, daß er nein sage, sondern alle seine Antworten lauten wohl als Nein, sind aber nicht Nein ... und ist doch mehr Ja drinnen denn Nein. Ja, eitel Ja ist drinnen, gar tief und heimlich und scheinet eitel Nein. Damit ist angezeigt, wie unser Herz steht in der Anfechtung ... Drum muß sichs von solchem Fühlen kehren und das tiefe heimliche Ja unter und über dem Nein mit festem Glauben auf Gottes Wort fassen und halten ... und Gott recht geben in seinem Urteil über uns, so haben wir gewonnen und fangen ihn in seinen eigenen Worten ... : Ja, Herr, es ist wahr, ich bin ein Sünder und deiner Gnade nicht wert; aber doch hast du verheißen Vergebung den Sündern und bist nicht gekommen, die Gerechten zu rufen, sondern, wie auch S. Paulus sagt, die Sünder selig zu machen. Siehe, so mußte sich Gott durch sein eigen Urteil über uns erbarmen.
(M. Luther, Evangelium auf den andern Sonntag in den Fasten, Reminiscere, 12. März 1525, in: MüA 6, 1968[3], S. 274 = WA 17 II, S. 203)

Noch einmal habe ich mir die Losungen vorgenommen (sc. 2. Kor 1,20) und darüber etwas meditiert. Es kommt wohl auf das »in Ihm« an. Alles, was wir mit Recht von Gott erwarten, erbitten dürfen, ist in Jesus Christus zu finden. Was ein Gott, so wie wir ihn uns denken, alles tun müßte und könnte, damit hat der Gott Jesu Christi nichts zu tun. Wir müssen uns immer wieder sehr lange und sehr ruhig in das Leben, Sprechen, Handeln, Leiden und Sterben Jesu versenken, um zu erkennen, was Gott verheißt und was er erfüllt ... Zu all dem hat Gott in Jesus Ja und Amen gesagt. Dieses Ja und Amen ist der feste Boden, auf dem wir stehen. Immer wieder in dieser turbulenten Zeit verlieren wir aus dem Auge, warum es sich eigentlich zu leben lohnt. Wir meinen, weil dieser oder jener Mensch lebt, habe es auch für uns Sinn zu leben. In Wahrheit aber ist es doch so: Wenn die Erde gewürdigt wurde, den Menschen Jesus Christus zu tragen, wenn ein Mensch wie Jesus gelebt hat, dann und nur dann hat es für uns Menschen einen Sinn zu leben.
(D. Bonhoeffer, Brief vom 21.8.1944 an E. Bethge, in: ders., Widerstand und Ergebung. Briefe und Aufzeichnungen aus der Haft, hrsg. v. E. Bethge. © Chr. Kaiser / Gütersloher Verlagshaus, Gütersloh.)

»Großer ewiger Gott, der du über alle Zeiten und alle Generationen gebietest, über Mikroorganismen und Kontinentalverschiebungen. / Ewiger Gott, sehr menschlich, in der Gestalt eines Menschen und in menschlichen Worten, die für menschliche Ohren gut verständlich sind, hast du dein JA gesagt zu allen deinen Geschöpfen, zu allen Zeiten und zu allen Generationen, zu Mikroorganismen und zu Kontinentalverschiebungen, zu Gewässern, zu Wald und zu Flur hast du JA gesagt, zu Sommer und Winter, zu Tag und zu Nacht. / In menschlichen Worten, gut verstehbar für die Ohren von Menschen, hast du dein JA gesagt zu allem, was ist, dein ewiges JA. / Sollte es denkbar sein, daß der Menschen NEIN lauter ist und vernehmlicher, und wäre dieses NEIN, das alles zu zerstören droht, noch ein menschiches Wort, wenn dein ewiges JA, Gott, doch *das* menschliche Wort ist, das allein für menschliche Ohren verstehbar ist? Wäre es denkbar, daß du, Gott, dein menschliches Wort zurückziehst, damit unmenschliche Worte sich tummeln können in unserer Welt? /

Worte wie SO_2, SS, SS 20, Pershing, Pestizide, Megatod etc., etc., wäre das wirklich denkbar?
Mit freundlicher Genehmigung des Radius-Verlags Stuttgart entnommen aus:
Klaus Bannach: Gebete gegen die Angst

Paralipomena

Die für mich eindrücklichste Ausführung des Textes 2. Kor 1,18–22 findet sich in der sog. Echo-Arie Nr. 39 im IV. Teil des Bach'schen Weihnachtsoratoriums (BWV 248). In dem unmittelbar vorausgehenden Arioso – »Auch in dem Sterben sollst du mir / Das Allerliebste sein; / ... Was jagte mir zuletzt / Der Tod für Grauen ein? / Mein Jesus! Wenn ich sterbe, / So weiß ich, daß ich nicht verderbe; / Dein Name steht in mir geschrieben, / Der hat des Todes Furcht vertrieben« – klingt der eschatologische Horizont bereits an, der die folgende, als Gespräch der Seele mit Christus stilisierte Arie bestimmt: Jesus antwortet durch eine zweite Sopranstimme als Echo auf die Fragen des ersten Soprans, die Oboe klingt als zweites Echo nach: »Flößt, mein Heiland, flößt dein Name / Auch den allerkleinsten Samen / Jenes strengen Schrekkens ein? / Nein, du sagst ja selber nein! (Nein!) / Sollt ich nun das Sterben scheuen? / Nein, dein süßes Wort ist da! / Oder sollt ich mich erfreuen? / Ja, du Heiland sprichst selbst ja! (Ja!)« Auf fällt, daß der Echo-Sopran resp. Jesus jeweils das letzte Wort hat. Er sagt darin – gleichsam als confirmatio – »Nein« zum Tode, das seinerseits Implikat des Freude und Hoffnung provozierenden Ja-Wortes ist (vgl. Nr. 40: »Jesu, meine Freud und Wonne, / Meine Hoffnung, Schatz und Teil, / Mein Erlösung, Schutz und Heil ...«). Das »Ja« des Christus bedeutet Leben: *ewiges* Leben! Dem affirmativen Grundton (vgl. 2. Kor 1,19f.) entspricht es darum auch, daß der letzte Passus – »Sollt ich nun das Sterben scheuen? / Nein, dein süßes Wort ist da! / Oder sollt ich mich erfreuen? / Ja, du Heiland sprichst selbst ja! (Ja!)« – wiederholt wird, d.h. dem Nein zum Tode das *doppelt unterstrichene* Ja zum Leben korrespondiert.
Die Aufführung dieser Arie eignet sich somit hervorragend als explizite Zusage des Trostes angesichts letzter Anfechtungen *innerhalb* einer eher seelsorglich ausgerichteten Predigt. Etwa so:
»... Regiert nicht das harte Nein die Welt? ... Menschen hassen, streiten und töten. Menschen lügen und trügen. Sie sagen ›Nein‹, wo es Ja ist, und ›Ja‹, wo es Nein ist. Menschen praktizieren den Tod mitten im Leben ... Und am Ende, wenn unsere letzte Stunde schlägt, ob wir jung sind oder alt, dann wird diese Lebenstragik mit aller Wucht hervortreten: ›Nein‹, sagt die Krankheit, ›dich laß ich nicht mehr los!‹ ›Nein‹, sagt der Tod, ›du mußt sterben!‹ ... Aber ›Nein!‹ sagt auch Gott: ›Ich habe eure Niedrigkeit angesehen und bin hinabgestiegen, habe mich als Kind in der Krippe in die Gefahren eures Menschseins begeben ... In ihm, in ihm allein, sage ich, Gott, Ja zu euch allen: Ich lebe, und ihr sollt auch leben!‹
(Interludium:) ›Flößt, mein Heiland, flößt dein Namen / Auch den allerkleinsten Samen / Jenes strengen Schreckens ein? / Nein, du sagst ja selber nein! / Sollt ich nun das Sterben scheuen? / Nein, dein süßes Wort ist da! / Oder sollt ich mich erfreuen? / Ja, du Heiland sprichst selbst ja!‹ ...«

Heiliger Abend

Predigttext: Jesaja 9,1–6

Sabine und Martin Ost

Theologisch-homiletische Skizze

1. Welche Bedeutung kann Predigt am Heiligen Aend haben? Vielleicht noch nach und neben dem Krippenspiel vor einer höchst gemischten Gemeinde aus Treuen und Kirchenfernen, Jungen und Alten – einer richtigen Familiengottesdienst-Gemeinde? Eine »missionarische Chance«? Vielleicht – aber: Kann Predigt sie nutzen?

2. Und dann dieser Text: »Der dröhnende Soldatenstiefel war das Zeichen der Zeit« (siehe Exegese in Band 4). Die Prediger/innen werden es auch 1994 zu konkretisieren wissen. Aber ob ausgerechnet der Heilige Abend den Ort für Konkretion bietet? Reagieren nicht gerade die Besucher/innen, die die Kirche ohne Baum nicht kennen, empfindlich, wenn man ihnen »ihr Weihnachten« kaputtmacht, sei es mit neuen Moden, sei es auch mit der Wirklichkeit der Welt – mögen sie auch sonst im Jahr der Kirche ihre Weltfremdheit vorwerfen? »Heute hat sie der Herr in meine Hand gegeben?!« Mag sein, aber vergiß die Liebe nicht, liebe(r) Prediger/in: haben sie nicht auch ein Recht, abzuschalten und auszuspannen an Weihnachten, wenn sie schon den Sonntag dazu nicht mehr nutzen?

Also: Gleich von Vers 1 auf Vers 5 springen, wie der Fettdruck im Luthertext es nahelegt? Man würde das Problem der schlimmen Wirklichkeit umgehen, das ist wahr. Aber ist nicht vielleicht eben dieser Sprung mit ein Grund dafür, daß Weihnachten für viele Menschen märchenhaft bleibt? Das Kind kommt dann nicht wirklich zur Welt oder nicht in unsere Welt. Das hilft zur Stimmung – aber dann bleibt es auch ein Traum: daß doch etwas Wahres dran sein könnte. Weihnachten bleibt eine Insel der Seligen im Jahreslauf der sich überstürzenden Ereignisse.

3. Also, wenn schon, beim ganzen Text bleiben! Er sagt Hoffnung an in hoffnungsloser Zeit und einen Friedensherrscher in der Zeit der Terrorherren (siehe Exegese in Band 4). Die Hoffnungen der Regierten sind ein Spiegel für die Regierenden: Was sie erhoffen von einem zukünftigen Herrn, vermissen sie an den wirklichen Herrschern.

Da liegt freilich ein weiterer Einwand: Nicht wenige Menschen auch bei uns sehen es so: daß »die da oben« alles bestimmen und der Not der Menschen nicht gerecht werden, sie vielleicht nicht einmal kennen und wir können nichts dagegen machen. Wenn die Stimmung 1994 noch so ist wie 1992 wird mancher das auch an Weihnachten zustimmend hören. Aber ist das unsere Wirklichkeit? Transportieren wir, wenn wir Texte aus monarchischen Zeiten einfach weitergeben, nicht ein Bewußtsein, das den Einzelnen in einer falschen Weise entlastet (»Ich kann nichts dafür«) und einer fernen Gruppe die ganze Verantwortung auferlegt? Das ist einfach verdächtig bequem! Und wieviele unserer Gottesdienstbesucher haben den Regierenden mehr vorzuwerfen als einen nicht so vollen Gabentisch? Darüber müßte sich wohl besinnen, wer darauf eingehen will an Weihnachten – es wird in dieser Frage auch 1994 noch Unterschiede zwischen Ost und West geben.

4. Wenn unser Text auch von einem Kind handelt, ist er doch ein Text für Erwachsene. Vielleicht ist er besser für die Christnacht geeignet, wo man wieder zur Besinnung kommen kann, ohne die aufgeregten Kinder? Sollte die Predigt am Heiligen

Abend unverzichtbar und dieser Text angesagt sein, würden wir versuchen, die Kinder anzusprechen auf ihre Hoffnungen und Ängste und von dem Kind reden, in dem sich die Träume der Erwachsenen und ihre Ängste spiegeln. (vgl.: alternativer Predigtentwurf)

Zur Liturgie

Lied
Neben den bekannten Weihnachtsliedern vielleicht noch »Leben im Schatten« (z.B. in »Auf und mach die Herzen weit« Nr. 679)

Gebet
Sagt es leise weiter; / sagt allen, die sich fürchten, / sagt leise zu ihnen: / Fürchtet Euch nicht, / habt keine Angst mehr, Gott ist da. / Er kam in unsere Welt: einfach, arm, menschlich. / Sucht ihn, macht Euch auf den Weg! / Sucht ihn nicht hinter den Sternen, / nicht in Palästen, nicht hinter Schaufenstern. / Sucht ihn dort, wo Ihr arm seid, / wo Ihr traurig seid und Angst habt. / Da hat er sich verborgen. / Da werdet Ihr ihn finden, / wie einen Lichtschein im dunklen Gestrüpp, / wie eine tröstende Hand, / wie eine Stimme, die leise sagt: / Fürchte dich nicht.
Jesus ist geboren / in Bethlehem und überall. / Den Freund der Menschen seht ihr: / in einem armen Stall. / Das Kind wird euer Bruder sein, / wird euer Leben teilen. / Das Kind wird euer Frieden sein, / wird euch aus Liebe heilen. / Das Kind wird euch begleiten: / ein Freund, der weiß, was trennt, / der alle eure Ängste sieht / und sie beim Namen nennt. / Ein Mann, der Armen helfen wird, / der aufdeckt, was nicht stimmt. / Jesus ist geboren / in Bethlehem und überall. / Das Wunder, was uns menschlich macht, / beginnt im armen Stall.
(alle Beispiele aus Barth/Grenz/Horst, »Gottesdienst menschlich«, Peter Hammer Verlag Wuppertal, Neuauflage 1990)

Predigttext I

»Das Volk, das im Finstern wandelt, sieht ein großes Licht und über denen, die da wohnen im finstern Lande, scheint es hell.«
Zuerst ist die Rede von einem Volk: von Menschen – alten und jungen, Männern, Frauen, Kindern. Sie gehören zusammen und bilden eine Gemeinschaft, die vereint ist durch gemeinsame Sprache, Glauben, Kultur, einen Staat, in dem sie leben. Diesem Volk geht es nicht gut, Jesaja sagt von ihm, »es wohnt im finstern Land«.
Das ist eine Beschreibung, die wir leicht verstehen können. Denn wenn wir uns nur ein wenig umschauen in dieser Welt, dann sehen wir Millionen von Menschen, um die es finster ist. Finster auch in dieser Heiligen Nacht.

Vielleicht werden Sie jetzt unwillig. Wenigstens heute einmal wollen Sie nichts hören von Politik, von allem Leid und aller Not dieser Welt. Mir selbst geht es jedenfalls oft so am Heiligen Abend.
Aber heute kann ich Sie und mich nicht schonen. Ich kann es nicht, weil der Predigttext aus dem Propheten Jesaja uns zwingt, auch in dieser Heiligen Nacht den schrecklichen Realitäten dieser Welt ins Auge zu sehen. –
Nun folgen eine realistische Schilderung der Gegenwart und ein knapper Rückgriff auf die Lebenszeit des Jesaja. Dann nehme ich Erinnerungen der älteren GottesdienstbesucherInnen an Weihnachten in dunkler Zeit (Krieg, Vertreibung) auf und schildere meine Kindheitserinnerungen im geteilten Berlin und der Zeit des Kalten Krieges.
»So sieht es aus im ›finstern Land‹ eines Volkes. Es ist, es war zum Verzweifeln. Gibt es denn keine Hoffnung, seufzen unzählige Menschen gerade in dieser heiligsten Nacht des Jahres. ›Ich hebe meine Augen auf zu den Bergen, woher kommt mir Hilfe?‹ fragt schon der Psalmbeter seinen Gott. Jesaja hat solche Hilfe prophezeit und seinem Volk Trost zugesprochen.«
Ich führe Verse 1–4 in Paraphrase aus, stelle Verse 3f. und Verse 5f. einander gegenüber. Befremdlich: Jesaja spricht von einem Kind. Er muß ein besonderes Kind meinen. Ich schlage den Bogen zum Palästina der Zeitenwende.
»Da tritt ein Mensch auf in Palästina. Wo er hinkommt, blüht der Friede auf. Menschen werden heil an Leib und Seele. Reiche öffnen ihre Herzen und teilen ihre Güter mit den Armen. Fragen nach dem Sinn des Lebens werden wundersam beantwortet. Trauer wandelt sich in Freude. Zerrissene Seelen finden Ruhe. Träume werden wahr.
Später schreiben gelehrte Menschen die Geschichte vom Leben, Sterben und Auferstehen des Jesus von Nazareth auf. Und sie suchen nach Bildern, die das weltbewegend Neue, das mit ihm zu uns gekommen ist, beschreiben können. Da stoßen sie auf diese Verse des alten Propheten Jesaja. Sie nehmen dieses Bild vom ›Volk, das im Finstern wandelt und ein großes Licht sieht‹ auf und übersetzen es in ihre Zeit.«
Diese Zeit der römischen Besatzung setze ich in Beziehung mit der Zeit Jesajas und der heutigen Zeit und wende dann das Interesse den Geringgeachteten zu.
»Gerade aber um diese Menschen leuchtete das verheißene Licht umso heller. Ihnen besonders wurde die umwerfende Neuigkeit verkündet. Wir haben diese ergreifende Geschichte von der Welten-Wende ja vorhin gehört.
Diese Menschen in Bethlehem, die Hirten und einfachen Leute, haben das einzig Richtige getan: Sie sind dem Ruf gefolgt und haben das Wunder mit eigenen Augen geschaut. Sie haben es in ihr Leben hineingenommen. Sie haben das Licht gesehen und in ihren Herzen bewahrt. Sie haben es zugelassen, daß es ihre Dunkelheit erhellt und die Finsternis vertreibt.

Deswegen war nicht alle Not ihres Daseins einfach gegenstandslos. Sie mußten auch weiterhin hart arbeiten, um ihren Lebensunterhalt zu verdienen. Die Menschen sind keine Engel geworden – Neid und Mißgunst, Haß und Streit gab es auch weiterhin. – Wir können ja bis heute ein Lied davon singen.
Aber es ist ein neuer Zug in ihr Leben gekommen. Hoffnung ist wie ein Licht in der Dunkelheit. Licht aber schafft Sicherheit. Man stolpert am Tag nicht so leicht wie in der Nacht. Licht schafft Vertrauen. Licht gibt Mut. Kurz: Licht schafft Leben und erhält es auch.
Dieses Licht will auch in dieser Heiligen Nacht in unserem Leben scheinen. Im Leben jedes einzelnen Menschen – und im Leben unseres Volkes, das sich oft im Dunkeln wähnt.
Vielleicht gelingt es uns, dieses Licht der Hoffnung auf Frieden und Recht und Gerechtigkeit mit hinauszunehmen in unser Leben. Es uns leuchten zu lassen und weiterzutragen zu andeten Menschen. Dazu helfe uns Gott.

Predigtentwurf II
»Ein Kind ist uns geboren«: Meist ist es das erste Kind, das so begeistert angekündigt wird – manchmal auch heute noch mit dem Zusatz: »ein Sohn ist uns gegeben«. Junge Väter und Mütter sind oft so stolz auf den Nachwuchs, daß sie jedes Maß vergessen: Ihr Kind ist ein ganz besonderes, einmaliges Kind, mit anderen Kindern nicht zu vergleichen! Wir hören es lächelnd und erinnern uns vielleicht: so haben wir auch einmal geredet! Es ist eben das erste und das eigene Kind, da sieht man nicht, wie es wirklich ist: daß auch dies ein Kind ist wie viele vor und nach ihm, ein Mensch, der den Lauf der Welt nicht wesentlich ändern und schon gar nicht umstoßen wird.
»Ein Kind ist uns geboren«: Auch über Weihnchten steht dieser Freudenruf. Wir würden heute nicht Weihnchten feiern ohne dieses Kind und die Überzeugung von Menschen, ausgedrückt in Engelschören und Anbetung der Hirten: Dies Kind ist ein einmaliges, ganz besonderes Kind und diese Geburt ist eine Wende der Weltgeschichte.
So reden Menschen, die dem erwachsenen Jesus begegnet sind: was sie bei ihm gefunden haben, fanden sie im Buch Jesaja ausgedrückt: ein Licht geht auf über der dunklen Welt, die Plage hat ein Ende und die Welt wird endlich ein Ort, auf dem man leben und wohnen kann, weil Friede herrscht und Gerechtigkeit regiert.
Es ist schon eine ganze Menge, was sie sich da erhoffen und was sie bei Jesus gefunden zu haben meinen! Ob dahinter mehr steckt als hinter der Überzeugung junger Eltern, ihr Kind sei ein ganz außergewöhnliches, einmaliges Wesen? Ob man diese Botschaft glaubwürdiger finden muß als die Berichte junger Eltern über die einmaligen Fähigkeiten ihres Kindes? Man weiß doch: Da reden Begeisterte und die sind nicht nüchtern in ihrem Urteilen.

Wahrscheinlich ist heute mancher unter uns, der so ähnlich denkt: Das ganze Trara um Weihnachten, um ein kleines Kind – nichts als Geschrei, Übertreibung, Werbung! Seit bald zweitausend Jahren ist es doch so: an Weihnachten »Frieden auf Erden« und zwei Tage später wieder Krieg überall – in Häusern und Familien, zwischen Städten und Ländern! Das Wunder ist ausgeblieben, trotz aller Ankündigungen.
Ich kann die Enttäuschung verstehen, sie ist mir sogar sympathisch: denn wer enttäuscht ist, erwartet doch noch etwas für die Menschen und die Welt und hat sie nicht abgeschrieben. Manchmal spüre ich solche enttäuschten Gedanken auch in meinem Herzen.
Und doch frage ich: Was erwarten wir denn eigentlich? Daß da einer kommt, der die ganze Welt aufräumt? Die ungerechten Herren beiseiteschiebt, den Soldaten die Waffen aus der Hand schlägt und Gerechtigkeit befiehlt? Mögen Sie noch auf eine solche große Wendung hoffen, wenn wir doch sehen, wie die großen Umstürze geendet haben – trotz aller guten Ziele?
Und dazu machen wir es uns so noch ein wenig zu leicht: als ob nur die anderen ungerecht sind, als ob nur sie am Unheil der Welt Schuld tragen! Ehrlich gesagt: Ich wüßte manches an mir zu nennen, das Unfrieden verursacht, Menschen verletzt, ungerecht ist zu diesem oder jenem. Wie sollte dieser Retter dann mit mir verfahren? Das Wunder, das alles umkehrt und die ganze Welt auf den Kopf stellt, es stürzt auch mich, bringt auch mich um mein Leben.
Gott geht einen anderen Weg, sagen die Zeugnisse der Christen, einen anderen Weg auch, als Jesia ihn noch vorgezeichnet hatte, als er auf einen Nachfolger auf dem Thron Davids hoffte: kein neuer König und kein Wundermann kommt da – ein Kind wird geboren und es wird ein Mensch werden, erwachsen werden wie andere Menschen auch.
Aber wenn in diesem Menschen Gott ist, dann ist hier Gott zur Welt gekommen! Das heißt doch: diese Welt ist nicht von allen guten Geistern verlassen, sie trudelt nicht unaufhaltsam dem großen Untergang zu: Wenn Gott zur Welt kommt, kann die Welt nicht beim Teufel sein.
Wenn Gott in diesem Menschen ist, dann ist auch der Mensch nicht abgeschrieben von Gott. Dann haben wir Grund zur Hoffnung – für die Zukunft unserer Kinder und unsere eigene. Dann müssen wir an Weihnachten das Grauen am Horizont nicht als Zeichen des Unterganges, wir dürfen es als das Zeichen eines neuen Morgens, einer neuen Welt ansehen.
Wenn Gott in diesem Menschen ist, in diesem Kind, warten wir auf die falsche Wende, wenn alles von jetzt auf gleich anders werden soll: Gott geht dann einen Weg und die neue Welt wächst langsam wie ein Bauwerk: Stein auf Stein. Dann haben wir einen Platz auf dieser Erde: vielleicht können wir in unserem Leben auch den einen oder anderen Stein auflegen für dieses Bauwerk: Indem wir an Versöhnung glauben, indem wir im Vertrauen auf Gott leben, Schwache nicht allein lassen, nicht zur Gewalt greifen, um uns durchzusetzen.

Wenn Gott in diesem Menschen ist – ja, sagst Du: Wenn! Wer weiß denn, ob diese Behauptung mehr ist als die Rede begeisterter Menschen, die vor lauter Begeisterung nicht mehr klar sehen können?
Ansehen konnte man es diesem Menschen nicht – sonst hätten seine Zeitgenossen es leicht gehabt, Gott in ihm zu finden. Aber wenn wir ihn hören, dann hören wir von ihm Zeugnisse von Menschen, die sich von ihm angesprochen und persönlich ergriffen fühlen. Da redet einer, der mich kennt, der auch meine dunklen Seiten kennt. Aber daß er mich kennt, macht mich nicht unruhig, denn alles ist bei ihm umgriffen von der Liebe: Ich bin geborgen mit meinem ganzen Wesen in seiner Liebe, die vergeben kann und vergeben hat. Wenn wir ihn so finden in Jesus von Nazareth, dann haben wir eine Hoffnung: die Hoffnung auf seine Liebe, die regiert und seine Macht, die nur an der Liebe Grenzen findet und seine Gerechtigkeit, die sich mit Liebe verbindet. Kurz: Wir dürfen hoffen auf seinen Frieden und haben in der Hoffnung ein Stück seines Friedens gefunden. Gebe Gott, wir hören es – dann wird Weihnachten wahr! Amen.

Gestaltungsvorschläge

1. Ein *Päckchen*, schön verpackt. Auspacken: die Kinder fragen, was drin sein könnte. Man wird auf diese Weise etwas über ihre Wünsche erfahren. Daß Erwachsene sich am Wünschen beteiligen, ist leider unwahrscheinlich. Zu Tage kommt ein Blatt mit unserem Text – vielleicht schön gestaltet, dies muß aber nicht sein. Enttäuschung – bloß ein Stück Papier. Hinweis auf Geschenke, mit denen es Kindern ebenso geht: Was soll ich denn damit? Dann Text vorlesen: ein Geschenk des Jesaja an die Menschen. Ein Geschenk, in dem die Wünsche und Sorgen der Erwachsenen angesprochen sind. Vielleicht auch Sorgen von Kindern?
2. Eine *Pantomime* zum Thema »Licht geht auf«: Mensch, zusammengerollt am Boden – richtet sich langsam auf nach dem Licht – blüht auf wie eine Blume, entfaltet sich, macht die Augen auf – sieht – wird lebendig.
3. Symbol Weihnachtsbaum. Ich denke an die grenznahe Gemeinde, die jahrelang einen Weihnachtsbaum auf ihrem Turm aufstellte als – in den letzten Jahren umstrittenen – Gruß über die Grenze. Heute hört man: Er war ein Zeichen der Hoffnung; wir sahen an den Kerzen weit durch die Nacht: Wir sind nicht vergessen!

Ein richtiger kleiner Schreihals

Kurzansprache zum Heiligen Abend

Jürgen Grimm

Ich bin Joschua, einer der Hirten von damals. Stellt Euch vor: Ein Kind hatten sie uns über Nacht in die Futterkrippe geschmuggelt, so einen richtigen kleinen Schreihals.
Meine Kollegen sagten, sie hätten eine Stimme vom Himmel her gehört: Der Messias sei zur Welt gekommen. Ich konnte nur darüber lachen und mich amüsieren über den kleinen Kerl. Der Messias hier in unserer Krippe! Das hätte gerade noch gefehlt. Ich konnte das nicht glauben.
Aber später, als das Kind ein Mann geworden war, gingen mir die Augen auf. Soviel Liebe, soviel Zuwendung, soviel Heilkraft hatte ich bisher bei keinem Menschen angetroffen. Und wie überzeugend er von Gott redete! »Gott sucht das Verlorene, den glimmenden Docht löscht er nicht aus, und das (geknickte) Rohr zerbricht er nicht!«
Die Schwachen hatten den Mann am besten verstanden. Ihm abgespürt: Es ist möglich, Frieden und Gerechtigkeit in diese dunkle Welt zu bringen. Nun, es gab auch Widerstand. Der Mann ließ sich aber nicht beirren. Er ging für die Dummheit und Frechheit der Menschen ans Kreuz.
Und Gott gab ihm recht. Stand zu ihm. Das Grab konnte ihn so wenig halten wie das Stroh in der Futterkrippe.
Übrigens – ich bin noch einmal zurückgegangen nach Bethlehem. Die Höhle war längst verlassen. Aber Stroh lag noch da – hier, wo der große Gott ein kleiner Schreihals geworden war.
Eine handvoll Stroh habe ich mir mitgenommen. Hier in diesem Kästchen. Mein Weihnachtsgeschenk! Hat nichts gekostet. Ist mir aber unendlich wertvoll. Ich schaue auf das Stroh und weiß: Hier hat die Rettung ihren Anfang genommen. Ihren Anfang wohlgemerkt! Sie soll weitergehen. Deshalb muß Christus in mir, in Ihnen, in Euch, in uns allen zur Welt kommen – auch in Jugoslawien, in Albanien, in den Sowjetrepubliken … und keinesfalls nur an Weihnachten!

1. Weihnachtstag

Predigttext: 1. Johannes 3,1–6

Wolfgang Lipp

Theologisch-homiletische Skizze

Der Text gliedert sich in zwei Teile. Deren erster, Verse 1–3, gehört mit 2,28f. zusammen, der zweite, Verse 4–6 mit Verse 7–10, so Wolter in der Exegese, aber auch Schunack (Züricher Bibelkommentare), anders Bultmann, der hier eine Vorlage verarbeitet sieht (Meyers Komm.). Nach einer wohl schon vollzogenen Trennung der Gemeinde stabilisieren die antithetischen Satzpaare (siehe Wolter) den verbliebenen Rest der Gemeinde und werten die Abtrünnigen ab. Trotz anhaltender Distanzierungsbemühungen im evangelikalen Lager gegenüber den Landeskirchen entspricht die damalige Spaltungssituation nicht heutiger Lage und kann jedenfalls kein Thema einer Christfestpredigt sein.

Wolter schlägt als weihnachtlichen Anknüpfungspunkt Vers 5 vor: »erschienen, damit er die Sünde fortschaffe ...«. Einen ebensolchen kann man in Vers 1 sehen: »Seht, welch eine Liebe hat uns der Vater erwiesen ...«. Auch damit ist ein weihnachtliches Thema angegeben, das unmittelbar dem Bewußtsein der Hörer entspricht, zumal es auf den Heiligen Abend zurückzublicken scheint. Schunack gibt dem Abschnitt 2,28–3,3 die Überschrift: »Die Hoffnung auf die der Liebe eigene Zukunft.« Für dieses Thema entscheide ich mich und damit für den Schwerpunkt bei Verse 1–3.

Nach den Heiligabend-Feiern ist der Gottesdienst am Christfest mit den Jahren eher an den Rand gerückt. Eine gegenüber einem normalen Sonntag nur mäßig erweiterte Gemeinde nimmt am Festgottesdienst teil. Umso sorgfältiger will er bedacht sein. Meßform mit Abendmahl ist selbstverständlich. Die Gemeinde steht um den Altar wie um die Krippe, daher Lied EKG 28. Mit Hilfe von Verse 4–6 formuliere ich Bußgebet und Vergebungszusage. Besonders ist auf den Kasus nach den abendlichen Feiern zu achten. Ich versuche, das Problem in der Predigteinleitung aufzufangen.

Vorschläge zur Liturgie

Buß- und Dankgebet

Gott, unser Vater und Bruder Jesus Christus!

In der Ruhe des Festes denken wir an das vergangene Jahr, was gut war und schön, was anders hätte sein sollen und können. Du kennst uns; darum bist du bei uns erschienen, um unseren Weg zu teilen durch die Jahre. Erbarme dich unser: KYRIE ELEISON.

Im Schein der weihnachtlichen Lichter blicken wir zurück auf die zerfahrenen Tage mit mancher Düsternis und Traurigkeit. Du weißt um unser Zagen und um den uns betäubenden Eifer; darum bist du bei uns erschienen, um unsere Nacht zu erhellen mit deinem Licht. Erbarme dich unser: KYRIE ELEISON.

Beim Singen der Lieder von deiner Geburt besinnen wir uns auf unser Leben und merken, wie weit wir vom Gelingen entfernt sind. Uns selbst und dir entfremdet in trennender Sünde sehnen wir uns nach dem Heil, für das du uns bereitet hast. Du liebst uns; darum bist du bei uns erschienen, um unser Leben zu heilen. Erbarme dich unser: KYRIE ELEISON.
Gott, unser Vater und Bruder Jesus Christus!
Du bist in unsere Gottesfremde und in die Vergeßlichkeit unserer Tage gekommen, damit deine Liebe uns zu deinen Kindern macht. Unsere Sünde der Ferne zu dir verwandelst du in Nähe. Und in unserem zerrissenen Leben brichst du an wie ein schöner Morgenstern, damit du unseren Weg teilst wie ein Bruder. Dir danken wir: GLORIA.

Fürbittengebet
Herr, unser Gott, Vater im Himmel! Nun gib uns auf den Wegen, die wieder vor uns liegen, was wir nötig haben, ein jeder für sich selber: Einen Becher voll der großen Freude, daß wir die Sehnsucht nicht vergessen, und daß unser Leben gelöst werde aus der kleinlichen Angst.
Gib uns, was wir nötig haben, einer für den anderen: den Mut, den Frieden zu suchen, und das Wunder, den Frieden zu finden; jenes Umdenken des Herzens, das den Bruder achtet.
Gib uns die Freiheit zu glauben, daß du nahe bist in Jesus Christus, unserem Herrn, auf unserer Straße, ganz nahe in der Stunde, da wir miteinander nicht aus noch ein wissen.
Zeige uns Schritte, die wir tun können aus der Heillosigkeit zum Heil. Leite die Völker aufeinander zu; hilf uns allen, miteinander zu leben.
Vor dir gedenken wir derer, die im besonderen traurig sind in diesen Tagen, weil ihr Herz einsam ist, vielleicht weil sie zum erstenmal feiern ohne den Menschen, den sie lieb hatten.
Vor dir gedenken wir aller, die keine Herberge haben, keinen Platz in der großen Welt. Wir gedenken derer, die Unrecht leiden und Hunger. Hülle uns ein in dein Erbarmen.
(Theophil Askani, Denn du hältst mich bei meiner rechten Hand, 58f.)

Lieder
Die Tradition der Gemeinden ist zu beachten. Ich beginne mit EKG 24,4+6 (»Brich an ...«, wegen Gebet). Wochenlied ist EKG 15, besonders Vers 4. Ferner ist EKG 27,1-5+11+12 zu empfehlen, zum Thema Liebe paßt auch EKG 255. Zum Abendmahl nehme ich Verse aus EKG 28. Neue Weihnachtslieder gibt es wenig; empfehlenswert: Weil Gott in tiefster Nacht erschienen (Dieter Trautwein, Vorentwurf zum neuen Evang. Gesangbuch, Nr. 54). Aus dem EKG eignen sich als KYRIE 9,4, als GLORIA 21,6, als Halleluja 25a.

Auf die Melodie »Vom Himmel hoch« läßt sich singen:
Wir kommen von der Krippe her! Wie ist das Herz uns ohn' Beschwer, obwohl wir wieder in die Nacht hinausziehn auf die kalte Wacht.
Voll Dunkel drückt auf uns herein der Himmel ohne jeden Schein. Und wo erklang der Engel Sang, braust jetzt der Wind das Feld entlang.
Doch in uns ist die große Freud, die uns der Herr verkündet heut! Das Gotteskind, es ist gebor'n! Wir sind in keiner Nacht verlor'n.
Wir schauten's in dem engen Stall! Nun wissen wir uns überall, wo wir auch sind, von Gott geliebt, der seinen Sohn der Armut gibt.
Wie reich sind wir durch ihn gemacht! Wir ziehen jubelnd durch die Nacht.
Was in ihr noch uns wird geschehn, – wir haben Gottes Kind gesehn!
(Friedrich Hartmann, 1951, zu Luk 2,14)

Psalm 98 oder Magnifikat Luk 1.

Lesung
Weihnachtsgeschichte Luk 2,1–20 oder Ausschnitt.

Entlaßworte beim Abendmahl
Joh 3,16; aus Joh 15,9–13; Röm 8,38; Eph 1,5; 3,17 (umformulieren); 5,2; 1. Joh 4,9; 4,16.

Predigtvorschlag

Liebe Gemeinde, die Lichter sind verlöscht. Vielleicht ist in uns auch die festliche und traute Empfindung schon verlöscht, die wir gestern abend spürten bei den brennenden Kerzen, dem Gebäck, dem Baum und bei der Geschichte, ohne die es nicht Weihnachten werden kann: wie sich Joseph aufmachte aus Galiläa, wie die zwei sonst keinen Platz in der Herberge hatten, und wie die Hirten des Nachts ihre Herde hüteten ...
Kinder können das ja noch – und wir erinnern uns an eigene Kindertage – Kinder können das noch: zwischen den Geschenkpapieren, den Weingläsern und dem ganzen weihnachtlichen Durcheinander fröhlich und geborgen zu sein in ihrem festlichen Lärm. Manchem unter uns wurde im Kerzenschein schmerzlich die Lücke im Kreis der Lieben bewußt. Und mancher kann die Ringe der Jahre zählen nach diesen Abenden voller Geborgenheit und Sehnsucht, wehmütig manchmal und manchmal froh ...
Ist das alles mit den Lichtern verlöscht? Ist es, seit die Stube wieder geordnet ist, wie weggefegt? Ist es mit der Helle des Tages verflogen? Und ist damit auch die Botschaft von der Geburt des Kindes in uns verflogen?
Dann wären wir über Nacht ärmer geworden. Dann wäre Weihnachten die Ausnahme geblieben ohne Kraft zum Tragen. Dann hätten wir nichts mitzunehmen, wenn das Jahr wieder heller wird und die Tage wieder länger

werden. Dann würde der neue Jahrkreis beginnen ohne den Schein und den Glanz.
Darum wollen wir in der Nüchternheit und Klarheit dieses Morgens nochmals all das bedenken, was uns beim Glanz der Heiligen Nacht bewegte, wollen hören, ob nicht doch ein Abglanz auch auf unsere Tage fällt. Ein Wort aus dem 1. Johannesbrief soll uns heute dazu anleiten. Es steht im 3. Kapitel, in den Versen 1–6:
Text lesen
Mit der Liebe fängt alles an, liebe Gemeinde! Darum werden wir heute morgen über sie reden müssen. Ich will das in drei Abschnitten tun. Den ersten nenne ich: Die Liebe ist das Geheimnis des Lebens.

1.
Die Liebe ist das Geheimnis des Lebens
In meiner Kindheit hatten wir einen besonderen Christbaumständer. Wenn das Weihnachtszimmer geöffnet wurde, drehte sich der Baum im Kreis und spielte »O du fröhliche«. Das war wunderbar. Der Zauber dieser Nacht. Später dann, als wir schon so klug waren, daß wir beim Heruntertragen vom Dachboden alle Weihnachtskisten kräftig schüttelten, um vorab schon ein paar Töne des Ständers zu hören, war es immer noch ein Erlebnis, ins Weihnachtszimmer zu gehen mit dem tanzenden Christbaum und den unvergleichlichen Walzenklängen. Auch als wir den Mechanismus selber aufziehen konnten, galt er noch: der Zauber dieser Nacht. Als wir dann erwachsen waren, haben wir einmal den Christbaum abgeschafft. Und weg war dann das blecherne »O du fröhliche«, dieser Kitsch aus Omas Zeiten, wie wir dachten. Wir waren vernünftig geworden, so sagten wir, waren nüchterner und aufgeklärter, aber damit auch ärmer: Der Zauber war abhanden gekommen. Es zählte nur noch, was gezählt werden konnte.
Aber zählen, liebe Schwestern und Brüder, lassen sich nur die kleinen Dinge unseres Lebens. Und weil wir aus vielen kleinen Dingen ein Großes bauen wollen, kommen wir aus dem Rechnen nicht heraus. Und wir werden niemals fertig ...
Dabei ist es doch so, daß die kleinen Dinge allenfalls auf das Große verweisen. Die Geschenke von gestern abend wollen nicht verrechnet werden, sondern nehmen uns mit in einen viel weiteren Horizont ...
Die wahrhaft großen Dinge unseres Lebens können nicht gezählt, und schon gar nicht bezahlt werden. Die Liebe zum Beispiel ist allemal umsonst. Sie läßt sich nicht berechnen, sondern nur empfangen. Wer mit ihr kalkuliert, verliert sie. Bei ihr gehen Hergeben und Bekommen ineins. Indem der eine dem anderen sich schenkt, gewinnt er, gewinnt sie. Und je mehr sich einer oder eine einbringt, umso reicher wird er, wird sie. Die Liebe gehört zu den großen Dingen in unserem Leben, die mehr werden durch Hergeben. Die Umkehrung unseres Rechnens! ...

Aus kleinen Steinen wollen wir unser Leben bauen. Und jeder Stein hat seinen Zweck. Wir aber kommen nie zu Rande, weil unter dem Aspekt der Zwecke unser Leben vergeblich ist. Die Liebe aber kennt keine Zwecke außer sich selbst. Sie will nur das eine, immer wieder zu sich selbst zurückkommen, sich immer neu verwirklichen: daß die Augen lachen können trotz der Angst, daß ein Herz getröstet wird in mancher Traurigkeit, daß ein Gesicht aufleuchtet inmitten vieler kleiner Sorgen, daß zwei Arme umfangen und Geborgenheit erfahrbar wird. Unter dem Aspekt der Liebe ist jedes Leben gerade darum so wertvoll. Die Liebe ist umsonst; sie ist kostenlos und zugleich unbezahlbar. So ist sie das Geheimnis unseres Lebens.

Sie ist umsonst. Das kann man nun aber auch anders verstehen: Die Liebe weiß, daß sie vergeblich ist. Ja, das ist sie. Und sie nimmt uns an, wie wir sind – mal so und mal so. Mut und Zweifel, Angst und Jubel sind in uns. Und selbst in der Freude vergessen wir gerne, was Grund und Ziel ist unseres Lebens. Sünde nennt dies sehr präzise die Bibel. Die Liebe nimmt uns so an, wie wir sind. Und sie verwandelt uns, »daß wir Gottes Kinder heißen sollen – und es auch sind.« ...

Das ist ja immer wieder so faszinierend an jungen Liebespaaren: Sie lieben sich nicht, weil sie so besonders liebenswert wären. Sondern umgekehrt: Sie sind liebenswert füreinander, weil sie sich lieben. Die Liebe macht auch den, der nicht liebenswert ist – und wir kennen uns alle selber sehr genau bis in die verborgenen Winkel – zu einem liebenswerten Menschen. Nicht unsere edle Seele, die wir ja doch so rein gar nicht haben, macht es, daß wir geliebt werden. Sondern die Liebe macht unsere durchwachsenen, von Gut und Böse durchzogenen Herzen akzeptabel. »Wir sind schon Gottes Kinder.« Sie weiß, daß wir so bleiben, wie wir sind, weiß auch, daß wir rückfällig werden und viele kleine Dinge zu einem Großen zusammenzählen wollen. Die Liebe ist vergeblich, aber sie läßt sich davon nicht beirren. Sie knüpft wieder an, wo etwas zerbrochen ist, um es zu heilen. Sie räumt den vielen Schutt der Kleinigkeiten beiseite und macht uns rein, damit sie selber Raum gewinnt in uns. Die Liebe will uns nicht zwingen, denn ihr Wesen ist Ohnmacht. Aber sie lädt ein, umgarnt und öffnet Herzen. So ist sie das Geheimnis unseres Lebens.

Die Liebe ist umsonst, das heißt kostenlos und unbezahlbar, das heißt aber auch vergeblich und ohnmächtig. Gerade so aber führt sie uns zurück in den Urgrund des Lebens. Denn kostenlos haben wir am Anfang das Leben bekommen und vergeblich werden wir uns am Ende um unser Leben bemühen. Und zwischen Anfang und Ende zählt gerade nur das, was nicht zusammengerechnet werden kann: die kostenlose, ohnmächtige und vergebliche Liebe, die unbezahlbar ist. Sie gewährt unserem Leben Tiefe, Reichtum und Erfüllung. Darum ist sie das Geheimnis unseres Lebens.

2.

Die Liebe ist aber auch das Geheimnis unserer Zukunft!

»Es ist noch nicht offenbar, was wir sein werden.« Wenn es um die Zukunft geht, dann geht es dabei zugleich um unser Sterben. Die Angst um das Leben macht kopflos. Und wer dauernd den Tod flieht, bleibt noch allemal unter seiner Herrschaft. Dann gerät alles in Eifer: Es gilt das Leben zu steigern, es anzuspornen, es höher zu jagen, daß man ja nichts versäumt. Und daraus wächst das Unrecht, weil keiner zurückstehen kann, das Unrecht, das zugleich Sünde des Tuns ist – Sünde, weil das Leben beschädigt wird und nicht zur Geltung kommen kann …

Menschen, die geliebt sind – wir können das oft beobachten –, gehen wie traumwandlerisch durch die Welt, sie sind kaum zu erschüttern und nicht irre zu machen. Ihr Gang ist aufrecht und zielgerichtet. Sie haben ein festes Herz. »Wo aber das Herz fest ist, welches geschieht aus Gnade«, da kann es weit werden, weil es unbeirrbar ist; da kann es offen sein für andere, weil es sich in Gefahr geborgen weiß; da braucht es nicht zu rechnen, weil es geliebt ist …

Das Zeichen der Liebe Gottes ist ein Kind in der Krippe. Dort wird deutlich, daß sich einer hingibt – umsonst, kostenlos, vergeblich und ohnmächtig. Allein deshalb, daß das Leben wieder blühe und der Tod uns nicht erschrecke. »Denn wenn offenbar sein wird, was wir sein werden, werden wir ihm gleich sein.« Das beruhigt unser ängstliches Herz und gibt uns Mut zum Leben als »Kinder Gottes, die wir schon sind«. Denn aus der Liebe kommt immer nur neue Liebe. Darum ist sie das Geheimnis unserer Zukunft.

3.

Und müßte dann, liebe Freunde, als Drittes recht bedacht, nicht auch dies gelten: Die Liebe ist das Geheimnis unserer Welt?

Gewiß, in der Welt gilt das Zählen und Rechnen, das Aufwiegen und Kalkulieren. Vielleicht muß das sein. Vielleicht! Etwas anderes kennt die Welt nicht. »Sie haben ihn nicht gesehen und erkannt«, heißt es in unserem Text. Aber sie kommt damit nicht zu ihrem Ziel und nicht einmal an ein Ende. (Während ich dies schreibe, wird Sarajewo evakuiert, wird in Somalia gehungert, werden Aussiedler- und Asylantenheime terrorisiert, werden Kinder geschändet.)

Das Zählen und das Zahlen in unserer Welt, das Summieren und Dividieren bringt nichts zusammen. Verbinden tut nur die Liebe. Denn sie ist die Umkehrung des Rechnens und darum das Geheimnis unserer Welt …

Nur wenige haben das Kind in der Krippe erkannt. Bald sollen die Häscher des berechnenden und eifernden Königs kommen. Aber weder das Unrecht des Herodes, noch die Ungerechtigkeit des Pilatus können die Liebe außer Kraft setzen, von der die Welt allemal lebt, auch wenn sie es nicht zugibt und nicht wahr haben will …

Kontexte

Kinder Gottes …, das ist ein Bild der Freiheit, ausgerechnet und merkwürdigerweise. Wer sich vorstellt, er gehöre in Jesu Namen zu dem, der die Wolken lenkt und dessen Erbarmen kein Aufhören kennt, der betritt das Land seines Lebens in einer neuen Art. Ganz gewiß wird er die Sorgen nicht verlieren, als wären sie nie gewesen. Ganz gewiß wird er die Angst nicht verlieren, als habe sie keine Schatten. Ganz gewiß wird er nicht in den Wolken gehen, sondern auf dieser Erde. Aber eine Ahnung davon, daß er sich selber entnommen sein könnte, sich selber entnommen, kann Menschen und Dinge wandeln, buchstäblich zum besseren kehren, und erst hinterher merkt einer dann staunend, daß eben dies ein Stück Freiheit war. Hier hat das Lachen seinen Ursprung und das Glück. Hier fängt die Melodie des Lobes an, an der wir uns in den Weihnachtsliedern freuen. Wenn einer Gottes Kind ist, was soll ihm Höheres widerfahren, und was im Grunde kann ihn noch gefährden? Ist er nicht längst am Ziel und zuhause und kann Türen auftun, wie einer zuhause seine Tür auftut? (Theophil Askani, Denn du hältst mich bei deiner rechten Hand, S. 56f. und zu 1. Joh 3,1)

Rabbi Mosche Löb erzählte: »Wie man die Menschen lieben soll, habe ich von einem Bauern gelernt. Der saß mit anderen Bauern in einer Schenke und trank. Lange schwieg er wie die andern alle, als aber sein Herz von Wein bewegt war, sprach er seinen Nachbarn an: ›Sag du, liebst du mich oder liebst du mich nicht?‹ Jener antwortete: ›Ich liebe dich sehr.‹ Er aber sprach wieder: ›Du sagst: ich liebe dich, und weißt doch nicht, was mir fehlt. Liebtest du mich in Wahrheit, du würdest es wissen.‹ Der andere vermochte kein Wort zu erwidern, und auch der Bauer, der gefragt hatte, schwieg wieder wie vorher. Ich aber verstand: das ist die Liebe zu den Menschen, ihr Bedürfen zu spüren und ihr Leid zu tragen.«
(Aus: Martin Buber, Die Erzählungen der Chassidim, Manesse Verlag, Zürich 1949.)

Liebe ist ein Kind der Freiheit. (Altes französisches Lied, zit. bei Erich Fromm, Haben oder Sein, 53)

Der Mensch ist sich selbst ein Bruchstück und ein Rätsel. Je mehr er diese Tatsache erfahren hat und um sie weiß, desto mehr ist er wirklicher Mensch. Paulus ... wußte, daß Fragmente Fragmente bleiben, auch wenn man versucht, sie zusammenzufügen. Die Einheit zu der sie gehören, liegt jenseits von ihnen; sie wird ergriffen durch Hoffnung, nicht von Angesicht zu Angesicht. Wie konnte Paulus das Leben unter Trümmern bejahen? Er bejahte es, weil die Bruchstücke als Bruchstücke ihm etwas zeigten: Das Vollkommene, die Wirklichkeit der Liebe. Und die Macht der Liebe verwandelt die quälenden Rätsel in Symbole der Wahrheit, die tragischen Fragmente in Symbole der Ganzheit. (Paul Tillich, In der Tiefe ist Wahrheit, Religiöse Reden I, Erkenntnis ist Liebe, zu 1. Kor 13,8–12)

2. Weihnachtstag

Predigttext: Offenbarung 7,9–12(13–17)

Hildegard Heimbrock-Stratmann

Theologisch-homiletische Skizze

In vielen Gemeinden werden am 2. Weihnachtstag sogenannte Singegottesdienste gehalten. Wenn dies auch oft eine Verlegenheitslösung angesichts kläglicher Gottesdienstbesucherzahlen am 2. Festtag und ausgepowerter PredigerInnen nach vielen Weihnachtsgottesdiensten ist – unser Text aus der Apokalypse scheint es geradezu zu rechtfertigen, das Singen zumindest in den Mittelpunkt dieses Gottesdienstes zu stellen, handelt er doch vom Gesang derer, die überwunden haben, zu Füßen des Thrones Gottes. Wir werden gleichsam Augen- und Ohrenzeugen dessen, was die Engel auf den Feldern in Bethlehem den Hirten verkündeten, wenn sie ihr »Ehre sei Gott in der Höhe« gesungen haben. Die himmlische Liturgie, die Anbetung Gottes und des Lamms, wird gesungen von den 144 000 Menschen aus den Stämmen Israels, in deren Besiegelung Gott ihre Erwählung und ihren Vorrang als ausgewähltem Volk erneuert sowie von der riesigen Schar aus allen Völkern dieser Erde – Repräsentanten der ganzen Menschheit, denen wie dem Volk Israel die Liebe Gottes gilt. Sie sind die, denen in besonderer Weise der Zuspruch und der Trost der Johannes-Apokalypse zugedacht ist: Christen in einer verfolgten Kirche, aus kleinen, bedrängten Gemeinden, bedroht und geängstigt – und hier nun doch an ihrem Ziel angelangt, von Angesicht zu Angesicht Gott und dem Lamm gegenüberstehend, in ewiger Freude. Da sind alle Tränen versiegt, alle Fragen aufgehoben, alles Klagen verstummt – und das Herz und der Mund frei zum Lob Gottes in der Höhe. So macht uns dieser Text Mut, weiter zu singen – hier auf Erden schon und einst droben, hier und dort. Die befreiende und Glauben ermutigende Kraft des Lobgesangs, die wir schon hier erfahren können, kann sich aus diesem Bild der Offenbarung neu speisen lassen.

Vorschläge zur Liturgie

Eingangslied
EKG 404

Eingangsworte
Wir sind hier zusammengekommen im Namen des Vaters ... Unsere Hilfe und unser Anfang stehen im Namen des Herrn, der Himmel und Erde gemacht hat, der Treue hält ewig und niemals aufgibt das Werk seiner Hände. So sehr hat Gott diese Welt geliebt, daß er seinen einzigen Sohn dahingab, damit alle, die an ihn glauben, nicht verloren werden, sondern auch in Ewigkeit mit ihm leben und ihn loben werden.

Schuldbekenntnis
Gott, oft fällt es uns so schwer, in den Lobgesang der Engel einzustimmen und dir ein Lied zu singen. Oft bleibt unser Mund verschlossen und unsere Kehle wird eng. Wir haben so viel erlebt, so viel gesehen, so viel erlitten und erduldet, was es uns manchmal unmöglich macht, zu singen. Frieden auf Erden – ach Gott – nicht in unseren Herzen, nicht in unseren Häusern, nicht in unserem Dorf, nicht in unserer Welt. Ehre sei Gott in der Höhe – vielleicht – aber hier in der Tiefe unseres Lebens? Das Fragen und Klagen liegt uns näher als das Loben, Gott – selbst in diesen Weihnachtstagen. Öffne du doch unseren Mund und unser Herz, daß wir mit den Engeln dein Lob singen und die befreiende Kraft deines Lobgesangs erfahren dürfen.

Gnadenspruch
Dies ist der Tag, den der Herr macht, laßt uns freuen und fröhlich an ihm sein. Denn uns ist ein Kind geboren, ein Sohn ist uns gegeben, und die Herrschaft liegt auf seiner Schulter ...

Lesung
Ich schlage den Lobgesang des Zacharias aus Lukas 1,67ff. vor.

Lied vor der Predigt
EKG 30,1-5+11

Lied nach der Predigt
Jerusalem-Lied »Ihr Mächtigen ...« (auf Platte: Schwann Studio 14006)

Fürbittengebet
Gott, wir bitten dich für alle Menschen, die in diesen weihnachtlichen Tagen dein Lob singen
- für die Säuglinge und Kleinkinder, die dich mit ihrem Schreien und Plappern loben
- für alle Kinder dieser Welt, die noch ganz unbefangen und unbelastet dir ein Lied singen, auch zu unserer Freude
- für alle, die in unseren Kirchen dir und ihren Mitmenschen mit ihren Stimmen und Instrumenten Freude machen
- für alle, denen das Singen in diesen Tagen schwer geworden ist, weil sie traurig sind oder krank oder nicht mehr ein noch aus wissen
- für alle, die erfahren durften, daß das Singen deines Lobs durchatmen läßt und befreit – zu neuer Hoffnung, zu neuem Vertrauen, zu neuem Leben.

Vaterunser

Segen

Schlußlied
EKG 24,6 oder EKG 250,13
Möglich erscheint es auch, das »Ehre sei Gott« aus der Kantate II des Weihnachtsoratoriums von J.S. Bach im Gottesdienst hören zu lassen.

Vorschläge zur Predigt

Möglicher Predigtanfang
Wenn ich nach den beglückendsten Erfahrungen in meinem Leben gefragt werde, so würde ich mit Sicherheit unter anderen Dingen das Singen nennen – das Singen im Chor, zum Lob Gottes. Und dabei kommt es gar nicht so sehr darauf an, ob es sich um einen kleinen Kirchenchor in einer dörflichen Gemeinde gehandelt hat oder um den Bachchor in Mainz in meiner Studienzeit – immer hat mich das Singen besonders froh gemacht. Zu vielen Anlässen habe ich mit anderen Christen gesungen. Wir haben gesungen vor festlich gestimmtem Publikum mit großem Orchester und von einer Gitarre begleitet bei einer Demonstration für den Frieden. Wir haben gesungen in fröhlichen Familiengottesdiensten und am Sarg eines Menschen. Wir haben gesungen, auch wenn wir in der Nacht zuvor vielleicht geweint hatten und uns so gar nicht zum Singen zu Mute gewesen war. Und auch jetzt, wenn wir hier am zweiten Weihnachtstag singen, hier gemeinsam und vielleicht Sie später zu Hause unter dem Tannenbaum, ist die Welt erfüllt vom Ruf des Leides und des Elends, vom Schreien der Neugeborenen und vom Seufzen der Sterbenden, vom Jammern der Kinder, die vom Hungertod bedroht sind, und vom Klagen ihrer Mütter. Menschen leiden, Menschen schreien ihre Not in den Himmel – und dennoch singen wir, und unser Gesang befreit uns, macht uns froh. Denn im Singen sind wir so eins mit anderen Menschen, wie uns das sonst nur selten gelingt. Singend erleben wir eine Gemeinschaft auch mit Menschen, mit denen uns sonst gar nicht viel verbindet, die uns eher Mühe machen. Wer singt, ist nicht einsam. Und: im Singen sind wir auch eins mit uns selbst. Der ganze Mensch ist am Singen beteiligt: Herz und Seele, Körper und Geist. Wenn kluge Menschen heute auf die Ganzheitlichkeit des Menschen pochen und ihren Finger auf die vernachlässigte Körperlichkeit legen – wer singt, hat das schon immer ganz selbstverständlich erlebt und erfahren. Und so kann sich gerade beim Singen der ganze Mensch dem Lob Gottes hingeben – und dabei manchmal ganz außer sich geraten, sich selbst, die Nöte und Lasten seines Lebens vergessen und sich völlig seinem Tun hingeben. Und das ist gut so, daß er auch einmal so vergessen, so außer sich sein darf.

Zum weiteren Verlauf

»An unserem Text aus der Offenbarung ist mir vieles fremd. Zu seinen Bildern und Symbolen finde ich nicht leicht einen Zugang. Aber ich finde mich wieder in den Menschen, die vor dem Thron Gottes stehen und singen, ihm zum Lob. Da möchte ich auch einmal stehen und mitsingen. Ich stelle mir das vor: Und langsam weicht die Fremdheit der Bilder und erschließt sich meinem Verständnis.«

Im folgenden möchte ich Bilder des Textes aufschließen und zugleich den Bezug zur weihnachtlichen Botschaft aufzeigen. Wir bekommen Einblick in das Geschehen, das die Engel über den Feldern von Bethlehem mit dem Gesang: »Ehre sei Gott in der Höhe« verkündigen. Und das Bild von Gott, das uns die Offenbarung zeigt, ist nicht so unähnlich dem Bild, das Lukas zeichnet.

Hier wie dort gilt:

»Gott in der Höhe« ist zugleich »Gott in der Tiefe«, ist das Kind in der Krippe, schutz- und hilflos den Menschen ausgeliefert, ist das Lamm, das geopfert wurde. Das Lied der Engel und unser Lobgesang gelten nicht einem Gott, der unberührt und ungerührt über den Wolken thront, sondern dem Gott, der in Jesus Christus Mensch geworden und Leiden und Tod auf sich genommen hat. Gott und das Lamm werden gemeinsam angebetet, gemeinsam besungen und gelobt – Gott gemeinsam mit dem Lamm als dem Symbol seiner Verletzlichkeit, seiner Niedrigkeit, seiner Ohnmacht – und doch gerade so der Gott, dem unsere Anbetung, unser Lobgesang gilt. Was sich in der Weihnachtsgeschichte schon zeigt, was in der Passion manifest wird, das findet hier in den himmlischen Bildern seine genaue theologische Entsprechung:

Auch die, die nun mit weißen Kleidern vor dem Thron Gottes stehen, sind die gleichen, denen die gute Botschaft von Weihnachten in ganz besonderer Weise gilt: Es sind die Armen und Verachteten, die Geschundenen und Gequälten, die hier zusammengekommen sind. An ihren Kleidern klebt Blut – nicht Blut ihrer Widersacher, sondern ihr eigenes Blut. Manche Wunden sind ihnen geschlagen worden, sie sind nicht ungeschoren davongekommen. Das Blut der Kinder, die Herodes in Bethlehem umbringen ließ um des einen Kindes willen, das Blut derer, die für die Sache Jesu ihr Leben gaben, das Blut der Opfer aus vielen Völkern und Nationen wird hier nicht verschwiegen und verbrämt. Menschen, die aus großer Trübsal gekommen sind, versammeln sich zum Lob Gottes – nicht die blauäugigen Naivlinge, die ungerührt von allen Dingen durch unsere Werbespots wie durch das Leben spurten. Der himmlische Chor ist ein Chor der Leidtragenden, der Opfer und Märtyrer – an dieser Stelle muß besonders auf den Sitz im Leben der Johannes-Offenbarung Bezug genommen werden, auf die Situation der jungen Gemeinden in der Verfolgung.

»Es ist ein Chor aus Menschen, denen nicht viel an Leid erspart worden ist. Und dennoch ertönt sein Gesang, ›schreiend‹ wie es heißt, unüberhörbar.«

Möglicher Schluß
Liebe Gemeinde, wir sind eingeladen, in den Gesang einzustimmen – in den Gesang der Engel und den Gesang des himmlischen Chors, hier auf Erden schon. Und wenn wir uns auf diese Einladung einlassen, werden wir etwas erfahren von der Kraft, die von solchem Gesang ausgeht, von dem Gesang derer, die um das Leid der Welt wissen und doch ihren Mund zum Lobgesang öffnen. Wir werden etwas erfahren von der Macht der Ohnmacht, von der Stärke der Verwundbarkeit, von der Kraft der Schwäche. Gott und das Krippenkind, der Thronende und das Lamm, Leiden und Loben, Verfolgung und Durchhalten, Qual und Anbetung – das sind so viele Widersprüche in unseren Augen, für unseren Verstand. Mit aller Mühe unserer Gedanken werden wir diese Widersprüche nicht auflösen können. Wenn wir singen – dann werden wir erfahren, daß unser Glaube in diesen Widersprüchen eine lebendige Kraft ist. Diese Erfahrung wünsche ich Ihnen, ich wünsche sie auch mir.

Kontexte

Jedes Singen enthält eine Transzendierungstendenz. Deshalb erinnern die Lieder des Glaubens an menschliches Elend, aber auch an göttliches Heil. Nicht nur Hoffnung drücken sie aus, sondern vertrauensvolle, in der Heilsgeschichte fundierte Gewißheit. Sie reden von dem, was zu tun ist, indem sie vergegenwärtigen, was schon zur Rettung der Welt geschah. Sie erneuern die Lebenskraft, indem sie die Annäherung an den Grund allen Lebens erlauben. Im Singen äußert sich Verlassenheit und Jubel, Klage, Bitte und Dank, voller Erwartung, daß menschliches Schreien in der Weite des Kosmos nicht ungehört bleibt. Im Singen rufen die Kinder Gottes nach der Gegenwart ihres Heils.
(Manfred Josuttis, Der Weg in das Leben. © Chr. Kaiser / Gütersloher Verlagshaus, Gütersloh.)

Wer solchs mit Ernst gläubet, der kanns nicht lassen, der muß fröhlich sein und mit Lust davon singen und sagen, daß es auch andere hören und herzukommen.
(Martin Luther, Vorrede zum Babstschen Gesangbuch)

Durch den Heiligen Geist lebendig gemacht, darf der Christ jetzt schon im Gottesdienst teilhaben an dem ewigen Gotteslob der Engel, wenn auch in armseliger Gebrechlichkeit und stammelnder Unvollkommenheit. ... Der Gottesdienst der Kirche ist umgeben von dem Gottesdienst der Engel im Himmel. Der Engel ist ein Ich wie wir. Aber er ist im Unterschied von uns jenseits von Versuchung und Anfechtung. Er hat seine Existenz ausschließlich und unverbrüchlich im Lob Gottes.
(Peter Brunner, Pro ecclesia, Berlin 1962, S. 130f.)

Heute ist der Tag des Herrn. Heute halten wir Gottesdienst. Der Himmel ist uns nicht mehr verschlossen. Dort droben ist auch Gottesdienst. Die vollendete Gemeinde steht vor Christus, sie strahlt durch sein Licht in Herrlichkeit. Dort leuchtet es wie die Sonne. Hier ist nur matter Schein. Hier hören wir sein Wort. Aber droben feiert der Allmächtige und Barmherzige mit seiner Gemeinde in Ewigkeit Gottesdienst. Laßt uns im Glauben heute mit dem himmlischen Gottesdienst eins werden.
(Dietrich Bonhoeffer, Ges. Schriften IV. © Chr. Kaiser / Gütersloher Verlagshaus, Gütersloh.)

Altjahrsabend

Predigttext: 2. Mose 13,20–22

Jobst von Stuckrad-Barre

Theologisch-homiletische Skizze

Ausgangspunkt: Nun sind wir also in der Wüste – irgendwo zwischen Sukkoth, Etam und der nachfolgenden Geschichte – gelandet, am Ende des Jahres, am Ende ... Erste Stichworte: die Befreiungsgeschichte, verknüpft mit Gesetzgebung, Landnahme, »Verstaatlichung«, Beginn neuer wie Ende alter Zeit: Gründerjahre, in denen der Gott der Väter und Mütter nötiger denn je gebraucht wird. Zur Bestätigung? Ermutigung? Gar zu neuem Aufbruch? Jedenfalls eine Phase der Konsolidierung (vgl. die Exegese in Band IV/4) des neuen Großreiches, das affirmative Theologie gut verwerten könnte.

Zwischen den Zeiten hin- und hergehend freut mich dieser Versuch, das Volk nicht ›sitzen zu lassen‹, sondern an seine bewegende Vor-Geschichte anzuknüpfen, die von Gott her kommt und auf ihn zugeht und dabei die widerstreitende Realität nicht ausklammert, vielmehr provoziert. (Das wiegt den Eindruck im ersten Lesen auf, einer etwas förmlichen Zusammenfassung der Wüstenwanderung zu begegnen.) Zeit wird dabei erfahren als qualifiziert, ihre Zeichen sind zu begreifen, wenn Gottes Vorgehen im Blick bleibt.

Problem und These: Gottes an die Geschichte des wandernden Volkes gebundene Gegenwart, die sich im Zeichen zu erkennen gibt und persönliche wie allgemeine Raster der Erfahrung überwindet. Im Gekreuzigten zeigt sich diese transzendierende Gestalt Gottes für uns – auferstanden für all die verschiedenen Menschen und Zeiten ist er der Befreiende, der von uns nicht festgelegt werden kann auf eine Gestalt oder Erscheinung, wohl aber sich bindet an die, die ihn so nötig haben.

Wie weit Gott dabei geht, hat nicht zuletzt Jesus auf seinem Weg gelebt, und keine Stilisierung kann überspielen, daß er dabei weder das Volk noch die Zeit für sich gewann. Gerade so jedoch hat er Menschen bewegt, sich einzulassen auf diese besondere Gerechtigkeit, die nicht vergilt, sondern vergibt, auf diese besondere Präsenz, die uns zu sich bringt und nicht in Stein erstarrt.

Überall, wo staatliche oder kirchliche organisierte Macht Wolke und Feuersäule, Gottes anziehende Präsenz ersetzen wollte, waren Blutvergießen und äußere Prachtentfaltung die Folge, siehe die gewaltsame Missionsgeschichte durch die Jahrhunderte. Dafür wächst heute das Bewußtsein. Zugleich staune ich darüber, wie die ins Leben hineinführende Anwesenheit Gottes sich bewahrheitet in persönlichen wie in kirchlichen Wegen der Gegenwart. Daß dabei Gottes Anwesenheit nicht zu greifen, seine Leitung sogar oft gegen unsere menschlichen und vor allem kirchlichen Ziele oder Hoffnungen gerichtet zu sein scheint, muß ich nicht dem Spötter nur, sondern auch mir eingestehen. Dennoch – der da »Ich bin mit dir!« gesagt hat, ist bei denen, die ihm nachfolgen – in der Wüste, auf dem Weg.

Ausführung: Von der Herausführung her vorzugehen, Zeit nicht im Gleichmaß von Naturzeit, sondern als Befreiungsgeschichte wahrzunehmen, ihrer Determinierung und Universalisierung. Wüste und Nachfolge, Inkarnation und Kreuzigung, Lebensangst und Befreiungswort – Weg in Widersprüchen, Niederlagen und Ablehnungen

ins Freie. Aufbrüche und nationale Kriege wie ihre Ideologisierung, Hilfsbereitschaft und Fremdenfeindschaft als Ausdruck von Hoffnung und ihrer Zerstörung.
Während ich diese Vorüberlegungen notiere (knapp ein Jahr vor Sylvester '93), sitzen 415 Palästinenser, verbannt von der Regierung Israels nach der Ermordung eines israelischen Grenzpolizisten, im Niemandsland zwischen den Grenzen Israels und Libanons, sie dürfen nicht zurück und nicht heraus. Diese Bannung der 415 löst Unverständnis aus, antisemitische Gefühle schaffen sich Luft; arabische Äußerungen, das Volk Israel ins Meer zu jagen, die Härte der israelischen Regierung in der Strafaktion – ein Gemisch, das den Friedensprozeß im Nahen Osten erneut der Gewalt ausliefert. Staatliche Macht, laut Umfrage im Land mit 90 % unterstützt und von verständlichen Reaktionen begleitet, findet dennoch nur selten den Ton, der Menschen in Abhängigkeit gerecht wird. Wo ist das Volk, das auszog, das nur auf Gottes Wort hin den Weg fand und den Frieden? Wohlgemerkt, 2. Mose 13,20–22 ist geschrieben zur Zeit erster Verfestigung des damaligen Staates Israel – unterwegs war niemand mehr, dennoch bringt dieser Text auf den Weg.
Zu den aktuell aufzunehmenden Erfahrungen eine weitere Konkretion: Hier in Göttingen und Hannover ist im vergangenen Jahr ein Streit offen ausgebrochen, der auf die Virulenz der Beziehung Kirche–Israel hinweist; nach außen geht es um die miß(verständ)liche Formel »Judenmission«, tatsächlich scheint es mir darum zu gehen, wie diese Tradition und Geschichte verantwortlich in das gegenwärtige Zusammenleben eingebracht werden: Können und müssen aus gesamtbiblischer Sicht und nicht zuletzt angesichts der Vernichtung der Juden in Europa die beiden Religionen nicht wie Geschwister miteinander leben – dies nicht als bloßer Imperativ, sondern in neuer Wahrnehmung ihrer gemeinsamen Herkunft in der Befreiungs- und Vergebungsgeschichte ihres Gottes?!

Vorschläge zur Liturgie

Psalm 121 zum Eingang

eignet sich in Verbindung mit dem Predigttext ausgezeichnet und bringt einen Ton in den Gottesdienst, der in Gebeten und Liedern wie in der Predigt nicht vergessen werden sollte.

Kyrie

In der Einladung zum Kyrie hat dieses Sündenbekenntnis aus der hessen-nassauischen Landeskirche seinen Platz (verfaßt vom Liturgischen Arbeitskreis II unter Leitung von Friedrich K. Barth, ²Frankfurt 1985, S. 62):
»Herr, wir beugen uns vor dir
und bringen dir unsere Schuld.
Du hast uns Zeit und Geld,
Kräfte und Gaben gegeben.
Aber wir haben sie nicht immer sinnvoll genutzt.
Selten waren wir hilfsbereit,
freundlich, zuvorkommend, mitmenschlich.
Wir hatten Angst, zu kurz zu kommen,
und haben uns nur um uns selbst gekümmert.
Darum kommen wir zu dir und bitten: ...«

Fürbittengebet
Als Vorschlag zum Fürbittengebet, das natürlich auch der Aktualisierung und Aneignung bedarf, aus H. Bannach/G. Rahlf, Gottesdienstgebete. Gütersloh 1977, 33:
»Herr, von Deiner Liebe kann uns nichts scheiden, nichts – nicht die harten Worte, mit denen wir unsere Mitmenschen verletzt haben; nicht die Trauer, die unser Leben verdunkelt hat, nicht die Klage, mit denen wir anderen lästig geworden sind; nicht die Angst, die uns blind gemacht hat für dich und dein Leben. Nichts kann deine Liebe mindern. Herr, wir danken dir. Denn so können wir dir alles überlassen, alles, was dieses Jahr gebracht hat – unsere Angst, unsere Klage, unsere Trauer, unsere Schuld. So können wir dir alles überlassen, alles, was dieses Jahr gebracht hat, alles, was seine düsteren Schatten schon auf das neue vorauswirft. Denn deine Liebe vermag es zu tragen, ja nicht nur zu tragen, sondern zu verwandeln, so daß am Ende alles deine Herrlichkeit lobt.
Herr, wir danken dir, denn so können wir getrost von diesem Jahr Abschied nehmen, so können wir zuversichtlich in das neue gehen – du wirst uns auch dort entgegenkommen mit deiner Liebe.
So wollen wir dir nun noch einmal alles befehlen, was uns besondere Sorgen macht: den Frieden im Nahen Osten, die hungernden Völker auf der ganzen Welt, die Zukunft unserer Gemeinde und alles, was einen jeden von uns besonders bedrückt ... Herr, nichts kann uns von dir trennen.
Wir danken dir.«

Lieder
Die Lieder zum Jahreswechsel sind ja nicht so zahlreich, neben den beiden anonymen EKG 38 und 40 ist vor allem Jochen Kleppers »Der du die Zeit in Händen hast« EGK 45 vorzuschlagen. Wenn es auch als ›Reiselied‹ figuriert, paßt zu Kasus und Text sehr genau EKG 388, setzt allerdings wie bei 40 einen phantasievollen Organisten voraus.

Vorschläge zur Predigt

Jetzt läßt uns Gott einen Moment zur Ruhe kommen. Vom zu Ende gehenden Jahr ist zu erzählen, von den Wegen und Abwegen, die jeder genommen hat, von Aufbrüchen und vom Scheitern, von Menschen, die wir gewonnen und die wir verloren haben. Von den Hoffnungen in all den Ländern der ehemaligen Sowjetunion und von den Krisen und Kriegen, die dort wie im früheren Jugoslawien die Menschen bedrängen; vom Grauen des Hungers in Afrika, von den sich türmenden Problemen in Asien oder Lateinamerika. Und bei uns – wird einer später die Bemühungen um die Einung Europas wichtig finden, wird er vom zunehmenden Fremdenhaß und seinen tödlichen Folgen sprechen oder von den sich mehrenden Stimmen,

Demonstrationen und Lichterketten, der Hilfsbereitschaft vieler Einzelner und Gruppen? In all diesen Entwicklungen leben wir, suchen nach einem Weg aus den Gefahren und hin zu den Zeichen des Lebens.
Manchmal möchten einen all die schlimmen Nachrichten ersticken. Wie können wir, wie kann ein jeder da seinen Weg einhalten, Leben bewahren und gestalten? Meine eigenen Sorgen reichen mir schon, um die mir anvertrauten Menschen, ihre Mühen, Freund- und Feindschaften, um Schuld und Gleichgültigkeit, um Arbeit und Arbeitslosigkeit. Jetzt läßt uns Gott einen Moment zur Ruhe kommen, die Zeit noch einmal an uns vorüberziehen mit ihrem Druck, ihren Chancen und Nöten. Er gibt eine Atempause und eine Perspektive für Bisheriges und Kommendes.

Textlesung

Ganz weit wird der Blick geführt. Zunächst bis in die Wüste am Rande Ägyptens, an der Grenze des Lebens in Knechtschaft und relativer Sicherheit, vor einem Weg in unbekanntes Gelände, voller Hoffnung und voller Ungewißheit – Wüste, entbehrungsreich und zugleich Zone der Klärung, Selbstvergewisserung und Besinnung: Wem folgen wir, wem gehört meine Zeit, was bestimmt unser Leben? Manche Menschen sehnen sich so sehr nach solchen Grenzerlebnissen, daß sie in die fernsten Wüsten, auf die höchsten Berge eilen, um sich zu erproben; andere gehen ins Kloster für einige Zeit, um sich so zu finden.
Solche Wahl hat dieses Volk nicht. Gott hat es aus der Sklaverei in Ägypten herausgeführt, und nun steht es am Anfang seines Lebensweges, ein Zurück ist unmöglich. Und nach vorn? Wäre da nicht der, der das Land verheißen, Zukunft also und Leben, es wäre nur zum Verzweifeln. Doch gibt Gott, der sich dem Mose zu erkennen gab, auch hier durch ein Zeichen zu erkennen, daß er vorausgeht. In Wolke und Feuer, Tag und Nacht sichtbar, schafft er dem Volk den Weg.
Soweit vermögen wir in diese Geschichte zu sehen. Doch wäre es falsch, diesen Weg als einfach, eben von Gott vorgezeichnet und somit völlig klar zu verstehen. Das Volk hat es immer wieder erzählt und besungen, wie gefährdet dieser Aufbruch, dieser Weg, diese Zeit in der Wüste waren. Mehr als eine Generation – und das heißt, immer neue Vergewisserung, betend und bittend, suchend, beharrlich alles von Gott her erwartend – waren sie unterwegs; daher die Zeichen, die aus der Ferne, von heute her, so deutlich und hilfreich erscheinen: Feuerschein und Wolke, im Dunkel der Nächte und in der Hitze des Tages.
Befreiungsgeschichte also stand am Anfang – Gottes Tun, und sein Geleit für die, die sich auf ihn einließen.
Das ist schon eine, die eine Perspektive.

Mögliche Fortsetzung:
Bereits da, wo die Ausweitung zu den Nachbarvölkern weiter gebahnt wird, beim zweiten Jesaja, zeigt sich, daß der Prophet, der Gottesknecht,

der dies verkündet, trägt und leidet an dieser Botschaft; geschlagen und gemartert trug er unsere Krankheit und lud auf sich unsere Schmerzen, um unserer Sünde willen. – Hier kann eine solche Situation geschildert werden, wie sie gegenwärtig die Öffentlichkeit erregt: s.o. die Lage der 415 Palästinenser.«

Erst recht wird die Perspektive verändert, geht Gott den Menschen auf in ganz neuen Dimensionen beim Sohn Davids, dem, der ans Kreuz geschlagen alles ertrug, für uns dahingegeben und dahingebend; hier geschieht vollends die Ausweitung ins Universelle gerade im Kreuz des Einen: Hoffnung in der Niederlage, Leben aus dem Tod – Licht, das Tag und Nacht die Richtung weist. Das Kreuz steht am Beginn des Lebenswegs, den die gehen, die in sich und in der Wüste der Welt auf Gott achten, die ihm folgen. Tiefe und Untiefe wird da sichtbar, Weite wie Abgründe, Kontinuität ebenso wie Abbruch, Gottes Herrschaft und ihre Bestreitung.

Von hier aus nehme ich nun wieder in den Blick, was ich ganz zu Anfang aus dem jetzt zu Ende gehenden Jahr aufgegriffen habe: Im Horizont des Kreuzes gewinnen diese Dinge ihren Platz – Bestreitung des Lebens vor Gott und Eintreten dafür, Schritte auf dem Weg in das neue Jahr, das noch unbekannte, hinein. Das Kreuz, das nun Zeichen für Gottes Zuwendung zu den Menschen ist, zeigt ihn als leidenden, um unsretwillen den Tod auf sich nehmenden und das Leben neu öffnenden. Das reicht in unsere persönlichsten widerstreitenden Erfahrungen hinein und zugleich in die Weite der ebensosehr Gott bestreitenden Welt. Erlöser – für alle, gebunden an Menschen und ihre Befreiung, wie damals für das Volk Israel, unsere falschen Bindungen lösend, Verkehrungen aufdeckend, Nachfolge ermöglichend.

Gottes Ja zu den Menschen im Zeichen des Kreuzes, bei denen, die seinen Weg gehen. So zuletzt sind nun erneut die im Blick, die wie wir unterwegs sind, die mit uns ziehen. Wie damals in der Wüste: mutige und mitmachende, Menschen, die vom Glauben alles erwarten und andere, die ihr Leben auf einfache Weise in den Dienst des Nächsten stellen – sie beide sehen den, der am Rande steht, der nicht mehr kann oder nicht weiter weiß. Daß Gott in Jesus sich selbst auf den Weg gemacht hat, schafft unsere ganze Freiheit mitzugehen, mitzutragen, loszulassen; darum müssen wir nicht verzweifeln – denn nie, weder im Dunkel der Nacht noch in der Helligkeit des Tages, wird der von uns lassen, der durch das Dunkel des Todes ins Licht des Lebens vorgegangen ist. Der uns nicht nur einen Moment gibt, sondern seine Zeit.

Alternative

Psalm 78 weitererzählt

»Wer von dir erzählen will, Gott, muß Deiner gewiß sein, auf eigentümliche Weise gewiß: Denn die Brüche haben sie nie verschwiegen, die Erzähler

Alten und Neuen Testaments – sie haben gerade davon erzählt und die Gottesgeschichte so erneut ins Spiel gebracht, in das Spiel der Mächtigen und Ohnmächtigen, um ihretwillen geradezu ...«
So Ps 78 aufnehmend wäre zu erzählen von der Herausführung aus ›Ägyptenland‹ bis hin zur Gegenwart, bis dahin, daß Gott den Davidssohn sandte, damit er das Volk weide.
Andere Geschichtspsalmen sehen die Geschichte des Gottesvolkes völlig anders – dennoch, zwischen bloßer heilsgeschichtlicher Summierung und ›reiner‹ Faktenerhebung ist hier eine Perspektive entwickelt, die Fülle und Verkehrung in Beziehung sieht und zum Weitererzählen anreizt.

Kontexte

Beim Nachdenken über die Zeit ist es fast unmöglich, nicht auf Augustinus zu kommen. Weniger abstrakt beschreibt er seine Wahrnehmung einmal so: »›Schlechte Zeiten!‹ sagen die Menschen. Laßt uns nur gut und gerecht leben, dann sind die Zeiten auch gut. Wir sind die Zeiten. Wie wir sind, so sind die Zeiten.«

Gerade in Zeiten, in denen bestimmte Rechte und vor allem Grundrechte mit unheimlicher Eile von Politikern aufgegeben oder abgeschwächt werden, wird christliche Predigt vor zu großer Eile auf dem Weg durch die Wüste warnen. 1978 entstanden die Überlegungen von Wolfgang Huber über »Die Kirche als Raum und als Anwalt der Freiheit«, hier zit. aus ders., Folgen christlicher Freiheit. © Neukirchener Verlag des Erziehungsvereins GmbH, Neukirchen-Vluyn 1983: »Viele fragen sich (...), ob nicht die institutionell gesicherte Freiheit in einem Land wie der Bundesrepublik Deutschland auf eine nicht leicht zu durchschauende Weise verquickt ist mit Unfreiheit in andern Ländern. Wie aber soll man in Ruhe leben, wenn anders der Begriff der Freiheit und mit ihm der Begriff der Menschenrechte universal und unteilbar sind? Die Freiheit wird auch dann verleugnet, wenn der Wohlstand in einem Land auf Kosten von Menschen in andern Ländern gefördert wird. Das Verlangen nach Menschenrechten schließt die Verpflichtung ein, für die Verwirklichung von Menschenrechten in andern Regionen einzutreten.« (208)
»Die jüdisch-christliche Tradition beschreibt Freiheit als Bewegung. Sie umfaßt den Abschied vom Verfügen und den Aufbruch zu Leben. (...) Die Bewegung, die Abraham zugemutet wird, wiederholt sich im Auszug Israels aus Ägypten. In diesem Exodus wird die Wüste zum Symbol der Befreiung. Sie symbolisiert die Absage an alles Haben um des Verfügen-wollens; denn jeder Besitz, der nicht unmittelbar dem Leben dient, ist in ihr offenkundig schädlich. (...) Im Neuen Testament (...) wird (sc. Freiheit) definitiv nicht mehr als Herrschaft ausgelegt: »Wer groß sein will unter euch, soll euer Diener sein; wer unter euch der Erste sein will, soll der Sklave aller sein.« (211f.)
»Die Kirche ist der Raum gelebter Freiheit. Sie verfügt nicht über die Freiheit, sondern sie ist der Raum der Freiheit, weil in ihr das Wort von der Befreiung verkündigt wird (...). Nur aus einer bleibenden Differenz zu Staat und Gesellschaft heraus kann die Kirche zum Anwalt der Freiheit werden. (...) Den Raum der Freiheit erreicht man durch Erinnerung: durch die gefährliche Erinnerung an die freiheitliche Geschichte Jesu. In einer Kirche, die aus dieser Erinnerung lebt, ist dic Hoffnung stärker als die Angst; in ihr ist die Gelassenheit stärker als die Sorge; in ihr ist der Mut der Freiheit stärker als die Erfahrung der Krise.« (215f.)

In Ergänzung dazu aus den Thesen, die Christof Ziemer für die Pfarrerstudientage des Ev.-luth. Kirchenbezirks Dresden-Mitte am 13./14. Januar 1992 formuliert hat: »Pluralität ist kein Unglücksfall für die Gemeinde, sondern der durch die Taufe konstituierte Normalfall. In der Taufe werden die in der Welt Ungleichen und Verschiedenen zu gleichberechtigten Gliedern des Gottesvolks berufen.«
»Als taufende Kirche ist die Kirche Anwalt der Würde jedes Menschen. Als Abendmahl feiernde Kirche ist die Kirche Anwalt des gesellschaftlichen Friedens. Als verkündigende Kirche ist die Kirche Anwalt der gesellschaftlichen Erneuerung.«

Neujahr

Predigttext: Josua 1,1–9

Karl-Fritz Daiber

Theologisch-homiletische Skizze

Gottesdienste an Neujahr sind in der Regel Sache derer, die sich der Kirche in engerem Sinne verbunden wissen. Auch wenn man von diesem Tatbestand ausgehen kann, sollte allerdings der kasuelle Hintergrund der Jahreswende im Mittelpunkt der gottesdienstlichen Feier stehen. Altjahrabend und Neujahr bilden zusammen ein jahreszyklisches Übergangsritual, in dem die Zeitlichkeit des Lebens in Rückblick und Vorausorientierung thematisiert wird. Dem trägt die Perikopenordnung und ihre Textauswahl für Neujahr Rechnung. Josua 1 leitet dazu an, sich der Zukunft zu stellen, weil Gottes Verheißung gilt. Der Grundtenor der Predigt sollte vom Text aus gesehen tröstlich sein, ermutigend, dies gilt auch, wenn man die Verse 7–9 zur Geltung bringt. In der jüdischen Tradition ist das Gesetz ja gerade Heilsgabe, die Zukunft eröffnet.

Seine symbolische Kraft gewinnt der Text erst dann, wenn man ihn im Kontext von 5. Mose 34 und dem Anfang des Josuabuches erzählt: Ende der Wüstenwanderung und Anfang des Einzugs in das verheißene Land verknüpfen sich in der Erfahrung einer Schwelle: Altes geht zuende, Neues begint. Was dem alttestamentlichen Gottesvolk geschieht, gilt auch für das neutestamentliche Gottesvolk und in ihm den einzelnen geängsteten und zugleich hoffenden Menschen. Auslegungsschritte, wie sie im mittelalterlichen vierfachen Schriftsinn vorgeschlagen wurden, und wie sie etwa Hubertus Halbfas im Rahmen seiner Überlegungen zur Symboldidaktik neu erschlossen hat (Hubert Halbfas, Das dritte Auge, Düsseldorf, 3. Aufl. 1987, 125ff.), können richtungweisend sein: Der Text soll symbolisch transparent werden für gegenwärtige Lebenserfahrung. So erschließt sich geschichtlich Überliefertes neu.

Für die Predigt schweben mir drei Möglichkeiten vor:

Variante 1 entfaltet das Versprechen des Predigttextes ausgehend von einer Nacherzählung in einem Dreischritt: Gottes Treue zu Israel, Gottes Treue zur Kirche als dem neutestamentlichen Gottesvolk, Gottes Treue dem einzelnen gegenüber, in seinen Unsicherheiten und Ängsten. Angesichts von ständigen Krisenmeldungen über die kirchliche Situation halte ich es für eine wichtige Aufgabe der Predigt, in der Gemeinde einmal darüber zu reden und die Krisenanalyse in einen geistlichen Erfahrungshintergrund zu stellen.

Alternative 2 würde die Ambivalenz von Heilszusagen thematisieren: Wie, wenn sich das offene Land letztlich doch als verschlossen erweist. Könnten die Erfahrungen des neuen Jahres nicht in diese Richtung gehen? Die dunklen Seiten der Zukunft würden so zur Sprache gebracht, und erst von daher noch eimal das Gottesversprechen, das Glaube ermöglicht, thematisiert.

Alternative 3 ist eine Predigt, die sich vom Text löst. Ich würde sie unter das Thema rücken: »Viel Glück zum neuen Jahr« und dabei den Glückshoffnungen, den Glückwünschen, wie sie im Alltag begegnen, nachgehen, sie allerdings nicht problematisieren, sondern als ernstzunehmende Sehnsüchte gelten lassen. Erst am Schluß würde die Situation des Predigttextes aufgenommen und das Mitgehen Gottes in die

Zukunft hinein als eine Möglichkeit dargetellt, wie Glück von der biblischen Tradition her verstanden werden kann. Noch einmal: Ich würde peinlich vermeiden, Glücksvorstellungen von Menschen zu desavouieren. Ich würde nur meine eigene Glücksvorstellung danebenstellen; in ihnen dann das Glück als Segen, als zugesprochene Zukunft zur Sprache bringen (vgl. Karl-Fritz Daiber, Von der Unmöglichkeit oder auch Unfähigkeit, über Glück zu predigen, in: Neue Zeitschrift für Systematische Theologie und Religionsphilosophie, 32. Band 1990, 195–206).

Vorschläge zur Liturgie

Psalmen
Psalm zum Aufbruch in das neue Jahr: Psalm 121
Psalm zur Segens- und Glückserfahrung: Psalm 36,6–10
Psalm als biblischer Glückwunsch: Psalm 122,6–9.

Lieder
42,1–3 und 11–15: Nun laßt uns gehn und treten
43,1–3 und 6: Der du die Zeit in Händen hast
Zum Eingang auch: 187,1–7: Nun jauchzt dem Herrn alle Welt,
oder, unter Aufnahme der adventlichen und weihnachtlichen Thematik: 14,1–5: Die Nacht ist vorgedrungen (insbesondere wenn eine Predigt in Richtung der Alternative 2 gehalten wird).

Gebet zum Eingang
Wir danken dir, weil wir leben heute und morgen, wie wir gestern und alle Tage gelebt haben aus deiner Gnade, Gott, von dieser Erde, von Brot und Licht, von den Menschen um uns; wir danken dir, weil wir leben hier und jetzt, mühsam und voller Freude. Und wir bitten dich, daß keine Zukunft, kein Tod uns trenne von Jesus Christus, der deine Liebe ist für alle Menschen und die ganze Erde (Huub Oosterhuis, aus: Ganz nah ist dein Wort. Gebete. © Verlag Herder, Wien.)

Bausteine zur Predigt

Predigtanfang
Eigentlich ist die Nacht vom 31. Dezember auf den 1. Januar eine Nacht wie jede andere auch. Und doch ist es anders. Um Mitternacht läuten die Glocken, knallen die Sektkorken, steigen die Raketen in die Höhe, krachen die Böller, wünschen sich die Menschen Glück. Was feiert man eigentlich, wenn ein Jahr zuende geht und ein neues beginnt? Möglicherweise schon allein dies, daß wir das neue Jahr erleben. Möglicherweise auch dies, daß das alte zuende ist mit seinen Sorgen, mit seiner Last, mit seinem Kummer. Mit dem neuen Jahr verbindet sich neue Hoffnung, die

Hoffnung, daß es anders werden möge, daß sich eine Wende zum Guten abzeichnet. Oder aber daß es so bleiben möge, daß glückhafte Begegnungen sich wieder einstellen, daß Erfolge unser Leben begleiten und Anerkennung. Wir wünschen uns Glück. Der Wunsch ist notwendig, weil Glückhaben nicht selbstverständlich ist, lebenseröffnende Zukunft Gabe bleibt, empfangen werden muß. So mischt sich in die Empfindungen zum Jahresanfang immer auch ein Gefühl der Unsicherheit, sind Befürchtungen, auch Ängste mit dabei. Früher hat man mit lautem Gekrache die Dämonen, die Angst eingejagt haben, zu vertreiben versucht. Ob das der alte Sinn der Böller geblieben ist, Ängste zu überspielen, durch ausgelassene Freude Unsicherheiten zu verdrängen?
Der Anfang des Buches Josua erzählt von einem Ende und von einem neuen Anfang, nicht vom Neujahrstag, aber, wie gesagt, auch von einem Ende und auch von einem neuen Anfang.
Israel war aus der Sklavenherrschaft Ägyptens aufgebrochen. Gott hatte es in die Freiheit geführt, aber die Freiheit bedeutete zunächst ängstigende Wüste, vierzig Jahre Wanderung in der Wüste, tagaus, tagein, bis hin zu den Bedrohungen, nicht mehr genug Wasser zu haben und nicht mehr genug zu essen zu finden. Mindestens ebenso schlimm waren die inneren Unsicherheiten. War der Weg in die Freiheit der rechte Weg? War Mose, der Anführer, möglicherweise ein Verführer? War der Glaube an Gott eine Selbsttäuschung? Gott hatte sein Volk nicht allein gelassen, so erzählt es die biblische Geschichte. Er war ihm vorausgegangen, er war ihm begegnet, er hatte ihm das Gesetz gegeben. Aber immer wieder stellten sich der Zweifel und die Unsicherheit ein. So waren sie vierzig Jahre in der Wüste, bis sie schließlich an die Grenze des gelobten Landes kamen. Das Neue konnte anbrechen. Für Mose war dies zugleich das Ende. An den Grenzen des verheißenen Landes angekommen, schickte er sich zum Sterben an. Er stieg vom Tal des Jordan, dem Grenzfluß zum neuen Land, auf den Berg Nebo. In unendlicher Weite sah er das Land vor sich, und er hörte Gottes Stimme: Dies ist das Land, von dem ich Abraham, Isaak und Jakob geschworen habe: ich will es deinen Nachkommen geben. Mose kehrte vom Berg nicht mehr zurück. Die Israeliten wußten: Gott hat ihn zu sich genommen. Aber wie wird es weitergehen? Werden sie Josua, dem neuen Führer vertrauen können? Wird er mit ihnen zusammen die Zukunft meistern? Werden sie wirklich in das neue Land hineinkommen, wird wirklich Gottes Zusage wahr? Es ist wohl kaum das Volk allein gewesen, das so gefragt hat. Es scheint so, als ob Josua selbst voller Unsicherheit vom Alten, Vergangenen weg hin zum Neuen geblickt hat. Und da hört er nun Gottes Stimme: Mache dich auf und ziehe über den Jordan. Siehe, ich habe dir geboten, daß du getrost und unverzagt seist, laß dir nicht grauen und entsetze dich nicht, denn der Herr, dein Gott, ist mit dir in allem, was du tust. Ein Mann an einer Lebenswende, an einer entscheidenden Lebenswende. Das Alte ist vergangen, das Neue liegt vor ihm, das Neue macht Angst, aber Gott geht mit: Mache dich auf und ziehe über den Jordan.

Der erste Hauptabschnitt der Predigt könnte sich mit der bleibenden Zusage an Israel beschäftigen und dann, im zweiten Abschnitt auf die Situation der Kirche übergehen:
In unserem Land ist in den letzten Jahrzehnten vieles anders geworden, nicht zuletzt in der Kirche. Zum Weihnachtsfest 1992 hat eine christliche Wochenzeitung über das Spezialthema »Gottesdienst in der Krise« berichtet. Abschied vom Land der Saurier war der entsprechende Artikel überschrieben. Saurier sind, wie wir wissen, eine Tierart, die ein bestimmtes Erdzeitalter beherrschte. Aber dann konnten sie sich der neuen klimatischen Situation nicht anpassen, sie starben aus. Ist das gemeint: Die Kirche steht an einer Wende. Sie muß Abschied nehmen von einer Phase ihrer Geschichte, in der sie bestimmend war? Was wird aus ihr, hat sie überhaupt Zukunft? Sie scheint nicht vor dem Einzug in das Land der Verheißung zu stehen, sondern eher vor einer langen Wüstenwanderung. So jedenfalls wird es vielfach wahrgenommen. Auch das Bild, das die Zeitung zum Artikel abdruckte, vermittelte diesen Eindruck: ein leeres Gotteshaus, um den Altar eine kleine Gruppe von Menschen und dazu die Erklärung der Zeitung: »Ein Versuch, der Leere zu begegnen: Taufe und Konfirmation finden gleichzeitig statt«. In Ostdeutschland mag sich dieses Bild immer wieder ergeben. In Westdeutschland gelegentlich. Dort jedenfalls ist es allem zum Trotz noch nicht typisch. Aber nicht wenige nehmen die Situation der Kirche so wahr: Sie steckt in einer tiefen Krise. Im Grunde hat sie keine Zukunft. Die Leute wollen nichts mehr von ihr wissen, nur eines hilft, die kleine Schar der ernsten Christen zu sammeln. Ob diese Besinnung wirklich biblischer Verheißungsgeschichte entspricht? Ob wirklich Resignation das ist, was Wirklichkeitsnähe von uns abverlangt, von uns, den christlichen Gemeinden? Die Jünger Jesu wußten sich allem Augenschein zum Trotz mit Ostern an einem neuen Anfang stehen, sie wußten sich berufen: Gehet hin in alle Welt. Das war nicht Optimismus, eher Vertrauen auf die Zusage des lebendigen Christus. Vertrauen auf eine Zusage, wie sie Josua an den Ufern des Jordan empfangen hat: Ich habe dir geboten, daß du getrost unhd freudig seist. Natürlich sollen wir in der Kirche unsere Zukunftschancen real einschätzen, aber wir sollen sie auch nicht pessimistisch verzeichnen. Das Reden von der Krise der Kirche zeigt oft mehr den inneren Gemütszustand der Gläubigen als die Realität. Josua scheint es nötig gehabt zu haben, daß ihm Gott zuspricht. Viele Menschen in der Kirche haben es heute nötig, auch zu Beginn dieses neuen Jahres, den Zuspruch zu hören, und dieser Zuspruch gilt auch der christlichen Gemeinde. Der Aufbruch ins Neue, über den Jordan hinweg, um im Bild zu bleiben, soll dieses neue Jahr bestimmen.

Baustein für Alternative 2
Nach der erzählenden Einleitung und anschließenden Überlegungen, die die Verheißungstreue Gottes thematisieren, würde ich einen Kontrast

aufbauen, und zwar durch die Erzählung von der Geschichte der Flucht Walter Benjamins über die Pyrenäen nach Spanien:
Der jüdische Schriftsteller und Philosoph Walter Benjamin hatte in Frankreich vor den Nationalsozialisten Zuflucht gesucht. Doch dann war der Krieg gekommen. Frankreich wurde zu einem teilweise besetzten Land. Auch im Süden, wo es zunächst keine deutschen Truppen gab, wurde es für Juden unsicher. Benjamin sah für sich in Frankreich keine Chance des Überlebens mehr. So entschloß er sich, wie andere, über die Pyrenäen nach Spanien zu fliehen. Freunde und Bekannte halfen ihm dabei, die Flucht wurde sorgfältig geplant. Mit zwei anderen und einer Führerin machte er sich auf den Weg. Es war am 26. September 1940. Eine Erzählung beschreibt den letzten Teil der Flucht so: »Noch einmal suchten die Flüchtlinge nach skizzierten Merkmalen des Weges: dem steilen Weinberg, dem schmalen Bergrücken, dem alten Schmugglerpfad. Dann erreichten sie den Gipfel und sahen, tief unterhalb von ihnen, die spanische Küste: türkisblaues Meer, schroffe Felsen, les Roche catalanes. Die Flüchtlinge liefen nach Port-Bou hinunter ins Büro des spanischen Gendarmeriepostens, die Einreise wurde ihnen verweigert. An diesem 26. September 1940 hatte die spanische Regierung eine neue Verfügung erlassen: Ohne ein französisches Ausreisevisum durfte niemand nach Spanien einreisen. In der Nacht nahm Walter Benjamin eine tödliche Dosis Morphium. Die spanischen Behörden ließen die Begleiter weiterreisen.« (Ludwig Harig, in: Glückloser Engel – Dichtungen zu Walter Benjamin. IB 1121, © Insel-Verlag, Frankfurt am Main und Leipzig 1992, 81f.).
Benjamin auf der Höhe der Pyrenäen, vor sich das Land der Freiheit. Aber es gibt keinen Weg über die Grenze, für ihn nicht. Hinter sich die Gestapo und vor sich ein verschlossenes Land. Verheißungslos nimmt Benjamin sich das Leben. Zwei Jahre später stirbt in Deutschland, auch von eigener Hand, der Christ Jochen Klepper. Er sieht für sich und seine Familie keine irdische Zukunft, kein neues Jahr, kein Land, in dem er in Freiheit leben kann.
Es ist schwer, eine solche Geschichte auszuhalten, aber dennoch ist sie Teil unseres Lebens. In dieses Jahr 1994 treten Menschen ein, für die es ein hoffnungsloses Jahr ist, für sie und für ihre Angehörigen.
Im Anschluß an diesen Teil müßte die Auflösung der Spannung andeutungsweise versucht werden. Vermutlich würde ich mich an Psalm 73,23–28 orientieren.

Einige Überlegungen zu Alternative 3

Zum Predigtanfang
Genau weiß ich es nicht, wie lange sich die Menschen in Deutschland Glückwunschkarten zum neuen Jahr schicken, aber um die hundert Jahre

herum ist es sicherlich. Heute benützen wir oft Karten, die Wünsche zum Weihnachtsfest und zum neuen Jahr gleich kombiniert zum Ausdruck bringen. Weihnachtliche Motive überwiegen dann: Tannenzweige, brennende Kerzen, weihnachtliche Bilder. Zu Beginn dieses Jahrhunderts scheint es in Deutschland üblich gewesen zu sein, gerade zum neuen Jahr Karten zu verschicken. Zwei besonders schöne habe ich in Sammelmappen entdeckt. Die eine ist am 30.12.1901 aufgegeben: »Glückliches Neujahr« wünscht sie. Man sieht eine Winterlandschaft, eine Kirche, in der die Lichter brennen, darüber Wolken, und aus den Wolken heraus schaut der liebe Gott auf seine Welt, ein freundlicher Großvater mit einem langen, weißen Bart. Und ein Engelchen hat er in seinem Arm, mit goldenen Flügeln. Er scheint mit seiner Welt zufrieden zu sein, und die Welt, die Menschen in der Kirche unten können getrost in dieses neue Jahr schauen. Über den Wolken wohnt einer, der auf sie acht hat.
Die andere Karte stammt vom 31.12.1914. Vom ausgebrochenen Krieg ist nicht viel zu spüren: »Viel Glück zum neuen Jahre«. Spielende Kinder sind abgebildet auf einer grünen Wiese. Sie tragen vierblättrige Kleeblätter in der Hand. Das Mädchen auch Blumen, und sie sitzen auf goldstückgefüllten Säcken. Eine Million steht auf dem ersten, fünfhunderttausend auf dem zweiten, hunderttausend auf dem dritten und zehntausend auf dem letzten, vom kleinsten der Kinder verwaltet. Was ist Glück? Was ist das Glück, das wir uns zum neuen Jahr wünschen? Vielleicht die Besinnlichkeit einer winterlichen Landschaft, mit warmen Stuben und Geborgenheit im Kreis der Familie, verbunden mit dem Wissen um den göttlichen Schutz? Was ist Glück? Was ist das Glück, das wir uns wünschen? Der überraschende Lotteriegewinn, das Lottoglück?
Ich habe den Eindruck, daß beide Karten ernst gemeint waren und doch nicht so ganz ernst gemeint. Manche ersehnen sich den großen Gewinn und halten ihn für Glück. Und doch wissen sie zugleich, daß Geld letztlich nicht Glück verbürgen kann, Wohlstand noch nicht glücklich macht und Reichtum nicht schon immer Zukunft eröffnet.
Manche genießen die heimelige Atmosphäre einer winterlichen Stube, die Geborgenheit, die sie vermittelt. Aber wer weiß nicht, wie leicht das traute Glück zerbricht. Haben die Menschen je geglaubt, daß Gott einer ist wie ein großväterlicher Menschenfreund? Ob sie nicht auch die dunklen Seiten des Lebens erfahren haben, und sich in ihnen wiederum mit Gott konfrontiert sahen? Was ist Glück? Was ist das Glück, das wir uns wünschen?
Und dann könnte man Glücksvorstellungen thematisieren, die zu Beginn des neuen Jahres Hoffnungen aufgreifen:
Glück als Gesundheit,
Glück als gegenseitiges Verstehen in der Liebe,
Glück als Zukunftssicherung für die Kinder,
das Glück des Arbeitsplatzes, des guten Arbeitsplatzes,
Glück als Frieden,

Glück als Erfahrung der Schönheit unserer Welt,
Glück als Wissen um die Nähe Gottes,
Glück als Ermächtigung zur Zukunft.
So könnte ganz zum Schluß der Predigttext als eine Gestalt glückhafter Erfahrung aufgenommen werden. Vom Segen wäre zu reden. Nicht vom Segen, der das Glück überbietet, sondern vom Segen, in dem Glück begegnet.

Kontexte

Frage an einen japanischen Bekannten: »Was bedeutet dem Japaner Glück? Er zögert nur einen Augenblick, dann lächelt er. ›Glück bedeutet für den Japaner sehr viel. Glück heißt den Augenblick genießen, sich an der Gabe des Augenblicks freuen. Glück heißt, die Vergangenheit vergessen und an die Zukunft nicht denken. Glück heißt, im Augenblick leben‹.« (K.-F. Daiber, a.a.O., 196)
»Ich glaube, wir sollen Gott in unserem Leben und in dem, was er uns an Gutem gibt, so lieben und solches Vertrauen zu ihm fassen, daß wir, wenn die Zeit kommt und da ist – aber wirklich erst dann! – auch mit Liebe, Vertrauen und Freude zu ihm gehen. Aber – um es deutlich zu sagen – daß ein Mensch in den Armen seiner Frau sich nach dem Jenseits sehnen soll, das ist, milde gesagt, eine Geschmacklosigkeit und jedenfalls nicht Gottes Wille. Man soll Gott in dem finden und lieben, was er uns gerade gibt: wenn es Gott gefällt, uns ein überwältigendes irdisches Glück genießen zu lassen, dann soll man nicht frömmer sein als Gott und dieses Glück nicht durch übermütige Gedanken und Herausforderungen und durch eine wildgewordene religiöse Phantasie, die an dem, was Gott gibt, nie genug haben kann, wurmstichig werden lassen. Gott wird es dem, der ihn in seinem irdischen Glück findet und ihm dankt, schon nicht an Stunden fehlen lassen, in denen er daran erinnert wird, daß das irdische nur etwas Vorläufiges ist ...« (Dietrich Bonhoeffer, Widerstand und Ergebung. © Chr. Kaiser / Gütersloher Verlagshaus, Gütersloh.)

»Was würden Sie tun, wenn Sie das neue Jahr regieren könnten?

Ich würde vor Aufregung wahrscheinlich
Die ersten Nächte schlaflos verbringen
Und darauf tagelang ängstlich und kleinlich
Ganz dumme, selbstsüchtige Pläne schwingen.

Dann – hoffentlich – aber laut lachen
Und endlich den lieben Gott abends leise
Bitten, doch wieder nach seiner Weise
Das neue Jahr göttlich selber zu machen.«
(Joachim Ringelnatz, Und auf einmal steht es neben dir – Gesammelte Gedichte, Berlin 1950, 261).

2. Sonntag nach Weihnachten

Predigttext: Jesaja 61,1–11

Joachim Funk

Theologisch-homiletische Skizze

1. Ein Wort für die Zukunft spricht Tritojesaja, gegen die Resignation. Denen, deren Herz zerbrochen ist, kündet er frohe Botschaft, sagt ein »gnädiges Jahr des Herrn« an; Näheres entfaltet die Exegese in Band IV. Offenbar wegen dieses Worts und der Nähe zum Neujahrs-Evangelium, Lukas 4,16–21, ist der Abschnitt für den 2. Sonntag nach dem Christfest vorgeschlagen. Der Blick richtet sich dabei mehr auf den Jahreswechsel als auf Weihnachten.

Am 2. Januar werden nicht nur solche Christen am Gottesdienst teilnehmen, die immer kommen. Es wird wohl auch mancher seltene Besucher da sein, der heute Besinnung sucht. Im Vorblick nur spekulieren läßt sich darüber, was die Gesellschaft aktuell oder politisch bewegen wird; über Privates wage ich aber Vermutungen. Besucher wie diese könnten sich in Motiven des Predigttextes wiederfinden:

– Einem Witwer ist nach glücklicher Zeit im letzten Jahr die Frau gestorben. Jetzt fehlt sie an tausend Stellen. Mit dem Praktischen kommt er zurecht. Aber das Herz ist verwundet; er ist sehr allein.

– Ein ehemaliger Bürger der DDR hat die »Wende« voller Erwartungen erlebt, sie mitgestaltet, der Zukunft entgegengefiebert. Jetzt sind so viele Hoffnungen enttäuscht. Der »alten Trümmer« gibt es so endlos viel, im Öffentlichen wie in privaten Beziehungen. Wo anfangen, um sie wegzuräumen? Man möchte aufgeben. Woher den Mut nehmen, um weiterzumachen?

– Eine Jugendliche sorgt sich, ob sie in eine Umwelt hineinwächst, in der man erfüllt leben kann, oder ob sie und ihre Generation die Sünden der Väter tragen wird. Zeitweise hat sie sich stark engagiert, hat dann Rückschläge erlebt, überlegt jetzt, ob nicht alles Tun sinnlos ist.

– Ein Ingenieur ist kürzlich zugezogen. Manche berufliche und private Hoffnung hat sich noch nicht erfüllt. In der Stadt ist er nicht heimisch geworden. Zu Weihnachten bekam er Heimweh.

– Eine Aussiedlerfamilie aus Tadschikistan besucht regelmäßig den Gottesdienst, sitzt eng beieinander. Sie suchen ein Stück Heimat in dem Land, aus dem ihre Vorfahren einst auszogen, in das sie hoffnungsvoll zurückgekehrt sind, und das jetzt so fremd und bedrohlich ist.

2. Weil »der Geist Gottes des Herrn« auf ihm ist, darum kann der Prophet vollmächtig seinen Zeitgenossen frohe Botschaft künden. Christliche Prediger sind keine Propheten des Alten Testaments. Die Vollmacht, auf die sich der Prophet in Vers 1 beruft, darf ich mir keinesfalls anmaßen. Allenfalls gebrochen kann ich sie auf mich beziehen. Lukas 4,16–21 beansprucht ja Jesus selbst diese messianische Legitimation für sich. Unsere frohe Botschaft aber ist das »Evangelium« von Jesus Christus, in dem das Wort Fleisch geworden ist, nicht nur für ein einzelnes gnädiges Jahr, sondern für alle Zeit. Darin gründet die christliche Vollmacht, Gottes Gnadenjahr unseren mutlosen und enttäuschten Zeitgenossen anzusagen.

Was für Israel galt, stimmt dabei auch für uns: Worte sagen an, aber Trümmer sind damit noch nicht wieder aufgebaut. Jerusalem aufzubauen, dauerte lang und kostete Mühen. Auch mit Jesu Predigt in Nazareth waren nicht einfach alle zerbrochenen Herzen geheilt. Die Reaktion der Nazarener zeigt dies, noch deutlicher Jesu weiterer Weg. Dennoch bleibt Gottes guter Wille für uns Menschen in Kraft; sein Wort, sein Ja zu uns, ist Fleisch geworden. Ich möchte meinen Zeitgenossen inmitten ihrer Trauer oder Enttäuschung, inmitten aller Trümmer, die in ihrem Leben sind, von dieser frohen Botschaft sagen, damit zerbrochene Herzen verbunden werden.

Vorschläge zur Liturgie

Ich möchte den Tag nicht als 2. Sonntag nach dem Christfest, sondern als Sonntag nach Neujahr begehen.

Lieder

»Er weckt mich alle Morgen« (Vorentwurf des Evangelischen Gesangbuchs = VE, 447), »Gott wohnt in einem Lichte« (VE 370), »Der du die Zeit in Händen hast« (EKG 45), »Von guten Mächten« (VE 64; unbedingt nach der Melodie von Abel), »Lob, Ehr sei Gott im höchsten Thron« (EKG 16,15).

Lesungen

Die Perikopenordnung schlägt als Evangeliumslesung Lukas 2,41–52 (Der Zwölfjährige Jesus) vor. Ich gebe Jesu Predigt in Nazareth (Lukas 4,16–21) den Vorzug. Der Abschnitt ist zwar bereits für den Neujahrstag vorgesehen, kann aber durchaus nochmals gelesen werden. Er nimmt ausdrücklich auf den Predigttext Bezug; die Predigt greift darauf zurück. Als Epistellesung bleibe 1. Johannes 5,11–13.

Rüstgebet

Liturgin/Liturg: Unsere Hilfe steht im Namen des Herrn, *Alle:* Der Himmel und Erde gemacht hat.

Liturgin/Liturg: Wir sind zum Gottesdienst zusammengekommen. Ein neues Jahr liegt noch fast unberührt vor uns. Wir wollen es mit dem Wort Gottes beginnen. Wir hören seinen Trost und seine Weisung. Wir singen und beten zu ihm. Auch in diesem Jahr leben wir ganz aus Gottes Barmherzigkeit. Darum bitten wir ihn um sein Geleit und sprechen: Gott, sei uns Sündern gnädig.

Alle: Der allmächtige Gott erbarme sich unser ...

Liturgin/Liturg: Der allmächtige Gott erbarmt sich über uns. Christus ist für uns geboren. Gottes Barmherzigkeit und Treue begleiten uns auch in dieses Jahr hinein. Er wird unseren Fuß nicht gleiten lassen und der uns behütet, schläft noch schlummert nicht.

Eingangspsalm

Psalm 121 im Wechsel

Eingangskollekte

Aus deinen Händen, Gott, empfangen wir Tag um Tag, Jahr um Jahr. Auf dich läuft unsere Zeit zu. Darum bitten wir jetzt um ein Jahr, wo wir deine Gnade erfahren. Wecke in uns neuen Mut und neue Zuversicht. Laß uns deine Gegenwart merken durch Jesus Christus, unseren Herrn.

Fürbitten als Ektenie

Lektorin/Lektor: Laßt uns beten zu Gott, in dessen Händen unsere Zeit und auch dieses Jahr stehen:
– für alle Menschen, die Vergangenes immer wieder einholt und nicht losläßt, daß Gott sie von schweren Gedanken befreit, damit sie neuen Mut gewinnen und vorwärts schreiten können. Laßt uns Gott anrufen: – *Alle:* Herr, erbarme dich.
Lektorin/Lektor: – für diejenigen, die vom Leben enttäuscht sind, daß sie den Blick abwenden können von dem, was in Trümmern liegt, und darauf schauen, was Gott für sie bereit hält. Laßt uns ihn anrufen: – *Alle:* Herr, erbarme dich.
Lektorin/Lektor: – für alle, die das Zutrauen und den Mut verloren haben, für eine bessere Welt zu arbeiten, daß Gott ihr Tun segnet, und daß sie auch die Früchte ihres Bemühens erkennen. Laßt uns ihn anrufen: – *Alle:* Herr, erbarme dich.
Lektorin/Lektor: – für die Notleidenden in so vielen Ländern ..., daß Gott ihre Not ansieht und wendet, daß er uns Wege zur Hilfe finden läßt und die Tatkraft dazu gibt, zu heilen und aufzubauen. Laßt uns ihn anrufen: – *Alle:* Herr, erbarme dich.
Lektorin/Lektor: – für alle Trauernden, daß Gott ihr Weinen erhört, die Wunden heilt und das zerbrochene Herz verbindet, und daß sie Gottes Güte im kommenden Jahr erfahren. Laßt uns ihn anrufen: – *Alle:* Herr, erbarme dich.
Liturgin/Liturg: Vor dir, Gott, sprechen wir aus, was uns bewegt im Blick auf das Kommende: unsere Sehnsucht und unsere Furcht, unser Hoffen und unser Sorgen – für uns und für andere. Laß uns und sie in diesem Jahr deine Gnade erfahren, durch Jesus Christus, deinen Sohn. Amen.

Vorschläge zur Predigt

Ein oder zwei Altarkerzen brennen noch nicht.

Möglicher Predigtanfang

»Ich freue mich in dem Herrn und meine Seele ist fröhlich in meinem Gott.« Ein jubelndes Lied ist das. So fröhlich haben viele gesungen vor ein paar Tagen an Weihnachten. »Er hat mir die Kleider des Heils angezogen und mich mit dem Mantel der Gerechtigkeit gekleidet.« Mancher hat sich

zu den Feiertagen besonders festlich gekleidet. So fröhlich gehen wir also in das Jahr vor uns hinein und manches schwingt heute noch nach von der Festfreude.
Daneben klingt sicher auch anderes an: Vielleicht hat der eine oder die andere von Ihnen vorhin besonders dort aufgehorcht, wo ich diese Worte gelesen habe: »Er hat mich gesandt, den Elenden gute Botschaft zu bringen, die zerbrochenen Herzen zu verbinden, zu trösten alle Trauernden.« Mancher könnte wohl berichten von Trauer und von zerbrochenen Hoffnungen, von Wunden, die man mit sich trägt, oder von Momenten, wo man sich vorkommt wie ein Tier in der Falle. Meistens allerdings erzählt man davon nichts. Man behält es lieber für sich und denkt nur still daran, wenn man wach liegt, oder auch hier in der Kirche, wo Zeit ist und Ruhe.
Zu Elenden und Traurigen spricht der Prophet und kündigt ihnen ein gnädiges Jahr Gottes an. Solchen Menschen mit einem zerbrochenen Herzen möchte ich seine Worte weitersagen; ich möchte ein Jahr der Gnade Gottes ansagen, heute, heuer, für Sie – und für mich auch.

Zum weiteren Verlauf
Vom Israel Tritojesajas erzählen: Heimgekehrt sind sie, endlich wieder im Land der Vorfahren. Wie oft haben sie sich ausgemalt, wie es sein würde. Dann haben sie sich ein Herz gefaßt, sind zurückgekehrt. Natürlich wußten sie, es würde schwer sein. Doch daß es so schwer würde, darauf waren sie nicht gefaßt. Häuser, ganze Städte liegen in Trümmern, müssen mühsam aufgebaut werden. Die Felder sind verödet. Mancher plagt sich ab und leidet dennoch Not. Oft sind gute Äcker und heile Häuser längst in andere Hände übergegangen. Man streitet; oft ist unklar, wer im Recht ist. Verwandte, alte Freunde sind voneinander enttäuscht. Mancher gibt auf, zieht wieder fort in die Fremde. Andere harren aus, viele mit zerbrochenem Herzen und zerstörtem Mut.
Diesen Elenden bringt der Prophet gute Botschaft: Faßt Hoffnung! Ich kündige euch an ein gnädiges Jahr des Herrn. Was in Trümmern liegt, soll wieder aufgebaut werden, was zerstört ist – an Häusern, an Beziehungen – soll erneuert werden. Man wird nicht mehr Trauerkleider tragen, sondern Festgewänder. Am Ende werdet ihr singen: »Ich freue mich in dem Herrn und meine Seele ist fröhlich in meinem Gott.«
Gelten solche Verheißungen auch für uns? Der Prophet damals durfte im Namen Gottes sprechen: »Der Geist Gottes des Herrn ist auf mir. Er, Gott, hat mich gesandt, den Elenden gute Botschaft zu bringen.« Darf ich heute seine Worte unbesehen an Sie richten? Mit welchem Recht?
Ich berufe mich dabei auf Jesus Christus. An Lukas 4,16–21 erinnern: Jesus bezieht die Worte auf sich: »Heute, in mir, sind die alten Verheißungen Gottes erfüllt.« An Weihnachten haben wir seine Geburt gefeiert. Wir haben gesungen: »Gott wird Mensch, dir, Mensch, zugute.« Die Kerzen am Christbaum haben uns erinnert: »Das ewig Licht geht da herein, gibt

der Welt ein neuen Schein.« Sie wissen ja, was Jesus später getan hat: Er bringt elenden Menschen gute Botschaft, er heilt zerbrochene Herzen, er tröstet Traurige ... Gottes Verheißungen werden wahr. Seitdem ist jedes Jahr ein gnädiges Jahr des Herrn, ein »annus domini«.

Die Lichter von Weihnachten werden verlöschen, aber die gute Botschaft von Jesus Christus begleitet uns weiter, das ganze Jahr hindurch. (Die vorgesehenen Kerzen am Christbaum entzünden.) Diese Altarkerzen leuchten zu jedem Gottesdienst; das ganze Jahr über erinnern sie uns an Gottes Verheißungen, die an Weihnachten unter uns Gestalt angenommen haben. Vielleicht heben Sie sich solch ein Erinnerungslicht auch daheim auf und zünden es an, wenn Sie es brauchen. Denn ich erwarte nicht, daß ab morgen alles ganz anders, ganz einfach ist, daß alle Sehnsucht gestillt und alle Trauer weggewischt ist. Das Licht erinnert: Gottes Gnade ist Mensch geworden in Jesus Christus. Seine Güte gilt mir, inmitten der Sehnsucht, inmitten der Trauer.

An Trauernde: Gott verspricht nicht, daß rückgängig gemacht wird, woran einem das Herz zerbrochen ist. Schmerz zeugt ja auch davon, daß kostbar war, worauf man zurückblickt. Gott verspricht aber, zerbrochene Herzen zu verbinden, so daß einer lebt mit der Wunde und mit dem Schmerz und doch den Blick allmählich heben kann und wahrnehmen, was um ihn und in ihm lebt, so daß er getröstet und getrost Schritte zum Leben gehen kann.

An Enttäuschte: Gute Botschaft kann sein, daß endlich sich erfüllt, worauf man solange gewartet hat. Gute Botschaft kann auch sein, daß Hoffnungen sich ganz anders erfüllen, als ich ursprünglich dachte. Gefährlich ist es, wenn ich so an meine Vorstellungen gebunden bin, daß ich blind werde für andere Wege. Gott verspricht den Gefangenen, daß sie frei und ledig sein sollen. So bitte ich ihn, mich zu öffnen für die Überraschungen, die er mir bereiten wird.

An Mutlose: Gottes guter Wille ist es, aufzubauen und nicht zu verwüsten, zu heilen und nicht zu verwunden. Damals versprach er: »Sie werden die alten Trümmer wieder aufbauen«. Es galt also sehr wohl, dabei anzupacken. Das war mühsam und dauerte länger als erwartet. Doch gegen alle Rückschläge und Widerstände verspricht Gott diesem Tun der Menschen seinen Segen: Es wird endlich gelingen, was ihr nach meinem Willen begonnen habt. Das war so mit den Trümmern Jerusalems damals, das gilt für Trümmer in unserer eigenen Vergangenheit. Es gilt für zerstörte Beziehungen unter Menschen und für die Welt, in die Gott uns hineingestellt hat, daß wir sie bebauen und bewahren.

Möglicher Schluß

Was mir im kommenden Jahr alles begegnen wird und was ich bewirken werde, weiß ich heute nicht. Ich weiß nicht, ob Gelingen oder Rückschläge, ob Schmerz oder Freude überwiegen werden. Trotzdem ist gewiß: Es wird ein gnädiges Jahr Gottes sein; das hat uns Jesus Christus versprochen. Es

wird ein Jahr der Gnade sein mit der Freude und mit dem Schmerz, ein gnädiges Jahr für mein Hoffen und für mein Sorgen. Was auch immer auf uns zukommt, es kommt ein Jahr der Gnade Gottes.
Am Ende – vielleicht dieses Jahres, gewiß aber am Ende der Zeit, die Gott uns zuteilt – am Ende werden wir ihn preisen: »Ich freue mich in dem Herrn und meine Seele ist fröhlich in meinem Gott. Er hat mir die Kleider des Heils angezogen und mich mit dem Mantel der Gerechtigkeit gekleidet.«

Kontexte

1. Wann kommt der Trost der Seinen?
In manchen Kirchen läßt sich Musik über die Lautsprecheranlage einspielen. Johann Sebastian Bach, Weihnachtsoratorium, 5. Kantate zum Sonntag nach Neujahr, bedenkt die Gegenwart Christi in unserem Leben, ausgehend von der Frage der Weisen: »Wo ist der neugeborene König der Juden?« (Matthäus 2,2). Im Terzett klagen Sopran und Tenor: »Ach, wann wird die Zeit erscheinen« – »Ach, wann kommt der Trost der Seinen?« Der Alt antwortet: »Schweigt, er ist schon wirklich hier.«

2. Wie wenn ein Stein in Tiefen stürzt
Jochen Klepper, Urfassung des Neujahrslieds »Der du die Zeit in Händen hast« (EKG 45). Die letzte Strophe lautete ursprünglich:
Der du allein der Ewige heißt
und Anfang, Ziel und Mitte weißt
im Fluge unserer Zeiten:
Laß – sind die Tage auch verkürzt,
wie wenn ein Stein in Tiefen stürzt –
uns dir nur nicht entgleiten!
»Der ursprüngliche Schluß des Liedes läßt unwillkürlich an die schwere Krise Jochen Kleppers im Entstehungsjahr des Liedes denken. Am 27. März 1937 ... erfuhr Klepper von seinem Ausschluß aus der Reichsschrifttumskammer. Im selben Monat war sein erster großer Roman ›Der Vater‹ erschienen ... Der Ausschluß ... bedrohte also seine öffentliche Wirksamkeit in eben jenem Moment, in dem diese sich entfalten wollte und konnte. Von daher gewinnt das Motiv der letzten drei Zeilen – der Stein, der sein Ziel nicht erreicht und vorzeitig in Tiefen stürzt – eine bestürzende, autobiographische Konnotation. ... Das Neujahrslied ist also ein ... Zeugnis für den bedrohlichen, vorzeitigen Abbruch des Lebenswerkes, der Klepper bereits im Frühjahr 1937 vor Augen stand. Es bezeugt aber auch ein im biblischen Wort atmendes Vertrauen, diesen unzeitigen Abbruch und die suizidale Resignation im Glauben überdauern zu können.«
(Der du die Zeit in Händen hast: Briefwechsel zwischen Rudolf Hermann und Jochen Klepper 1925–1942, hrsg. von Heinrich Assel. © Chr. Kaiser / Gütersloher Verlagshaus, Gütersloh.)

Epiphanias

Predigttext: Kolosser 1,24–27

Erhard Domay

Theologisch-homiletische Skizze

Eine äußerst fremdländische Textlandschaft! In düsterer Umgebung (»Leiden, Christusbedrängnisse, Verborgenheit«) blitzen irritierende Lichter auf (»ich freue mich, zur Fülle bringen, Enthüllung, Reichtum an Herrlichkeit«), und es erscheinen – ebenso faszinierend wie befremdend – Einzelheiten in einer rätselhaften Größe (»leide für euch, seinem Leib zugut«). Ganz und gar Körperhaftes (Fleisch, Leib, Leiden) steht in einer seltsamen Spannung zu Geistigem (Geheimnis, Herrlichkeit). Jetzt-Zeit (»jetzt« in Vers 24 und in Vers 26) und Endzeit (»was noch mangelt«) durchdringen einander und stellen diese eigenartige Landschaft in einen ebenso eigenartigen Zeit-Raum. Darin bewegt sich, beinahe schicksalhaft, ein Einzelner (»Diener nach dem Ratschluß Gottes«, ein »diakonos«). Zugang nur für Eingeweihte? So ist es in der Tat: Diese Textlandschaft wird ausdrücklich vor »den Heiligen zu Kolossae und den gläubigen Brüdern in Christus« (1,1) ausgebreitet. Es ist also anzunehmen, daß sie auch damals einem weiteren Publikum unzugänglich war. Aber: Dieser Insider-Text wendet sich *inhaltlich* gerade an die »Völker« (Vers 27), als deren letztgültige Hoffnung Christus *erschienen ist* und als deren Hoffnung Christus im Jetzt *erscheint*. »Die Völker« – das ist die (noch) nicht christliche Öffentlichkeit, die Welt der »Heiden« (wie Luther vorzugsweise zu sagen pflegte), die zwar vom Christusereignis bereits berührt und getroffen ist (das Kreuz ist ja mitten in dieser Welt aufgerichtet!), die aber (noch) nicht verstanden hat, was dieses Ereignis für sie bedeutet.

Eine homiletisch schon damals vertrackte Situation! Wie mögen diese »Heiligen und Brüder« in Kolossae die Botschaft dieses Briefes umgesetzt haben? Ohne Volkshochschuldidaktik, ohne Werbepsychologie, ohne Massenmedien müssen sie ziemlich aufgeschmissen gewesen sein. Wie bringt man unters Volk, was nicht auf Anhieb zu verstehen ist? Ganz einfach: Man setzt eine Autorität ein, die die Sache verdeutlicht und die dafür bürgt, daß sie wahr ist. Das geschieht »in der Existenz des Apostels, durch den sein Herr im ganzen Kosmos wirksam werden will. Die Macht des Christus, welche die ganze Welt durchdringt, ist nicht geheimnisvolle Naturkraft, sondern die Macht des Wortes und des Lebens des Apostels, der seinen Dienst im Schatten des am Kreuz gestorbenen Herrn tut, also schwitzend und frierend, hungernd und dürstend, geschlagen und beschimpft über die Straßen des Römischen Reiches zieht ... (Wie) sich Kinder an der Bretterwand des Sportplatzes um ein paar Astlöcher drängen, um durch sie hindurch wenigstens etwas von dem dahinter sich abrollenden Spiel zu sehen, so darf die Gemeinde lernen, immer wieder durch ein solches Astloch zu sehen und gewiß nicht das Ganze, aber doch da und dort ein Stück des großen Handelns Gottes zu sehen, der in der Person seines Apostels über die Erde zieht.« (Eduard Schweizer, Der Brief an die Kolosser. Ev.-kath. Kommentar zum Neuen Testament Bd. 12, hrsg. J. Blank / R. Schnackenburg / E. Schweizer / U. Wilckens, 3. durchgesehene Auflage 1989. © Benziger Verlag, Zürich / Neukirchener Verlag des Erziehungsvereins GmbH, Neukirchen-Vluyn.)

Nicht das Ganze sehen können, sondern zunächst einmal Details; dem Apostel mit einem gehörigen Stück Vertrauensvorschuß begegnen, wenigstens so lange, bis wir selbst einen Zugang zur Sache gefunden haben – so könnte ich das homiletische Problem in den Griff bekommen. Die Predigt als einen Blick durchs Astloch verstehen – warum eigentlich nicht? Auf diese Weise betrachtet, könnte die fremdländische Textlandschaft sich als ein reizvolles Übungsfeld für unsere Entdeckerfreude nützlich machen. Deshalb schlage ich vor, sie den Gemeindegliedern vor der Predigt als Textblatt in die Hände zu geben – und zwar in der folgenden altertümlichen Fassung der Wittenberger Lutherbibel-Ausgabe von 1545 (einem Sprachkunstwerk von hohem Rang!):

Die Epistel
An die Colosser.

24NV frewe ich mich in meinem Leiden / das ich
fur euch leide / vnd erstatte || an meinem Feisch /
was noch mangelt an trübsaln in Christo / fur seinen
Leib / welcher ist die Gemeine / 25welcher ich
ein Diener worden bin / nach dem göttlichen Pre-
digampt / das mir gegeben ist vnter euch / Das ich
das wort Gottes reichlich predigen sol / 26nemlich /
das Geheimnis / das verborgen gewesen ist von der
Welt her / vnd von den zeiten her / Nu aber offen-
bart ist seinen Heiligen / 27welchen Gott gewolt
hat kund thun / welcher da sey der herrliche Reich-
thum dieses Geheimnis vnter den Heiden (welches
ist Christus in euch) der da ist die Hoffnung der
herrligkeit /

Vorschläge zur Liturgie

Eingangsspruch
Gott, der gesagt hat »Aus der Finsternis soll Licht aufstrahlen!«, er ist es, der es in unseren Herzen hat aufstrahlen lassen, sodaß wir erleuchtet wurden durch die Erkenntnis von der Herrlichkeit Gottes auf dem Angesicht Christi. (2. Korinther 4,6)

Eingangsgebet
Herr Jesus Christus, du hast unser Menschenleben gelebt,
und du bist unseren Menschentod gestorben.

Du bist den Leidenden begegnet
mit deiner unauslöschlichen Hoffnung,
und die Kranken hast du angerührt
mit deiner heiligen, heilenden Kraft.
In dir ist die Herrlichkeit des Lebens erschienen;
und auferstehend vom Tode
hast du sie für uns
zur Gewißheit gemacht.
Darum loben wir dich,
und wir preisen deinen Namen.
Laß deine Herrlichkeit aufgehen
über allen Völkern der Erde! Amen

Schriftlesungen
1. Johannes 4,7–16
Lukas 17,20–21

Fürbitten
Herr, unser Gott, wir danken dir dafür,
daß mit deinem Sohn Jesus Christus
deine heilsame Gnade in der Welt erschienen ist.
Wir bitten dich für alle Menschen,
die Leid tragen, daß sie Kraft bekommen –
für verzweifelte Menschen, daß sie Hilfe finden
und Trost –
für einsame Menschen,
daß sie Freundschaften schließen können.

Für Menschen, die sich überfordert fühlen
von allem, was Tag für Tag zu tun ist,
bitten wir dich um das Gespür dafür,
was wirklich wichtig ist.
Wir bitten dich um Arbeit und Brot für alle,
die Arbeit und Brot entbehren müssen,
um Frieden für alle,
die Opfer der kleinen und der großen Gewalt sind.
Wir bitten dich für alle Menschen,
die Macht haben, daß sie nicht hart werden
und ungerecht.
Erscheine
in unserer kalten und unbarmherzigen Welt
als Barmherzigkeit und Liebe.
Für uns alle bitten wir dich,
daß du deine heilsame Gnade
immer wieder erneuerst.

Nimm dich der Menschen in Gnaden an,
für die wir in der Stille beten:

– Stille –

Vaterunser

Lieder
EKG 181 »Jauchzt, alle Lande, Gott zu Ehren!«; EKG 50 »O Jesu Christe, wahres Licht«; EKG 219 »O daß doch bald dein Feuer brennte«, Verse 1, 5 und 8.

Vorschlag zur Predigt

Liebe Gemeinde,
heute machen wir's einmal ein bißchen anders als sonst. Wir haben uns nämlich um eine ziemlich unübersichtliche Briefstelle des Apostels Paulus zu bemühen. Von ihm sind wir ja einiges gewohnt, was komplizierte theologische Gedankengänge betrifft. Mich wundert es immer wieder, daß die Leute das damals verstanden haben. Schließlich waren sie keine Schriftgelehrten oder so, sondern ganz normale Menschen, Durchschnittstypen eben, Männer hauptsächlich, aber die haben sicher zu Hause über den Brief erzählt, der ihnen vorgelesen worden war; sie haben auch bestimmt versucht, etwas von dem weiterzugeben, was darüber gesagt worden ist und vor allem darüber, wozu das Ganze überhaupt gut sein soll. Geschäftige Frauen, Kindergeschrei, Nachbarn, die 'mal eben reinschauen, um zu hören, was es Neues gibt – in diese ganz gewöhnliche Normalität hinein also platzt die Rede von einem Brief wie diesem, um den es heute geht! Er ist sozusagen an eine eingeweihte Minderheit unter den Christen gerichtet. Paulus nennt sie »Heilige« und »gläubige Brüder in Christo«. Eine Männergruppe erscheint vor unseren Augen, die anders ist als die anderen. Nach außen hin mag das nicht so auffällig gewesen sein. Aber nach innen hin waren sie schon etwas Besonderes, Herausgehobenes: Heilige, Christusgläubige. Herausgehoben unter diesen Herausgehobenen: Paulus. Eine Autorität in Sachen Christusglauben. An seiner hohen Position rüttelt auch die Tatsache nicht, daß er sich selbst »diakonos, Diener« zu nennen pflegt. Ich glaube, er meint das wirklich so, daß er ein Diener ist. Aber er ist auch ein Herr. Ein Herr, der ein Diener sein will. Einer, dem die Leute abnehmen, was er sagt und tut. Wenn das der Herr Paulus sagt – da muß schon 'was Wahres dran sein, der ist ja nicht Irgendwer, sondern der läßt sich's 'was kosten; der nimmt sogar Nachteile und Leiden in Kauf. So mögen die Leute gedacht haben, als ihnen diese fremdartigen und schwierigen Worte zu Ohren kamen.

Damit wir etwas von der Fremdartigkeit und Schwierigkeit nachvollziehen können, habe ich Ihnen die fragliche Briefstelle im Wortlaut der Lutherbibel von 1545 auf ein Blatt Papier kopiert, das unsere Konfirmandinnen und Konfirmanden gleich austeilen werden. Bitte fangen Sie nicht gleich mit Lesen an; ich möchte den Text erst einmal vorlesen. Er ist nämlich ein kleines Sprachkunstwerk!

Konfirmandinnen und Konfirmanden teilen die Textblätter aus. Langsames und deutliches Vorlesen des Textes, das die ungewohnten Klänge und Wortbildungen betont und keinesfalls »überliest«.

Zum Glück rauscht so ein Brieftext nicht vorüber wie eine Rundfunkmeldung. Wir können ihn nachlesen – so oft wir wollen.
Das tun wir jetzt auch.
Wir nehmen uns ein paar Minuten Zeit, um ihn auf uns wirken zu lassen. Wir registrieren dabei, worüber wir sozusagen stolpern, was uns gefällt, was uns fasziniert oder was uns vielleicht sogar abstößt. Wenn Sie Lust haben, können Sie Markierungen auf dem Blatt machen. Unsere Konfirmandinnen und Konfirmanden halten einige Körbchen mit Bleistiften bereit. Vielleicht wollen Sie Ihre Entdeckerfreude auch auf das Textmuster richten? Das wäre eine geeignete Spezialaufgabe für euch, liebe Konfirmandinnen und Konfirmanden: Unterstreicht doch einmal alle Gegensätze, die Ihr finden könnt!

Einige Minuten Pause zur Beschäftigung mit dem Textblatt. Der (an Epiphanias wahrscheinlich nicht sehr zahlreichen) Gemeinde genug Zeit lassen, daß sie sich im Text zurechtfinden kann. Die Konfirmandinnen und Konfirmanden benötigen zusätzlich eine moderne Übersetzung.

Zum weiteren Vorgehen

a) Sich von den Konfirmanden und Konfirmandinnen die Gegensatzpaare zurufen lassen. Zum Beispiel: Freude – Leid; geheim – offenbar; Trübsal in Christo – Hoffnung der Herrlichkeit; damals (von der Welt und den Zeiten her) – jetzt.
Folgende Gedankenschritte lassen sich daran anknüpfend ausführen:
Ein spannungsreiches, kontrastreiches Textmuster.
Es wirkt sehr lebendig und umfaßt eine enorme Weite (nach innen: was geheim ist – nach außen: was uranfänglich ist).
Es ist dynamisch: Etwas will sich zeigen, drängt nach außen, will sichtbar werden, erscheinen.
Es gibt ein Zentrum, ganz in der inhaltlichen (Christus) und formalen (die Predigt vom Geheimnis des Wortes) Mitte.
Dieses Zentrum liegt nicht nur im Text, sondern auch in der Mitte der Menschen, die sich mit dem Text befassen, also in der Mitte eines jeden und einer jeden von uns (»Christus in euch«).

Der Clou: Christus ist in uns verborgen und will sichtbar werden.
Er will sichtbar werden in dem, was wir sagen und in dem, was wir tun.
Wo Christus sichtbar wird, wird auch Leiden sichtbar. Christsein ist keine Fête unter einem Himmel, der voller Geigen hängt. Die dunklen Farben gehören zu dem Textmuster dazu wie die strahlend hellen Farben. Würde eine Farbe dominieren – wie langweilig!
So kann das Textmuster gelesen werden wie das Muster unseres Lebens. Es ist und bleibt spannungs- und geheimnisvoll.

b) In einer kleinen Kirche mit einer kleinen Gemeinde wäre der Versuch eines Gespräches über Eindrücke, die der Text bei einzelnen Hörerinnen und Hörern (bzw. Leserinnen und Lesern) gemacht hat, sicher lohnenswert. Ein Rundgang im Text, von einer Einzelheit zu einer anderen gelangend, würde wahrscheinlich interessante Einblicke geben – natürlich auch in das, was der Text in den Menschen in Bewegung gebracht hat.
Ein abschließendes Statement der Pfarrerin oder des Pfarrers könnte herausarbeiten, daß Christus auch die Hoffnung desjenigen Teils der Welt ist, der auf andere »Größen« ihre Hoffnung setzt. Christus – das lebenspendende Geheimnis der Welt: eine tragfähige Aussage gegenüber hoffnungsmüden und pessimistischen Sichtweisen der Welt! – Zum anderen Textschwerpunkt »Leiden« siehe unter c).

c) Sozusagen stellvertretend für ein mögliches Echo auf den Text predigen. Deutlich machen, daß dies keineswegs das einzig Mögliche und schon gar nicht das einzig »Richtige« ist! Das Wort Gottes reichlich predigen, schließt einen großen Reichtum von Möglichkeiten, Aspekten und Ausblicken ein. Die Theologie der »Laien« steht nicht hinter der Theologie der Fachleute zurück – vor allem dann nicht, wenn es um ihre Umsetzung in den Alltag geht. Theologie ist tatsächlich Dienst – sie dient dem Leben! Nachdem das »Predigampt« auf diese Weise demokratisiert worden ist, dürfen Predigerinnen und Prediger nun auch sagen, was *ihnen* an dieser Briefstelle wichtig und fraglich ist.

Mich hat zunächst der beinahe mystische Sprachduktus des Paulus (Christus in euch) tief berührt. Der Christus, der aus seinem In-mir-wohnen heraus will und durch mich (!) in meiner Welt Gestalt gewinnen möchte, eine Art unaufhörliche Christgeburt – das ist eine spirituelle Tiefendimension des Textes, die dem Leiden (das Paulus für die Gemeinde leidet) jeden selbstquälerischen und erst recht jeden selbstrechtfertigenden Zug nimmt. Wenn Christus zur Welt kommt, sind Schmerz und Leid mitgegeben. Menschwerdung gibt es nicht ohne Passion.
Ich möchte diese tiefen Zusammenhänge nicht mit vordergründigen Erklärungen zerreden, sondern das Geheimnis unangetastet lassen. In drei Schritten möchte ich das Echo beschreiben, das der Text bei mir ausgelöst hat:

Ich muß lernen, leidensfähig zu werden (mir und anderen zugut): Leiden wahrnehmen, ihm standhalten, es annehmen und überwinden.

Ich muß lernen, glaubensfähig zu werden (wiederum mir und anderen zugut):

Sehen und empfinden, wie Christus erscheint; durch ihn wachsen – hin zu einem vollen und reifen Menschsein; die Welt Gottes für das nehmen, was sie ist: wahr und vollkommen. Daraus Hoffnung schöpfen – und den Mut zu dienen.

Ich muß lernen, daß leidensfähig sein und glaubensfähig sein mich lebensfähig machen. Mein Leben und alles Leben in dieser gefährdeten Welt liebgewinnen – Gott erscheint in mir als Lebensmächtigkeit. Nun freue ich mich an meinem Leben. Und leise (nur für mich allein und ohne Anspruch für andere) spreche ich dem Herrn Paulus nach: »nu frewe ich mich in meinem Leiden ...«. Pst! Dies ist keine himmelhochjauchzende Freude zum Ausflippen, sondern eine von der stillen Art, die mir nicht ohne Weiteres anzusehen ist. Sie ist ein Geheimnis, und das ist gut so.

Kontexte

Fro hoffunge, ich bitte vch,
Das ir zesamen bindent alle min herzenwunden,
Die mir die mine hat gesclagen,
Dc ich je behalte den gotz segen,
Was mir vngemaches werde gegeben.
(Mechthild von Magdeburg: Von Offenbarungen einer liebhabenden Seel. Aufgeschrieben ab 1250. Der Text wurde herausgegeben von P. Gall Morel: Offenbarungen der Schwester Mechthild von Magdeburg, Darmstadt 1980. Das Zitat steht im 7. Buch, 48. Kapitel)

Frau Hoffnung, ich bitte Euch,
daß Ihr verbindet alle meine Herzenswunden,
die mir die Liebe geschlagen hat,
daß ich immer in Gottes Segen bleibe,
was an Leid mir auch gegeben werde.

Als die schwangere Felicitas im Kerker ihre Wehen bekommt und den Schmerz kaum aushalten kann, spricht der Gefängniswärter sie mit den Worten an: Wenn du schon jetzt so sehr leidest, was wirst du erst angesichts der wilden Tiere tun?, worauf Felicitas antwortet: Jetzt bin ich es, die leidet, dort aber wird ein anderer in mir für mich leiden!
(Zitiert in: Die dunkle Nacht der Sinne. Leiderfahrung und christliche Mystik. Hrsg. von Gotthard Fuchs. © Patmos Verlag GmbH, Düsseldorf 1989.)

Gibt's das denn: Freude im Frust?

Predigt in einem Gottesdienst mit Konfirmandinnen und Konfirmanden über Kolosser 1,24–27

Klaus Schäfer

Liebe Konfirmandinnen und Konfirmanden,
Ihr seid heute morgen in diesen ausgesprochen für Erwachsene gedachten Gottesdienst gekommen, um zu beobachten, was vorgeht und wie Ihr Euch dabei fühlt, vor allem nachher beim Abendmahl.
Mit dem Gottesdienst habt Ihr's ja schwer; also seht und hört 'mal genau hin, überlegt einmal, spürt dem nach, was Ihr erlebt! Eins wißt Ihr natürlich längst: In jedem Gottesdienst wird auch ein Stück aus der alten Büchersammlung gelesen, die wir Bibel nennen. Wir versuchen, aus diesen uralten Worten etwas Gutes für unser Leben jetzt herauszuhören. Damit wir's damit etwas leichter haben, habe ich diese Worte für uns übersetzt. Sie stehen in einem Brief, den der Missionar Paulus an Menschen in der Stadt Kolossae geschrieben haben soll, an Leute, die noch nicht lange Christen waren und die vorher andere Gottheiten und Mächte verehrt hatten, noch nicht den Gott der Juden, den Gott Jesu. Paulus (oder eine Frau oder ein Mann aus seinem Freundeskreis) schreibt:
»Zur Zeit mache ich viel durch. Aber in diesem Leiden bin ich trotzdem froh. Denn sie bringen euch ja etwas.
Es ist ja jetzt, seitdem Jesus in der Welt war, eine Zeit gekommen, in der wir etwas tun können, um die Heilung der ganzen Welt vorbereiten zu helfen. Es ist die Zeit gekommen, in der der heilsame Geist Jesu mitten in der Welt praktisch-leibhaftig wirksam werden möchte. Und das geht eben nicht ohne Einsatz, nicht ohne Kampf und ohne Leiden für die Menschen, die dabei mitmachen.«
»Ich mache viel durch – und bin mitten drin fröhlich« – das möchte ich mit Euch und mit Ihnen noch ein bißchen genauer wissen. Gibt's das denn: Freude im Schmerz, Spaß im Frust? Und wenn es so etwas gibt: Wie kommt ein Mensch in diese Art Freude hinein? Woher nimmt er oder sie die Freude, wenn alles ganz schlecht aussieht?
Ich denke, liebe Konfirmandinnen und Konfirmanden, liebe Erwachsene, das gibt es tatsächlich, daß es einem nicht gut geht und daß man zugleich doch mit sich einverstanden ist, daß man es so haben will, daß man sich sogar gut dabei fühlt.
Also: Zum Beispiel ist eine von Euch eine begeisterte Reiterin. Da nimmt sie doch alles auf sich, was dabei streßt und frustet: Stalldienst, Training,

Muskelkater, blaue Flecken ... So etwas gehört einfach dazu, nur *so* lernt man das Reiten, und der Spaß daran zählt mehr als die Schinderei.
Mir ist noch ein zweites härteres Beispiel eingefallen: Es kommt ja vor, daß sich Eltern voneinander trennen. Es kann sein, daß das besser ist als zusammenzubleiben. Aber: Es ist *hart*, auch und gerade für die Kinder und Jugendlichen in der Familie. Von Spaß und Freude ist da gewöhnlich nicht die Bohne zu spüren. Und doch muß die Trennung sein, es geht so nicht weiter, man würde sich gegenseitig bloß kaputtmachen. Also müssen alle, Eltern und Kinder, da durch: durch die Auseinandersetzungen, den Streß, den Schmerz. Anders kommt irgendeine Lebensfreude sicher nicht wieder. Alle müssen die Situation akzeptieren. Und sie akzeptieren das Problem und damit auch sich selbst – und wenn sie sich im Augenblick auch noch so unwohl in ihrer Haut fühlen.
Es gibt das also wirklich, was Paulus da von sich selbst schreibt: Es geht mir schlecht – und irgendwie geht es mir genau deshalb gut. Nur: Woher kommt seine Freude?
Bitte denkt noch einmal an die Beispiele! Da gab es immer eine *ganz bestimmte Sache*, die tief in uns drinnen Spaß macht, die aber ohne Streß und ohne Frust nicht zu machen ist. Durch Härten hindurchgehen und so ein glücklicher, seelisch freier und gesunder Mensch werden. Diese Sache ist so schön und wichtig, daß sie jede Mühe und auch den größten Schmerz lohnt.
So ist es auch bei Paulus. Er schreibt den Christen in Kolossae, was ihm so großen Spaß macht, daß er dabei freiwillig viel Frust auf sich nimmt: »Ich kann jetzt schon die Heilung der Welt vorbereiten.« Die Welt total in Ordnung bringen, alle Probleme aus ihr fortschaffen – das kann ich nicht. Aber die Sache Jesu fortsetzen und hoffen, daß er sie irgendwann ganz zu einem guten Ende bringt – das kann ich, und das will ich! Die Welt ist mir nicht egal. Sie soll nicht kaputtgehen. Sie ist mir viel Mühe, auch Kampf, auch persönliche Schwierigkeiten und Niederlagen wert. Ich helfe mit, sie zusammenzuflicken, wo das möglich ist – so gut ich eben kann.
Das sind große Worte. Sie sind aber ganz praktisch und bescheiden gemeint. Ich sag's mit einem Beispiel:
Ein befreundetes Ehepaar hat einen Sohn. Er ist ziemlich schwer körperbehindert und hat es auch mit dem Lernen schwer. Von Kind auf wurde er deshalb gehänselt, fertiggemacht. Er wurde zum Einzelgänger, scheu, ängstlich, schwierig. Jetzt ist er siebzehn. Seine Mutter erzählte mir, daß er sich verändert hat. Er ist erschrocken über die Neonazis und die Skinheads. Und jetzt trainiert er in einem Sportverein, um sich wehren zu können. Und er macht mit bei einer neuen Band, die eigene Musik gegen rechts machen will, in Schulen gehen und junge Leute ansprechen will.
Also: Einer, der es schwer hat, merkt, was er ganz persönlich dafür tun kann, daß die Welt um ihn her nicht noch mehr kaputtgeht. Er engagiert sich gegen die Typen, die Behinderte angreifen, Kinder in Brand stecken

und ein ganzes Land in Angst und Schrecken versetzen. Ein schwieriger, ängstlicher, belasteter Junge spürt etwas von der Sache, für die Jesus gelebt hat – und für die er gelitten hat: nämlich daß wir die Welt schützen, aufbauen und das Leben bewahren sollen.

Glaubt mir, liebe Konfirmandinnen und Konfirmanden, glaubt mir, liebe Erwachsene: Jesus kann Euch alle, kann Sie alle für seine Sache gut gebrauchen! Er zeigt uns allen immer noch und immer wieder eine Möglichkeit, seine Sache voranzubringen. Es ist vielleicht sehr schwer, manchmal, aber es lohnt sich.

Amen

1. Sonntag nach Epiphanias

Predigttext: 1. Korinther 1,26–31

Ingrid Adam

Theologisch-homiletische Skizze

1. Die Exegeten gehen davon aus, daß Paulus hier die soziale Schichtung der Gemeinde beschreibt, an die er seinen Brief richtet. Wenn das stimmt, dann sind daraus Konsequenzen für das Verständnis der Perikope zu ziehen: für diese Gemeinde kann Paulus keine hochtheologische christologisch-soteriologische Dogmatik in Kurzform geschrieben haben – die Leute hätten ihn gar nicht verstanden. Ich lese daher Paulus als Seelsorger, der die Gemeinde in einem konkreten Problem berät und tröstet, und beobachte, wie er das macht und wie er dabei argumentiert.
Die Perikope hat zwei argumentative Spannungsbögen: Verse 26–29 und Verse 30f. Beide gipfeln in Aussagen über das (falsche bzw. richtige) Sich-Rühmen. Wenn dieses Stichwort für Paulus so wichtig ist, dann könnte das Problem der Gemeinde darin bestehen, daß andere Gemeinden/Gruppierungen etwas haben, dessen sie sich rühmen (Namen, Programme, kluge Köpfe – wir kennen sie aus dem Kontext), und daß die Gemeinde, an die Paulus schreibt, bei diesem Wettbewerb nicht mithalten kann (aber meint, es zu müssen). Paulus *tröstet* seine Leser, indem er schreibt, daß Gott sich gerade die Einfältigen, Machtlosen (also Leute wie sie) ausgesucht hat, m.a.W.: daß sie bei diesem Wettbewerb gar nicht anzutreten brauchen, weil sie ihn – aus der Sicht Gottes – schon von vornherein gewonnen haben (das ist in nuce die paulinische Rechtfertigungslehre – sola gratia). Die *Argumentation* des Paulus ist etwas delikat, weil sie den Eindruck aufkommen läßt, Gott habe sich der Einfältigen usw. nur bedient, um die anderen zu demütigen. Sie wären damit instrumentalisiert, und dieses Denken will ich dem Paulus nicht unterstellen. Hier liegt auch eine Gefahr für die Predigt: Es darf nicht so klingen, als habe Gott etwas gegen kluge und einflußreiche Menschen *als solche* – damit wären falsche Fronten aufgerichtet. Ich denke, Paulus hat hier für die etwas einfältigen, trostbedürftigen Gemüter Schwarz-Weiß-Malerei betrieben und sie »getröstet«, indem er den von ihnen Beneideten einen Seitenhieb versetzte. Es kommt vielmehr auf die *Gefahr* an, die hinter dem Etwas-Können oder Etwas-Sein lauert: daß die Betroffenen sich etwas darauf einbilden und damit »auftrumpfen« (so das NT '68), vor Gott (oder den Menschen, möchte ich hinzufügen).
Die Verse 30f. haben mir viel Kopfzerbrechen bereitet, denn eigentlich sollte man hier die (christologische) Begründung des zuvor Geschriebenen erwarten. Das en-Christo-Sein versteht man als Theologin ja noch (die Übersetzung im NT '68, »Gemeinschaft mit Jesus Christus«, trivialisiert zwar die theologischen Implikationen des Paulus etwas, ist aber brauchbar). Aber warum ist uns »Christus gemacht zur Weisheit und zur Gerechtigkeit« usw.? Warum werden ausgerechnet *diese* vier Begriffe Christus zugeordnet? Was ist das für eine Logik, was für eine Argumentation? Inzwischen denke ich, daß Paulus hier jene Parolen (Schlagworte) aufgreift, welche die vier Gruppen auf ihre Fahnen geschrieben haben, neben denen die angeschriebene Gemeinde sich so bedeutungslos vorkommt. Vier Schlagworte, jedes für sich inhaltsschwer, mit denen diese Gruppierungen für sich werben (bzw. womit sie sich brüsten): bei der einen war »Weisheit« (sophia!) zu bekommen, bei der zweiten »Gerechtig-

keit« das erstrebenswerte Ziel usw. Es steckt also gar keine Logik hinter der Zuordnung just *dieser* Begriffe zu Christus, sondern Paulus greift Stichworte auf, die die Leser kennen und die ihnen etwas sagen und Probleme machen: Für welches dieser Angebote sollte man sich entscheiden? Was war, wenn man alle vier für wichtig hielt? Und sie selber hatten das alles nicht zu bieten ... Und nun lautet die Botschaft des Paulus: Verrenkt euch nicht die Köpfe nach diesen hochgesteckten Parolen, denn weil ihr »in Christus« seid, habt ihr das alles auf einmal, Gott hat das so gemacht! (Also wieder: ihr braucht in den Wettbewerb gar nicht einzutreten, denn ihr habt ihn von vornherein schon gewonnen.) Und – um im Bild zu bleiben –: Auf *eurer* Fahne – wenn's denn unbedingt eine sein muß – braucht nur das Kreuz zu sein.
2. Für mich stellt sich die Frage nach dem richtigen bzw. falschen Sich-Rühmen heute auf dem Hintergrund der paulinischen Rechtfertigungslehre als Frage danach, woher Menschen ihr Selbstwertgefühl und ihre Identität beziehen (diese Frage kann man sich, analog zu der Gemeinde in Korinth, auch für eine Gemeinde oder die Kirche stellen): aus Erfolgen, Leistungen, Macht, Reichtum, Ansehen – also aus Dingen, die sie sich selber zuschreiben können und für die sie sich anstrengen müssen, um im Wettbewerb mithalten zu können (es ist auch eine Frage der Wertmaßstäbe), oder aus sich selbst, ihrem Glauben, ihrer Authentizität heraus.
Diese Frage wird heute noch verschärft durch die Überzeugung von der »Machbarkeit«, der Herstellbarkeit von Glück, Fortschritt, Sicherheit, Gesundheit, Zufriedenheit, Stabilität usw., die nicht nur besagt, daß man (als Individuum, Gruppe, Institution) alles »in den Griff kriegen« *kann*, wenn man sich recht anstrengt, sondern daß man es *muß* (sich selbst, sein Leben, soziale Probleme, den Hunger in der Welt, die Flüchtlingsströme, selbst den Tod). Im Sinne unserer Perikope wäre hier für mehr Gelassenheit, Geduld und Gottvertrauen zu plädieren – nicht als Passivität, sondern als Bescheidenheit und Beschränkung auf das, was wirklich zu leisten ist (und als Verzicht auf die Moralisierung dieser Probleme).

Vorschläge zur Liturgie

Lesung

Das Gleichnis von den anvertrauten Talenten (Mt 25,14–30)
oder, mehr meditativ:
Endlich einer, der sagt: »Selig die Armen!« / und nicht: Wer Geld hat, ist glücklich! / Endlich einer, der sagt: »Liebe deine Feinde!« / und nicht: Nieder mit den Konkurrenten! / Endlich einer, der sagt: »Selig, wenn man euch verfolgt!« / und nicht: Paßt euch jeder Lage an! / Endlich einer, der sagt: »Der Erste soll der Diener aller sein!« / und nicht: Zeige, wer du bist! / Endlich einer, der sagt: »Was nützt es dem Menschen, wenn er die ganze Welt gewinnt!« / und nicht: Hauptsache vorwärtskommen! / Endlich einer, der sagt: »Wer an mich glaubt, wird leben!« / und nicht: Was tot ist, ist tot!
(Josef Dirnbeck / Martin Gutl, aus: Ich begann zu beten. Texte für Meditation und Gottesdienst, 7. Auflage 1992, Verlag Styria Graz Wien Köln)

Lieder

EKG 206; 208; 211; 233,3–5

Kollektengebet
Herr, öffne uns die Augen, daß wir sehen, was zu sehen ist, / öffne uns die Ohren, daß wir hören, was zu hören ist, / öffne uns die Lippen, daß wir sagen, was zu sagen ist, / öffne uns den Verstand, daß wir denken, was zu denken ist, / öffne unsere Herzen, daß wir lieben, was zu lieben ist.
(Quelle unbekannt)

Vorschläge für die Predigt

Anfang: Liebe Gemeinde! Eine Legende erzählt von einem abgelegenen Kloster mitten im Wald. Die Mönche in diesem Kloster waren fromme Männer, die Gott ergeben waren. Sie hatten nur *einen* Kummer: sie konnten allesamt nicht singen. Sie krächzten mehr als sie sangen, und das machte sie traurig, denn sie hätten den Herrn gern durch geziemenden Gesang gelobt. Am traurigsten waren sie bei der Weihnachtsmesse, da hätten sie gern jubiliert und Gott mit den schönsten Tönen für das Geschenk seines Sohnes gedankt, aber nie gelang es ihnen. – An einem kalten Dezembertag klopfte ein junger, halb verhungerter und erfrorener Mönch an ihre Klosterpforte und bat um ein Nachtlager. Die Mönche nahmen ihn freundlich auf und pflegten ihn gesund. Als er kräftig genug war, um wieder an der Messe teilnehmen zu können, hörten sie, was für einen Schatz sie da geborgen hatten: Er hatte eine wunderbare Stimme! So baten sie ihn, noch bis Weihnachten dazubleiben und in der Messe an ihrer Stelle zu singen, und so geschah es. Der junge Mönch füllte mit seiner Stimme die kleine Kapelle, und diese hatte so etwas Wunderbares noch nie zu hören bekommen. Die Mönche waren glücklich: Endlich einmal wurde der Herr so richtig gelobt und mußte sich nicht mit ihrem Krächzen zufriedengeben! – In der folgenden Nacht erschien ein Engel bei den Mönchen. Er machte ein trauriges Gesicht und sagte zu ihnen: »Ihr habt den Herrn erzürnt, weil ihr an Weihnachten nicht gesungen habt!« Die Mönche erschraken und stammelten: »Aber der junge Mönch hat doch so wunderbar gesungen! Hat das dem Herrn keine Freude gemacht?« – »Nein«, sagte der Engel, »der junge Mönch ist eitel. Er hat nur für sich gesungen. Aber ihr singt mit euren Herzen, und die Stimme eurer Herzen hat dem Herrn in diesem Jahr beim Weihnachtskonzert gefehlt.« Das ließen sich die Mönche eine Lehre sein und sangen hinfort ihre Messe wieder selber – krächzend, aber mit ihren Herzen.
Liebe Gemeinde, so ähnlich wie diese Mönche müssen sich die Mitglieder der Gemeinde in Korinth vorgekommen sein, an die Paulus hier schreibt: Was haben wir schon zu bieten? Was für eine armselige Versammlung von Menschen sind wir doch: Elende, Schwache, Verachtete. Da gibt es doch ganz andere Gemeinden ... Aber Paulus tröstet sie. Er tröstet sie, wie der Engel in der Legende die Mönche tröstet: Gerade *ihr* gefallt dem Herrn! Gerade *euch* hat er sich ausgesucht. Und das nicht, *obwohl* ihr nichts zu bieten habt, sondern gereade *weil* ihr nichts zu bieten habt. Denn wer etwas

»zu bieten« hat (oder meint, er habe etwas zu bieten), der neigt dazu, sich etwas darauf einzubilden. In der Legende sagt der Engel: »Der junge Mönch ist eitel. Er singt nur für sich selbst.« Paulus schreibt: »Vor Gott soll sich kein Mensch rühmen.« Es ist dasselbe: wer etwas kann, wer etwas hat, der vergißt leicht, daß er es als Geschenk, als Gabe Gottes empfangen hat, und bildet sich ein, er habe alles selbst erreicht.

Zum weiteren Verlauf

a) (als Predigt über den eher individuellen Bereich des Konkurrierens):
»Das klingt ja zunächst einmal sehr hart: so, als sei Gott darauf aus, daß wir uns alle wie Nichtse vorkommen sollen, die nichts können dürfen, um von Gott geliebt und erwählt zu werden ... Aber die Sachlage ist ein wenig anders, wenn wir bedenken, *zu wem* in beiden Fällen, in der Legende und bei Paulus, geredet wird: es ist ja keine Strafpredigt für Leute, die etwas können und haben, sondern ein Trost und eine Ermutigung für die, die sich zu gering vorkommen. Und denen wird gesagt: vergleicht euch doch nicht mit den anderen, von denen ihr meint, sie seien besser (wertvoller, bedeutender, erfolgreicher) als ihr! Gottes Maßstäbe sind anders als die Maßstäbe der Welt ...«
Weitere Gedanken dazu: Welche Wertmaßstäbe gelten z.Zt. bei uns? Wie muß »man« sein, was muß man leisten (»bringen«!), um mithalten zu können? (Z.Zt. muß man m.E. gestreßt, informiert, engagiert, »betroffen« sein, mancherorts aber auch stromlinienförmig und gestylt; man muß Terminschwierigkeiten haben und unter Druck stehen). Was ist Imponiergehabe, welche Fassaden meinen wir aufrechterhalten zu müssen? – Wenn wir uns von Paulus davon überzeugen lassen, daß das alles nicht nötig ist, hat das Folgen für die Maßstäbe, die wir an andere anlegen ...
b) (als Predigt im Hinblick auf die Situation der Kirche bzw. der eigenen Gemeinde):
Welche »Konkurrenten« gibt es, die wir fürchten wie einst die Korinther die ihren (Parteien, Jugendsekten, Freizeitkultur, Ersatzreligionen)? Was haben diese Konkurrenten auf ihre Fahnen geschrieben, was bieten sie an, womit locken, verführen sie? Was können sie wirklich besser als wir? Was haben wir dagegenzusetzen, können/müssen wir überall mithalten? Müssen wir alle modernen Trends mitmachen, alles *auch* können und bieten? Sollten wir als Christen es uns nicht manchmal erlauben, auch Fragen zu stellen, auf die wir selber keine Antwort wissen?
Ich möchte hier nicht zu aggressivem Wehklagen über Kirchenaustritte und zu geringen Gottesdienstbesuch anregen (wir haben keinen Grund zum Klagen: es ist noch keiner Organisation und keinem Verein gelungen, über Jahrhunderte hinweg jeden Sonntag 5 % ihrer Mitglieder auf die Beine zu bekommen!), sondern zu einer liebevollen (!, man nehme sich ein Beispiel an Paulus!) Besichtigung der eigenen Kirche bzw. Gemeinde und deren Möglichkeiten, Grenzen, Vorzügen, der Belastbarkeit und der von außen herangetragenen oder selbstproduzierten Überforderungen ...

Schlußgedanken zu beiden Vorschlägen:
»Gottes Maßstäbe sind anders als die Maßstäbe der Welt. Und deshalb können auch *unsere* Maßstäbe anders sein. Nach Gottes Maßstäben schlagen Äußerlichkeiten (Erfolg, Ansehen, Leistung, Zahlen) nicht zu Buch – weder positiv noch negativ. Deshalb brauchen wir uns auch nicht so fürchterlich abzurackern, um es den anderen gleichzutun oder gar sie zu überbieten. Jeder wird nur an dem gemessen, was ihm an Begabungen und Fähigkeiten mitgegeben ist und was er daraus macht. Wie sagte der Engel in der Legende zu den Mönchen, die nicht singen konnten und sich so darüber grämten? ›Ihr singt mit euren Herzen, und die Stimme eurer Herzen hat dem Herrn in diesem Jahr im Weihnachtskonzert gefehlt‹ ...«
Ein denkbarer Abschluß wäre auch der Vers von Oetinger: »Herr, gib uns die Gelassenheit, Dinge hinzunehmen, die wir nicht ändern können. Gib uns den Mut, Dinge zu ändern, die wir ändern können, und gib uns die Weisheit, das eine vom andern zu unterscheiden.«

Kontexte

Die Nachtlager
Ich höre, daß in New York / an der Ecke der 26. Straße und des Broadway / während der Wintermonate jeden Abend ein Mann steht / und den Obdachlosen, die sich ansammeln / durch Bitten an Vorübergehende ein Nachtlager verschafft. // Die Welt wird dadurch nicht anders. / Die Beziehungen zwischen den Menschen verbessern sich nicht. / Das Zeitalter der Ausbeutung wird dadurch nicht verkürzt. / Aber einige Männer haben ein Nachtlager. / Der Wind wird von ihnen eine Nacht lang abgehalten. / Der ihnen zugedachte Schnee fällt auf die Straße. // Lege das Buch nicht nieder, der du das liesest, Mensch. // Einige Menschen haben ein Nachtlager. / Der Wind wird von ihnen eine Nacht lang abgehalten. / Der ihnen zugedachte Schnee fällt auf die Straße. / Aber die Welt wird dadurch nicht anders. / Die Beziehungen zwischen den Menschen bessern sich dadurch nicht. / Das Zeitalter der Ausbeutung wird dadurch nicht verkürzt. (Bert Brecht)

Empfehlenswert zu lesen ist auch »Das Lied von der Unzulänglichkeit menschlichen Strebens« von Bert Brecht.

Geduld
Geduld ist in der Berge langem Bleiben / Und in der Ewigkeit des Regenfalls. / Geduld ist eines Baumes stetig Treiben / Und der gestrahlte Ausbau des Kristalls – / Wo ist ein Ding, das anders sich vollende? // Vollkommen ist der Same. Und vollkommen / ist auch der Keim. Ist Ast und Schaft und Blatt. / Warum hast du dies Herz nicht angenommen? / Nur, weil es seine Blüte noch nicht hat? / Vielleicht braucht es zum Aufblühn deine Hände – // Ach, Gott ist anders! Sieht er dem Verwandeln / Der Seele nicht groß und gelassen zu? / Und zieht er um sich entfaltend Handeln / Nicht einen Horizont von Raum und Ruh, / Den die Gestirne überschneiden? // Himmlischer Einklang – sphärisches Entzücken! / Wenn nur die Seele dies begreift und nicht / Sich anmaßt, selbst ihr Zentrum zu verrücken, / Sich selbst begibt in ein ihr fremdes Licht – / Geduld ist Wachsen. Ungeduld wird Leiden.
(Ina Seidel, »Gedichte«. © 1955 Deutsche Verlags-Anstalt GmbH, Stuttgart)

2. Sonntag nach Epiphanias

Predigttext: 1. Korinther 2,1–10

Birgit Brügge-Lauterjung

Theologisch-homiletische Skizze

Es sind verschiedene Themen paulinischer Theologie, die in diesem Textabschnitt anklingen. Beherrschendes Schlüsselwort ist jedoch zweifellos der Begriff »Weisheit«. Was zur Zeit des Paulus ein, wenn auch schillernder, so doch allgemein gebräuchlicher Begriff war, ist bei heutigen Hörerinnen und Hörern in der Regel nur noch sprichwörtlich in Gebrauch. Daß das bei Paulus mit sophia Gemeinte der Sache nach dennoch aktuell ist, belegen heutige Lebens*philosophien*, Unternehmens*philosophien*, Verkaufs*philosophien* usw. Es geht heute wie damals um die hermeneutische Frage: Von woher verstehe ich meine Existenz? Von woher deute ich die Welt? Heute gängige Äquivalente für »Weisheit« sind sicher auch »Wissen« und »Wissenschaft«.

Der rote Faden des Predigttextes und damit auch der Predigt ist die Auseinandersetzung mit der Weisheit der Welt. Bei der Entgegensetzung von »Weisheit Gottes« und »Weisheit der Welt« gilt es allerdings der Versuchung zu widerstehen, allzu schnell wissen zu wollen, was denn die eine und was die andere ist, und damit die Hörerinnen und Hörer klerikal zu bevormunden.

Aufgabe der Predigt wird es sein, für heute nach der Weisheit der Welt Ausschau zu halten, die durch die Botschaft vom Kreuz in Frage gestellt wird. Denn Paulus gelangt zu seinem Mißtrauen gegenüber weltlicher Weisheit nicht aus allgemein-philosophischem Nachdenken heraus – sondern für ihn ist es das Kreuz, das alle ungebrochenen Lebensentwürfe fraglich erscheinen läßt. In dieser Zielsetzung geht es also nicht darum zu behaupten, daß unterschiedslos jede weltliche Erkenntnis von vornherein gottlos und vom Übel ist, sondern nur insofern sie der Grundorientierung widerstreitet, die im Kreuz Christi angezeigt ist: Also nicht alle und jede Philosophie, sondern die, die die Gebrochenheit und Vorläufigkeit menschlicher Selbstbestimmung leugnet oder ignoriert; nicht alle und jede Wissenschaft, sondern die, die sich als Herrin der Schöpfung aufspielt und glaubt, alles im Griff zu haben; nicht alle und jede politische Orientierung, sondern die, die die Würde des Schwachen nicht achtet; nicht jede persönliche Lebensphilosophie, sondern die, die eigensüchtig nur das Ihre sucht und dabei Gott und den Nächsten aus dem Blick verliert.

Vorschläge zur Liturgie

Eingangsspruch

In Christus liegen verborgen alle Schätze der Weisheit und der Erkenntnis. (Kolosser 2,3)

Eingangspsalm

Psalm 111; als Kehrvers eignet sich Vers 10: Die Furcht des Herrn ist der Weisheit Anfang. Klug sind alle, die danach tun.

Kyrie

Wir wären
mit unserer
Weisheit
am Ende
Gott
würdest du uns
keinen Ausweg
zeigen

Wir blieben
in unseren
Selbsttäuschungen
gefangen
Gott
würdest du uns
nicht die Wahrheit
sagen

Wir müßten
an unserer
Schuld
ersticken
Gott
würdest du mit uns
kein Erbarmen
haben

Zuspruch

Gott will, daß allen Menschen geholfen wird und sie zur Erkenntnis der Wahrheit kommen. (1. Timotheus 2,4)

Kollektengebet

Du, Gott des Lebens,
kommst in unsere Welt
damit wir sehen,
wie es um uns steht,
damit wir erkennen,
worum es wirklich geht,
damit wir finden,
was dem Leben dient.
Bringe uns zurecht, Gott,
durch deine Weisheit,
durch deinen Geist.

Schriftlesung

Matthäus 2,1–12: Die Weisen aus dem Morgenland (reizvoller Kontrast: Weisheit Gottes – Weisheit des Herodes)
Matthäus 11,25–30: Jesu Lobpreis und Heilandsruf

Schlußgebet

Gott gib uns deinen Geist / der den Hochmut entlarvt / und die Sünde / beim Namen nennt
Gott gib uns deinen Geist / der unterscheiden lehrt / und Dummheit nicht / für Fortschritt hält
Gott gib uns deinen Geist / der die Gier nach Profit verurteilt / und austreibt aus unserer Welt / deiner Wohnung
Gott gib uns deinen Geist / der die Angst begrenzt / und uns Gelähmte / in Bewegung bringt
Gott gib uns deinen Geist / der Mut macht zu verzichten / wo die Not schreit / damit alle leben

Gott gib uns deinen Geist / der die Augen öffnet und staunen läßt / über die Schönheit der ganzen Schöpfung / deines Tempels
Gott gib auch mir deinen Geist / wo ich sprachlos geworden bin und stumm / wo die Sehnsucht mich verzehrt / und ich nicht weiß wer / du seist und ich zu werden habe
Gott dein Geist wirkt / So können wir mit allen / die vor uns und mit uns / und nach uns geschaffen sind zu dir / dich loben uns freuen / und deinen Namen ehren
(Michael Lipps in: Schenk dir Zeit. Texte – Bilder – Lieder für Schule, Familie und Gemeinde, Karlsruhe 1988, S. 211)

Liedvorschläge
EKG 249,1–3; 337; aus dem Landeskirchlichen Liederteil für Rheinland, Westfalen und Lippe: EKG 417 »Du Morgenstern, du Licht vom Licht«; aus dem Beiheft »singt und dankt«: 672 »Gott, den wir suchen«; aus »Mein Liederbuch«: B 8 »Wir bitten, Herr, um deinen Geist«; aus »Halleluja«: Nr. 70 »Meine engen Grenzen«

Gottes Macht erhalte dich
(nach einem Segenswunsch von St. Patrick/Irland)

T.: Eugen Eckert
M.: Alejandro Veciana

2. Gottes Ohr sei in dir wach
Gottes Auge in dir hell;
Gottes Hand sei dir stark
zum Frieden, zum Frieden.

3. Gottes Glanz umhülle dich.
Gottes Nähe tröste dich.
Gottes Geist erfülle dich
mit Hoffnung, mit Hoffnung.

Vorschläge zur Predigt

Möglicher Predigtanfang
Wir wissen viel, liebe Gemeinde.
Daß wir wissen, wie man zum Mond gelangt, ist beinahe schon ein alter Hut. Wir wissen, wie man Nachrichten und Bilder innerhalb kürzester Zeit um die ganze Welt schickt. Wir wissen mehr denn je über die Lebensverhältnisse anderer Völker. Wir wissen, wie man mit möglichst geringem Einsatz optimale Gewinne erzielt. Kaum ein Winkel der menschlichen Psyche ist uns noch verborgen. Ja, wir wissen sogar, wie man Menschen macht ...
Psychologie, Biologie, Medizin, Physik, Chemie, Mathematik, Astronomie und Meteorologie, Ökologie, Soziologie, Ökonomie und wie die Wissenschaften alle heißen – unser Wissen, das Wissen der Menschheit, ist geradezu grenzenlos.
Ist das die »Weisheit der Welt«, von der Paulus hier spricht?

Zum weiteren Verlauf
»Weisheit der Welt – Paulus spricht nicht nur davon, er sieht in ihr sogar einen Gegensatz zur ›Weisheit Gottes‹. Die eine schließt die andere aus. Ja, die Herrscher der Welt mit ihrer ›menschlichen Weisheit‹ sind nicht einmal in der Lage, Gottes Weisheit zu erkennen.
›Göttliche Weisheit‹ – ›menschliche Weisheit‹. Wer aber legt nun fest, was zu der einen gehört und was zu der anderen? Was damit nach Paulus verwerflich ist, und was als erstrebenswert gilt? Ich könnte ja jetzt den Versuch wagen, diese oder jene wissenschaftliche Erkenntnis oder politische Anschauung der einen oder der anderen Seite zuzuordnen. Aber halt: ich werde mich hüten – denn was könnte ich Ihnen hier mehr anbieten , als meine eigene Einschätzung der Dinge? Und ob die göttlicher Weisheit entspricht, das mag ein anderer wieder ganz anders beurteilen ...«
Hier könnte von den naheliegenden Gefahren gesprochen werden, je eigene Meinungen als aus »göttlicher« Weisheit gewonnen kritischer Auseinandersetzung zu entziehen bzw. den Glauben gegen die Wissenschaft auszuspielen.
»Wissenschaftliche Forschung muß – will sie weiterkommen – von dem Axiom ausgehen ›... etsi Deus non daretur‹; sie muß forschen, als ob es Gott nicht gäbe. Das ist ihr innerer Antrieb. Im Übrigen ist mit diesem

Grundsatz auch gar nichts über die Existenz Gottes gesagt; nur eben, daß der Forscher im Zusammenhang seiner Forschung von der Frage nach Gott absehen muß.
Welchen Gegensatz meint Paulus aber dann?
Ich möchte es so beschreiben: auf der einen Seite steht das Wissen, das mit Gott rechnet, und auf der anderen Seite das Wissen, das ganz und gar ohne Gott auskommt; es stehen gegeneinander ein Leben, in dem Gott vorkommt, und ein Leben, das Gott gar nicht erst im Blick hat. Und damit sind wir beim Kern der Sache. Die entscheidende Frage heißt nämlich: Von woher verstehe ich mich? Von woher verstehe ich die Welt?«
Vielleicht ein wenig naiv, aber treffend dargestellt, finde ich diese Frage im ersten Teil eines Gedichtes von Hans Thoma:
»Ich kam, weiß nit woher, / ich bin und weiß nit wer, / ich leb', weiß nit wie lang, / ich sterbe und weiß nit wann, / ich fahr', weiß nit wohin: / Mich wundert's, daß ich fröhlich bin.« (aus: Ludwig Reiners, Der ewige Brunnen, München 1955)
»Die Weisheit der Welt, die Paulus apostrophiert, rechnet nicht mit Gott. Da spielt sich das Leben selbst so ab, ›etsi Deus non daretur‹. Da leben und denken wir in unserem Alltag so, als gäbe es Gott nicht. Erkennbar wird das an den politischen und persönlichen Zielen, die derzeit hoch im Kurs stehen.«
Beide Aspekte dieser Haltung, sowohl den politischen als auch den persönlichen, möchte ich gern an verschiedenen Grundsätzen illustrieren, die heute weitgehend unumstritten sind: Allheilkraft der freien Marktwirtschaft, Sicherung des Lebensstandards, Erfolgsbilanzen auf Kosten von Sozialleistungen; das Machbare ist auch das Erstrebenswerte: »Kommt, laßt uns Menschen machen ...«; persönliches Glück um jeden Preis; sofortiger Genuß; ausdrücklicher Anspruch auf Lebensfreude.
»Wer rechnet heutzutage im politischen oder persönlichen Leben noch mit Gott? Wer von uns bezieht Gott mit ein, wenn er seine persönliche Lebensplanung betreibt? Ich möchte jetzt bitte nicht mißverstanden werden: es geht nicht darum, in jedem Schnipsel und jedem Strauch und jedem Husten oder Schnupfen Gott am Werk zu sehen. Nein, es geht viel grundsätzlicher um die Frage, ob ich bei meinen Plänen und Entscheidungen und Zielsetzungen Gott überhaupt noch im Blick habe!
Wo das nicht der Fall ist, da wird das an den fatalen Folgen offenbar. Da sorgt jeder nur noch für sich. Verantwortung für das Ganze übernimmt niemand mehr. Vor wem auch? Und warum auch?«
Hier dürfte es ein Leichtes sein, die Verantwortungslosigkeit gegenüber Umwelt und Nachkommenschaft zu belegen. In persönlicher Hinsicht scheinen mir zunehmende Erfahrungen von Sinnlosigkeit eine Folge des »Lebens ohne Gott« zu sein.
»Wo sich die ›Weisheit der Welt‹ durchsetzt und sich das Leben ohne Gott abspielt, da gilt schnell nur noch das Recht des Stärkeren, des Reicheren,

des Intelligenteren, des Mächtigeren. Da teilt sich die Welt schnell auf in die Gewinner und die Verlierer.«

Daß das keine gänzlich neue Erfahrung ist, belegt die Auseinandersetzung des Paulus in der korinthischen Gemeinde, bei der es um die »Starken« und die »Schwachen« geht (1. Kor 8 und 11).

»Wer aber um Gott weiß, der gerät in Furcht und Zittern, angesichts dessen, was die Welt uns da als ihre Weisheit präsentiert. Der sieht mit Angst und Schrecken einer Zukunft entgegen, in der immer alles so weiterläuft nach den Maßstäben weltlicher Weisheit; einer Weisheit, die doch immer noch glaubt, alles sei menschenmöglich, alles sei machbar, planbar, wiederherstellbar.«

Eine interessante Einschränkung erfährt diese Einschätzung der Welt durch die Wissenschaft selbst. Ein verhältnismäßig neuer Zweig der Wissenschaft, die Chaosforschung, hat festgestellt, daß es in der Natur Prozesse von solcher Komplexität gibt, daß sie grundsätzlich nicht durchschaubar sind und ihr Ablauf also nicht vorhersehbar ist. Wenn die Chaosforschung recht hat, ist das sogar der Normalfall in der Natur. (s. Kontexte)

»Was hat Paulus, was haben wir, dem entgegenzusetzen? Gemessen an der ›Weisheit der Welt‹ nicht viel. Denn die begegnet uns in hohen Worten, mit Stärke und Selbstbewußtsein. In Schwachheit, in Furcht und Zittern, so begegnet uns die Weisheit Gottes. Und das liegt nicht etwa in der Person des Paulus begründet, sondern das hat seine Ursache ganz allein in der Botschaft selbst: im Wort vom Kreuz. Gottes Weisheit ist Gestalt geworden in dem gekreuzigten Jesus Christus. Und deshalb muß diese Weisheit alles in Frage stellen, was allgemein für klug und clever und opportun gehalten wird: die Weisheit der Welt, die meint, ohne Gott auskommen zu können, und allein auf das Starke, das Leistungsfähige, das Mächtige setzt. Diese weltliche Weisheit führt in Sackgassen, führt in die Irre, schadet den Menschen und der Welt. Das Axiom für unser Leben kann nur heißen: wir leben so, ›als ob es Gott gibt‹.«

Auszuführen ist dieses Axiom wiederum in politischer und persönlicher Hinsicht. Was heißt das Wort vom Kreuz für unser Gottesbild, Menschenbild, Weltbild? – Doch auf jeden Fall, daß es kein persönliches Glück vorbei an den »Loosern« geben kann und kein gesellschaftliches Leben auf Kosten anderer.

»Gott ist aller Weisheit Anfang. Natürlich ist das weder beweisbar noch allgemein einsichtig für die menschliche Weisheit. Da nützen keine raffinierte Überredungskunst und auch keine ausgeklügelten Werbemethoden. Auch Paulus setzt ganz allein auf die Überzeugungskraft seiner Botschaft. Das Übrige überläßt er getrost der Kraft Gottes und seinem klärenden Geist. Ich denke, auch uns als Christen und als Kirche täte es gut, würden wir uns wieder zurückbesinnen auf den Kern unserer christlichen Botschaft. Wir wären überzeugender, wir wären glaubwürdiger und wir wären näher dran an der göttlichen Weisheit. Diese Weisheit sind wir der Welt schuldig, liebe Gemeinde. In aller Schlichtheit und Bescheidenheit.«

Möglicher Schluß
»Wir wissen viel, liebe Gemeinde. Und das ist auch gut so. Die Wissenschaften haben die Menschheit ein gutes Stück vorwärts gebracht. Das Wissen erweist uns lebenswichtige Dienste. Doch braucht die menschliche Weisheit einen Rahmen, der alles zusammenhält. Einen Rahmen der Verantwortung, der Moral, des Glaubens. Diesen Rahmen hat Gott der Welt gegeben in der Botschaft vom Gekreuzigten. Und so ist Gott nicht nur aller Weisheit Anfang – er ist auch der Weisheit letzter Schluß, wenn es mit unserer Welt, wenn es mit unserem Leben eines Tages zu Ende geht.«
Ist der erste Teil des Gedichtes von Hans Thoma in der Predigt vorgekommen, so kann an dieser Stelle der zweite Teil zitiert werden: »Da mir mein Sein so unbekannt, / geb' ich es ganz in Gottes Hand, – / die führ es wohl, so her wie hin: / Mich wundert's, wenn ich noch traurig bin.«

Kontexte
»Seh ist dein Kreuz den Klugen dieser Erden / ein Ärgernis und eine Torheit werden: / so sei's doch mir, trotz allen frechen Spottes, / die Weisheit Gottes.«
(Christian Fürchtegott Gellert, EKG 71,7)

»Habe nun, ach!, Philosophie, / Juristerei und Medizin, / Und leider auch Theologie / Durchaus studiert mit heißem Bemühn. / Da steh' ich nun, ich armer Tor, / Und bin so klug als wie zuvor! / ... Und sehe, daß wir nichts wissen können! / Das will mir schier das Herz verbrennen. / ... / Drum hab' ich mich der Magie ergeben, / Ob mir durch Geistes Kraft und Mund / Nicht manch' Geheimnis würde kund; / Daß ich nicht mehr mit saurem Schweiß / Zu sagen brauche, was ich nicht weiß; / Daß ich erkenne, was die Welt / Im Innersten zusammenhält, / ...«
(Goethe, Faust I, 354–385 i.A.)

»So einfach?
In / dem Augenblick, / in dem ich, / was auch immer, / begreife, / beginnt / mein Mißtrauen.«
(Herman van Veen, Unter einem Dach, Hamburg 1982, S. 32)

»Technisch sind wir Übermenschen, moralisch noch nicht einmal Menschen. Das ist das Hauptproblem der Gegenwart.«
(Aldous Huxley)

»Die Welt ist keine einfache Mechanik, nicht einmal unser Planetensystem ist stabil ... Gott war kein Uhrmacher, der die Welt wie eine Mechanik zusammengesetzt hätte. Gott ist auch kein Herrscher, der alles vorherbestimmt hätte. Er läßt sich die Dinge selbst organisieren, läßt den Zufall walten, damit ein unendlicher Formenreichtum entsteht ... [Der Mensch] sollte vorsichtiger dabei sein, in die Schöpfung einzugreifen. Jahrhundertelang hat sich der Mensch überschätzt. So einfach, wie es manchmal schien, ist die Natur offenbar weder zu durchschauen noch zu berechnen. Und schon gar nicht zu beherrschen.«
(Eike Christian Hirsch, Der diskrete Charme des Tohuwabohu, Deutsches Allgemeines Sonntagsblatt, Nr. 41, vom 9.10.1992, S. 10)

»Es mag die weisen Gelehrten gewundert haben, / daß der König Herodes sie vom Hof entließ / und in den unbedeutenden Ort Bethlehem schickt. / Aber sie gehen unbeirrt / und folgen ihrem strahlenden Stern, / bis er über einem glanzlosen Haus stehenbleibt, / in dem sie das Kind und seine Mutter Maria finden. / Hier breiten sie die Gastgeschenke aus, / die sie am Hof des Königs Herodes nicht auspackten. / Sie sind am Ziel. / Dann gehen sie wieder in ihr Land zurück. / Seitdem sie gefunden haben, hat sich ihr Weg geändert, / den ihnen schlafend ein Traum vorzeichnete. / Herodes mag sich selbst auf den Weg machen. / Sie haben ein Kind gefunden, / einen König der Juden ohne schimmernde Macht, / der Unmenschliches nicht dulden wird. / Nur noch einmmal wird Jesus / König der Juden genannt werden, / wenn er sterbend Unmenschliches aushält.«
(Quelle: Kurt Wolff, Kein Kinderspiel und andere Geschichten und Texte nicht nur zur Weihnachtszeit, 1980. © Neukirchener Verlag des Erziehungsvereins GmbH, Neukirchen-Vluyn.)

»das reich der himmel
gustav heinemann:
die herren der welt kommen und gehen – unser herr kommt
der himmel der ist / ist nicht / der himmel der kommt / wenn / himmel und erde / vergehen
der himmel der kommt / ist / das kommen des herrn / wenn / die herren der erde / gegangen«
(Kurt Marti, Schon wieder heute. Gesammelte Gedichte 1959–1980, Darmstadt/Neuwied 1982, S. 26)

Letzter Sonntag nach Epiphanias

Predigttext: Offenbarung 1,9–18

Ernst Arfken

Theologisch-homiletische Skizze

Die Fähigkeit, mit dem Kirchenjahr zu leben, ist bei den meisten Menschen der Gegenwart spürbar im Schwinden. Dennoch bleiben unsere Gottesdienste von ihm geprägt. Das Kirchenjahr gibt dem Gleichmaß des bürgerlichen Jahres eine ausgeprägte, abwechslungsreiche Struktur. Zwischen Epiphanias und der Passionszeit ist der »Letzte Sonntag nach Epiphanias« nochmals ein deutlicher Höhepunkt mit seinem geheimnisvollen Evangelium von der Verklärung und mit dem Lied der ersten evangelischen Dichterin, Elisabeth Creutziger, »Herr Christ, der einig Gotts Sohn«.
Von daher bahnt sich auch am ehesten ein Weg zu diesem recht fremdartigen, »abgehobenen« Predigttext. Denn von irgendwelchen Tagesereignissen aus oder von einem existentiellen Befund des Menschen her wird sich nur mühsam eine Brücke zu ihm schlagen lassen. Zwei Personen geben sich in diesem Bibelabschnitt zu erkennen: zunächst Johannes. Auffallend ist, mit welcher Bescheidenheit und Zurückhaltung er sich einführt. Da wird kein kirchlicher Würdenträger vorgestellt, keine apostolische Autorität geltend gemacht. Im Gegensatz zur Überschrift »Offenbarung des Johannes« beginnt Vers 1 »Offenbarung Jesu Christi«. Fast wie in einer Randbemerkung wird der Name Johannes mit dem Zusatz »sein Knecht« eingeführt. In Vers 4 taucht der Name »Johannes« wiederum auf, diesmal ohne jeden weiteren Zusatz, dann erneut Vers 9, doch auch hier nicht als Herausgehobener, sondern als Gleichgestellter, als »euer Bruder und Mitgenosse an der Trübsal und am Reich und im Ausharren bei Jesus«. Daß er sich auf der Insel Patmos – wie anzunehmen ist – unfreiwillig aufhält, nämlich in der Verbannung, erwähnt Johannes nicht; er wirbt nicht um Mitleid.
Jesus Christus wird beschrieben in der Gestalt einer »Erscheinung«. Das dürfte den Ausschlag dafür gegeben haben, diesen Text für den Schluß der Epiphaniaszeit zu wählen. Die Bilder von Sternen und Leuchtern unterstützen diese Textwahl. Der Zurückhaltung des Johannes entspricht es auch, daß das von ihm gemalte Christusbild weithin auf selbst hergestellte Farben verzichtet, sondern sich der Motive aus dem Alten Testament, besonders aus Dan 7,9ff. und Dan 10,5–6 bedient.
Damit entsteht ein Christusbild, das sich in einem Kontrast, wie er größer kaum zu denken ist, zu dem Bild des Jesus-Kindes in der Krippe von Bethlehem befindet. Beide Bilder, so sehr sie sich auch gegenseitig ausschließen, gehören zusammen. Sie stecken gewissermaßen die diesseitige und jenseitige Grenze des Raumes ab, der von christlichem Glaubensgut gefüllt wird. Sie stellen zugleich die Frage nach Macht und Ohnmacht Gottes, zwischen denen sich unser menschliches Leben abspielt.

Vorschläge zur Liturgie

Eingangslied
Du höchstes Licht, ewiger Schein (EKG 337), Strophen 1–8 oder 1–5 oder 1–5 und 8.

Erweitertes Kyrie

Verleih uns Frieden gnädiglich,
Herr Gott, zu unsern Zeiten.
Es ist doch ja kein andrer nicht,
der für uns könnte streiten,
denn du, unser Gott, alleine.
    Wir bitten: Herr, erbarme dich.

Verleih Vergebung unsrer Schuld,
Herr Jesus Christ, uns allen.
Du littest für uns in Geduld.
Gib, daß wir dir gefallen
und gern deinem Vorbild folgen.
    Hör uns, Christus, erbarme dich.

Verleih uns Licht, du heilger Geist;
schenk unserm Glauben Klarheit,
damit wir gute Zeugen sind
der Liebe und der Wahrheit.
Gib uns Hoffnung, Mut und Freude.
    Wir bitten: Herr, erbarme dich.

(Singbar nach der Melodie EKG 139, wenn die erste Melodienzeile am Schluß jeder Strophe wiederholt wird. Ohne die Schlußzeilen auch als Lied zum Ausgang verwendbar.)

Kollektengebet
Herr, Gott, himmlischer Vater,
heute denken wir daran, daß Jesus Christus sich seinen Jüngern in göttlicher Gestalt zu erkennen gab.
Wir bitten dich: Hilf, daß auch wir die Offenbarung seiner Herrlichkeit gläubig aufnehmen und ihm willig nachfolgen, damit wir einst durch ihn das Licht der Auferstehung schauen dürfen, der mit dir und dem heiligen Geist lebt und herrscht in Ewigkeit. (Nach Luth. Agende)

oder:

Herr Jesus Christus,
mache unsere Herzen hell durch das Licht deiner Erscheinung und gib uns Kraft,
damit wir allen bösen Mächten dieser Welt standhalten und bei dir in deine Herrlichkeit aufgenommen werden. Der du mit dem Vater und dem heiligen Geist lebst und herrscht in Ewigkeit. (Nach Wilhelm Löhe)

Lesungen
Dan 7,(1),13–14(15) oder 2. Mose 3,1–10 oder 2. Mose 24,1–2,9–11(18c); 2. Korinther 4,6–10; Matth 17,1–9

Graduallied
Herr Christ, der einig Gotts Sohn (EKG 46)

Lied vor der Predigt
Dein Wort, o Herr, laß allweg sein (EKG 145,6–7)

Lied nach der Predigt
Von Gott kommt mir ein Freudenschein (48,4) oder: Du wollst dich mein erbarmen (49,5–6) oder: Dein Erscheinung müss' erfüllen (51,5 oder 5–6)

Lied zum Dankopfer
O Jesu Christe, wahres Licht (50,1–6)

Fürbitten
Lieber Herr Jesus Christus, wir bitten dich:
Leuchte mit deinem göttlichen Licht auch in unser Denken und Fühlen hinein,
damit wir erkennen, was wichtig und was unwichtig ist,
damit wir uns nicht fürchten vor dem, was der Furcht nicht wert ist,
damit wir uns nicht gefangen nehmen lassen von dem, was uns nur für kurze Zeit erfreut und dann enttäuscht.
Hilf deinen Christen, die in verschiedene Konfessionen geteilt sind, mehr und mehr zueinander zu finden.
Schütze sie vor Rechthaberei und Unduldsamkeit.
Gib den Regierenden klare Gedanken, damit sie sich nicht durch Machtgier oder Geltungsbedürfnis leiten lassen, sondern dem Wohl der ihnen anvertrauten Menschen dienen.
Vor allen, die leiden unter zu viel Arbeit oder unter Arbeitslosigkeit, unter Krankheit oder Mutlosigkeit, laß ein helles Zeichen deiner Liebe aufleuchten. Mache uns dazu fähig, anderen solche Zeichen zu geben.
Laß uns, wenn wir hier für immer die Augen schließen müssen, das ewige Licht deiner Herrlichkeit sehen und für immer bei dir sein dürfen.

Vorschläge zur Predigt

Möglicher Anfang
Weihnachten liegt schon einige Wochen hinter uns. Längst ist der Alltag wieder eingekehrt. Doch in der Kirche verhält es sich damit anders. Es ist, als ob gewissermaßen ein heller Strahl von Weihnachten zu diesem Sonntag hinüberleuchtet, dem letzten Sonntag nach Epiphanias, bevor mit dem nächsten Sonntag die sogenannte Vorfastenzeit beginnt. In hellen Farben wird uns denn auch mit dem heutigen Predigttext ein Bild von Jesus Christus vor die Augen gemalt. Aber wir können wohl kaum verschweigen: Es

ist ein recht fremdartiges Bild. Diese Allmachtsgestalt eines Weltherrschers mit weißem Haar und goldenem Gürtel, umgeben von sieben Leuchtern – heute würde man sagen: von Scheinwerfern – sieben Sterne in der Hand als Zeichen seiner Macht. Dieser Teil des Bildes ist übrigens nicht so ungewöhnlich, wie es uns zunächst vorkommen mag. Auch in unserer Zeit kann man an den Sternen, die die Feldwebel und Offiziere bei Polizei und Bundeswehr auf den Schulterstücken tragen, ablesen, über wie viele Polizisten oder Soldaten sie zu kommandieren haben.
Doch noch fremder als das Bild selbst ist uns seine Entstehung. Sie wird uns beschrieben als eine Erscheinung, als eine Vision. Wer hat heute schon eine Vision! Und wenn er sie hätte, dürfte er das wohl kaum laut sagen. Seine Zuhörer würden antworten: »Du spinnst. Du hast geträumt. Du bist nicht ganz richtig im Kopf.« Oder aber er würde in den Verdacht kommen, er wolle sich wichtig machen, wolle angeben mit seinem besonderen religiösen Erlebnis.
Gerade das will Johannes, der uns hier seine Erscheinung mitteilt, auf keinen Fall. Nur fast beiläufig erwähnt er seinen Namen. Er verzichtet auf jeglichen Titel, stellt sich nicht als Apostel oder Prophet, schon gar nicht als kirchlicher Wüdenträger vor. Er nennt sich nur »Bruder« und »Leidensgenosse« derjenigen, die durch die Christenverfolgung in Lebensgefahr geraten waren.
Ist es wirklich so abwegig, daß Johannes uns hier seine Vision mitteilt? Ist es für uns nicht mehr hinzunehmen, daß die Bibel häufig von Erscheinungen erzählt? Ja, was wäre unsere Bibel ohne die Berufungsgeschichten der großen Propheten, ohne die Gottesbegegnungen des Mose, ohne die Erscheinung der Engel vor den Hirten von Bethlehem, ohne das geheimnisvolle Evangelium dieses Sonntags von der Verklärung Jesu, ohne die Erscheinungen des Auferstandenen, ohne die Bekehrung des Paulus? Wir kennen alle den Namen des Pastors Martin Luther King. Die Worte von ihm, die am meisten Eindruck hinterlassen, am meisten Wirkung gehabt haben, waren nicht Zustandsbeschreibungen der Wirklichkeit, sondern die Schilderung seines Traums vom friedlichen Zusammenleben der Schwarzen und Weißen.
Wenn bunte lebende Bilder aus aller Welt auf dem Bildschirm vor unseren Augen sichtbar werden, ist das nicht auch eine Art »Erscheinung«? Falls der banale Vergleich erlaubt ist, könnnte man sagen: Die Erscheinungen, von denen die Bibel berichtet, sind gewissermaßen Gottes Fernsehkamera, mit der er den Augen unseres Glaubens manches sichtbar macht, was uns sonst verborgen bliebe. Mit ihnen redet Gott anders zu uns, als das in unanschaulichen, schwer verständlichen Dogmen geschieht vom Menschen, der zugleich Sünder und von Gott für unschuldig erklärt ist, der einen freien Willen zum Bösen, aber nicht zum Guten besitzt oder wie dergleichen theologische Lehrsätze sonst lauten mögen.
»Christ ist erschienen, uns zu versühnen«, heißt es in einem weihnachtlichen Volkslied. Aber wie ist er erschienen?

Zum weiteren Verlauf
Hier könnte eine Gegenüberstellung folgen, in der die Gegensätze zwischen der Weihnachtsgeschichte (Lukas 2) und der Vision des Johannes (Offb 1,13–16) benannt werden: Kleines Kind in Windeln – Herrschergestalt; Ohnmacht – zweischneidiges Schwert; Sprachlosigkeit – Stimme wie tosende Wasser; Krippe im Stall – Königsthron; dunkle Nacht – strahlendes Licht ...
Danach wäre deutlich zu machen, daß beide Bilder, so gegensätzlich sie auch sein mögen, unentbehrlicher Bestandteil unseres Glaubens sind:
Wir reden nicht die Sprache des Himmels. Auch unser Glaube kann sich nur in menschlicher Sprache ausdrücken und muß dieses oft in Gegensätzen tun, die eigentlich zusammengehören. Wer seine Kinder gut erziehen will, kann nicht nur immer Ja sagen. Oft ist auch ein deutliches Nein nötig. Er muß seinen Kindern Freiheit lassen, kann aber auch auf das Befehlen nicht verzichten. Ähnlich ist es mit unserem Glauben: Wir vertrauen auf den Gott, der sich als das Kind in der Krippe und am Kreuz von Golgatha in seiner Ohnmacht zeigte und der zugleich dafür sorgt, daß die Bäume nicht in den Himmel wachsen. Ja, an der Weltgeschichte ist ablesbar, daß Gott diejenigen Gewaltherrscher am tiefsten hinunterstürzt, die sich am brutalsten über die Menschen erhoben haben ...
Nun ist zu zeigen, wie Johannes die bedrängten Christen in der Verfolgung mit dem von ihm geschauten Bild des Weltherrschers Christus tröstete und wie auch uns dieses Bild ermutigen kann. Wir leben zwar nicht unter dem Druck von Tyrannen und Christenverfolgern. Unsere Not scheint eher die umgekehrte zu sein: Die Regierenden enttäuschen durch ihr unentschlossenes, abwartendes Verhalten. Es gelingt ihnen nicht, Kriege im Keim zu ersticken. Die wirtschaftliche Entwicklung verläuft nach eigenen Gesetzen und gleitet ihnen aus der Hand. Doch heute wie damals gilt die Aufforderung des Johannes: Traut der Macht Jesu Christi, die seit fast zwei Jahrtausenden ohne Gewalt Menschen findet, die ihm vertrauen und gehorchen, mehr zu als der Gewalt der Herrscher, die bald wieder abtreten müssen.

Möglicher Schluß
Weihnachten haben wir Christen das Kind in der Krippe angebetet. An diesem Sonntag verehren wir den, dem »alle Gewalt gegeben ist im Himmel und auf Erden«. Wir schöpfen Mut aus der Gewißheit, daß er auch für uns Wege finden wird, »da unser Fuß gehen kann«.

Kontexte
»Die Herren der Welt kommen und gehen – unser Herr kommt.«
(Gustav Heinemann)

O mächt'ger Herrscher ohne Heere,
gewalt'ger Kämpfer ohne Speere,
o Friedensfürst von großer Macht!
Es wollen dir der Erde Herren
den Weg zu deinem Throne sperren,
doch du gewinnst ihn ohne Schlacht.
(Friedrich Rückert 1834; EKG 12,2)

Um 1937 mußte sich ein Mann, der sich um eine Stellung bewarb, einer Eignungsprüfung unterziehen. Der von Hitler begeisterte Vorsitzende fragte ihn unter anderem: »Was tun sie, wenn das Dritte Reich zuende ist?« Schlagfertig antwortete der Bewerber: »Dann gehe ich mit ins Vierte.« »Falsch!« rief der Prüfer. »Das Dritte Reich besteht ewig!«
Das Dritte Reich bestand zwölf Jahre, drei Monate und eine Woche.

Septuagesimae

Predigttext: Jermia 9,22–23

Karl-Behrnd Hasselmann

Theologisch-homiletische Skizze

Unser Text steht innerhalb radikaler prophetischer Gerichtsworte völlig isoliert und entbehrt jeder historisch erhebbaren Verankerung. Da seine Adressaten die Weisen, Reichen und Starken der damaligen israelischen Gesellschaft sind, ist eine Übertragbarkeit in die heutige Situation so gesichert, wie dieses von Paulus im 1. Korinther 1,19ff. schon demonstriert wurde. Der prophetische Hintergrund allerdings darf auch in der heutigen Predigt nicht aufgegeben werden. Theologisch wesentlich ist dabei, die nur schwer vollziehbare Auseinandersetzung zwischen prophetischer Predigt und der Weisheitsüberlieferung – besonders des Alten Testaments. Sie wird in dem folgenden Vorschlag an dem Umgang mit den Kernaussagen des Kohelet exemplifiziert. Es gäbe auch die Möglichkeit, modernere »Weisheitslehrer« ins Gespräch zu bringen.

Vorschläge zur Liturgie

Fürbitte

Herr, uns ist deutlich, wir gehören zu den Weisen, die Du so hart ansprichst. Wir wissen die Akzente unseres Lebens richtig zu setzen. Wir wissen, hindurchzukommen durch Elend und Dummheit, Starrsinn und Fanatismus. Wir gehören nicht dazu. Wir bleiben im Hintergrund. Wir kommentieren lieber. Wir haben die Einsicht, die anderen versagt bleibt. Gib uns ab, Herr, von Deiner Weisheit, die uns so oft töricht scheint, daß Du bei denen sein willst, die es nicht verstehen, ihr Leben zu meistern. Sei Du bei ihnen, wo wir uns zurückhalten. Und locke uns heraus aus unserer bequemen Haltung, die sich selbst zu überlassen, die den Anforderungen dieser Welt nicht gerecht werden.

Sei bei allen, die als Lehrer und Hochschullehrer, Priester und Pastoren, Therapeuten und Ärzte für weise gehalten werden, daß sie zu Nähe und Liebe fähig sind, wenn sie gefragt werden.

Herr, uns ist deutlich, wir gehören zu den Reichen. Wir haben eigentlich alles, was wir brauchen. Wir entbehren nichts wirklich. Deshalb bleiben wir auch draußen mit unseren Gefühlen, wo wir wirklicher Armut begegnen. Wir verstehen nicht, was sich da vollzieht. Wir sind verstört und entsetzt, wenn die Armut anderer uns wirklich berühren will. Wir ziehen uns zurück, hinter die Mauern unseres Vermögens. Wir schließen die Türen und verhängen die Fenster, damit niemand erkennt, wie es wirklich bei uns aussieht.

Sei bei allen, die als Manager und Politiker, als Kaufleute und Unternehmer tätig sind, daß sie sich nicht verschließen, wo arme Menschen nach Nahrung und sozialer Hilfe, technischen und industriellen Mitteln schreien, ihre Nöte zu lindern. Schenke ihnen, daß sie uns zeigen, welche Verantwortung für die Armut der Welt wir haben und wie wir sie lindern können.
Herr, uns ist deutlich, wir gehören zu den Starken. Wir haben Hilfe eigentlich nicht nötig. Und selbst, wo wir einsam sind, können wir Mittel finden, mit denen wir diese Einsamkeit verdrängen und vergessen. Wir spüren, wieviele Menschen abhängen von dem, was wir zu leisten im Stande sind. Wir freuen uns über die Macht, die wir haben, und tun alles dafür, sie zu behalten.
Sei mit uns allen Herr, wo immer wir uns stark fühlen: zuhause als Eltern gegenüber den Kindern, als Vorgesetzte gegenüber Untergebenen, als Meister gegenüber Auszubildenden, als Lehrer gegenüber Schülern, als Offizier gegenüber Soldaten und als Abgeordnete gegenüber Wählern.
Hilf uns zu erkennen, wie sehr wir auf die angewiesen sind, die uns zugeordnet werden, damit unsere Stärke nicht schmarotzt von dem Leben, das uns anvertraut wurde.
In Deinem Kreuz Herr, hast Du alle Weisheit, allen Reichtum und alle Stärke, die sich ihrer Macht rühmt und meint, aus sich heraus existieren zu können, zuschanden gemacht. Zeige uns, wie wir unsere Weisheit, unseren Reichtum und unsere Stärke unter Dein Kreuz stellen und neu ausrichten lassen. Laß uns in Deinem Kreuz die wirklich wahrnehmen, die töricht, arm und schwach sind, damit wir sehen und annehmen lernen, was an uns schwach, dumm und ärmlich ist. Laß uns da eine Gemeinde, Deine Gemeinde werden.

Vater unser

Lieder
Vor der Predigt 264 EKG; nach der Predigt 259,1+5 oder 278,1+3.

Predigt

Liebe Gemeinde,
es ist die Zeit, wo die Himmel leer und die Kaufhäuser voll sind. Das, was zählt, ist machbar und meßbar. Die Entscheidungen über das Leben der Menschen fallen irgendwo unerreichbar oben, in Kontoren, Kanzleien und auf Konferenzen, wo die wenigen halbwegs Informierten die Massen bewegen. Wie sie sie bewegen, ist Sache des Geldes. Das Geld gibt zu allem seinen Segen. Es ist der Gott dieser Welt, allgegenwärtig, allmächtig, überall konvertierbar, nicht vertrauen- aber kreditverleihend, alles rechtfertigend,

alles heiligend, alles erlösend; es spricht überall sein Machtwort. Die sich mit dem Geld auskennen, sind die Weisen, Starken und Reichen. Sie haben noch die Macht, ihr Leben einzurichten. Und das Maß, nach dem dieses geschieht, sind sie selbst, ihre Person.

Die Weisen sind weise, weil sie wissen, daß die Welt ihren Duft, ihren Hintergrund, ihre Valeurs verloren hat. Sie sind zugleich die Starken, denn sie kennen und bedienen die Maschinerie der Welt. Und als die Reichen sorgen sie dafür, daß alles sich kalkulierbar nach ihren Interessen vollzieht. Soll man sie deshalb schelten? Das ist doch nichts Neues unter der Sonne! Das gilt so seit Jahrtausenden. Da ist einer, von dem im Alten Testament berichtet wird.

Ich lese sein Buch immer wieder. Der es schrieb, ist ein Weiser, ein Starker, ein Reicher – auch wenn er sich Kohelet nennt, was Luther mit »Prediger« übersetzte. Er hält nicht viel von der Welt und den Menschen. Der Mensch ist dem Tier allzu nahe. »Wie diese, so stirbt er auch und haben alle allerlei Odem.« »Sein Leben lang hat er im Finstern gesessen und in großem Grämen und Krankheit und Verdruß.« Da ist nichts an ihm, was ihn besonders liebenswert machte. Wer ihn und seinen Weg sieht, wird traurig. Die einzige Medizin, die hilft, ist das Geld. »Wie Weisheit beschirmt, so beschirmt Geld auch.«

Zweifellos, das ist die Sprache des Satten, Klugen und Reichen. Und was Reichtum heißt, wird durch Kohelet aufgezählt: Lustgarten und Teiche, Überfluß an Rindern und Knechten, an Gold und Frauen. Wo ist der Unterschied zur Rede der Erfolgreichen heute, auch wenn die Rede statt von Rindern dann von Aktien wäre.

Auf die Dauer aber macht dieses Leben nicht viel Freude. Es wird langweilig, öde und monoton. »Was ist's, das geschehen ist? Eben das, was hernach geschehen wird.« Wenn einen die Genüsse der Tafel ekeln, gibt es ja noch die Freude des Geistes und der Kultur. Aber schon der Anblick einer wohlgefüllten Bibliothek schreckt: »Viel studieren ermüdet den Leib.«

Weisheit ist, dieses alles zu lassen. Ihre eiserne Ration ist: es ist alles ganz eitel, letztlich umsonst und vergeblich, was immer du denkst und tust. Auch die ganz Klugen wissen letztlich nicht weiter. »Wo viel Weisheit ist, da ist viel Grämen und wer viel lernt, der muß viel leiden.« Nicht der Nächste, nicht die eigene Frau und das eigene Kind sind dir bekannt. »Kein Mensch kennt weder die Liebe noch den Haß irgendeines, den er vor sich hat.«

Was sollen da die großen Worte Wahrheit, Liebe, Gerechtigkeit. Alles ist eitel. Das sagte damals nicht einer, der sich als Kassandra und Klageweib versteht. Er ruft auf, sich am Leben gütlich zu tun, solange es noch Freude macht. »Tue, was dein Herz gelüstet und deinen Augen gefällt.« »Iß und trink und lebe mit deinem Weibe, das du liebhast.« Denn es kommt die Zeit, wo du alt wirst und »in der Hölle, da du hinfährst, ist weder Werk, Kunst, Vernunft noch Weisheit«.

Es ist der dunkle Ton in all dieser fröhlichen Weisheit, die sich da ausspricht. Da weiß einer davon, daß Tod und Vergänglichkeit das letzte Wort haben.
Solche Weisheit mag Jeremia vor sich gehabt haben, als er warnte: *So* nicht! Wenn das alles ist, was auch von dem besten Leben zu sagen ist, das Menschen sich vorstellen, wozu dann noch irgendein Aufhebens machen von den Menschen. Aber Jeremia wußte auch: so reden die happy few, die Crème de la Crème, die alles wissen, alles vermögen und alles haben. Das Volk sieht diese Dinge ganz anders. Damals sah es, wie der ganze Horizont der Völkerwelt finster wurde, wie sich die Katastrophe für Israel in der Ferne schon abzeichnete. Und Jeremia sieht deutlicher als alle anderen, was geschehen wird. Er sieht vor allem die Weisen, Starken und Reichen seines Volkes, wie sie mit sich selbst und ihren Eitelkeiten befaßt sind, wie sich jeder jeder Verantwortung entzieht, wie sie Jerusalem der Vernichtung ausliefern. Und die grimmige Antwort des Propheten war: »Was ist nun weise, wer ist nun weise, daß er dies verstünde und zu wem spricht des Herren Mund, das er verkündete, warum das Land verdirbt und öde wird wie eine Wüste, die niemand durchwandert?«
Was besagt das kluge, müde und resignierte »alles ist eitel« angesichts der Tatsache, daß bald alles nichts sein wird? Was heißt da noch Weisheit, Stärke, Reichtum? Sie haben nur einen Maßstab – und der wird durch den Propheten angefragt mit allerschärfster Kritik: cogito, ergo sum – ich denke, also bin ich –, consumo ergo sum, ich verbrauche das Leben, also bin ich. Immer ist der Grundton: Ich, ich, ich. Was mit den anderen, den Kleinen, den Armen, den Schwachen, dem Volk wird, ist ihnen völlig egal. Aber noch tiefer regt Jeremia auf, daß es die Führenden nicht mehr kümmert, ja daß sie es nicht mehr wissen, daß es um Gottes Volk geht, um das Volk, das aus Ägypten, aus der Macht der Gottkönige, der göttlich Reichen und Weisen gerettet wurde durch die Wüste hindurch. Und diese sorgen jetzt als Angehörige dieses Volkes dafür, das dieses Volk selbst ein weiteres Mal in die Wüste geschickt wird und dort umkommt. Die Weisheit Gottes war, dieses Volk aus der Hand der Weisen, Reichen und Starken zu retten. *Diese* Weisheit »wird jetzt für dumm gehalten und verkauft«. Und weil man dieses Gott nicht antun darf, ohne daran zu scheitern und zugrunde zu gehen, darum zeigt sich, daß in der Weisheit der Starken und Reichen weder Gott noch Volk mehr vorkommen.
Es ist seltsam, daß viele Jahrhunderte später in einer griechischen Stadt sich das gleiche in der Gemeinde Jesu Christi vollzieht. Es hat nicht die schrecklichen Folgen, die damals für Jerusalem auftraten. Aber der Konflikt ist der gleiche. Dieses Mal sind es die religiösen Virtuosen, die es nicht kümmert, daß Gott sein Volk auf dieser Erde und unter den Bedingungen, die auf dieser Erde herrschen, bauen will. Für diese Bedingungen steht das Kreuz Jesu Christi, Ausdruck der Gottesfeindschaft der Menschen und des Dranges, sich selbst in Szene zu setzen und sich seiner eigenen Kraft und Stärke zu rühmen.

Die Weisheit der korinthischen Charismatiker war, dieses Kreuz nicht mehr nötig zu haben. Für sie war der göttliche Geist, dem sie sich zugehörig wußten, etwas, was über dieser Erde schwebt und mit ihr nichts zu tun haben darf. Sie hatten diese Erde aufgegeben. Sie sagten nicht: Es ist alles ganz eitel, sondern es ist alles ganz gleich/gültig, mit der Folge: Es ist alles erlaubt. Der Geist Gottes hat mit uns Besseres vor als mit all der Not und all dem Elend, dem Kreuz Jesu und all den anderen Kreuzen dieser Welt. Die unerhörte Schärfe, mit der Paulus sie zurechtweist, predigt aber gerade das Kreuz Christi als Zeichen der seltsamen Weisheit Gottes, mit seiner Welt anders umzugehen.

Was hier Juden ein Ärgernis und Griechen eine Torheit ist, nennt Paulus ironisch eine »Torheit Gottes«. Diese besagt, daß Gott »nicht viele Weise nach dem Fleisch, nicht viele Mächtige, nicht viele Angesehene« beruft. Und jetzt Paulus fast jubelnd: »Sondern was töricht ist vor der Welt, das hat Gott erhöht, damit er die Weisen zuschanden mache; und was schwach ist vor der Welt, das hat Gott erhöht, damit er zuschanden mache, was stark ist; und das Geringe vor der Welt und das Verachtete hat Gott erhöht, das, was nichts ist, damit er zunichte mache, was etwas ist, damit sich kein Mensch vor Gott rühme.«

Es genügt Paulus, Jesus Christus als den Gekreuzigten zu kennen und sich nicht in private, fromme und noch so weise Regionen religiöser Phantasie hinein und hinweg zu phantasieren; hier und an dem Kreuz Christi wird die wahre Weisheit und Stärke und der Reichtum Gottes selbst offenbar.

Aktuelle Bezüge aus dem sozialen Kontext der Kirchengemeinde sollten hier eingefügt werden!

Das, liebe Gemeinde, sollten wir uns sagen lassen in einer Zeit, wo die Himmel leer und die Kaufhäuser voll sind und alle Weisheit darauf hinausläuft, daß der Ruhm der Menschen heißt: Hast du was, dann kannst du was, dann bedeutest du was. Das Herz der Menschen bleibt leer bei dem allen. Gerade in der Leere und Wüste dieser Herzen aber will Gott seinen Weg erneut antreten mit denen, die spüren, wie leer und arm und schwach es in ihnen tatsächlich aussieht. Gerade sie wählt er, gerade ihnen will er helfen, bei ihnen will er sein, sie will er im Leben führen dorthin, wo sie von sich aus nicht hinwollen. So kann Paulus – das Wort des Jeremia zitierend – seine Predigt schließen und wir können es mit ihm sagen: »Das Wort vom Kreuz ist eine Torheit, denen, die verloren werden; uns aber, die wir selig werden, ist es eine Gotteskraft.«

Kontexte

Die Schlange ist das Tier der Weisheit. Ihr Biß ist tödlich.
Wolfgang Eschker

Ein Tor kann mehr fragen, als zehn Weise beantworten können. Das Kind ist dieser Tor. Es fragt sich, ob es wenigstens einen Weisen trifft.
Alfred Bentheim

Alle Weisheiten kommen zu spät – auch diese Weisheit.
Gabriel Laub.

Be nice, I'm rich! (Sei nett, ich bin reich!)
Auto-Heck-Aufschrift

Reichtum ist wie Stallmist, er nützt nur, wenn man ihn ausstreut.
Francis Bacon

Reichsein ist keine Schand. Aber nix als Reichsein, das ist eine Schand.
Hermann Bahr

Willst du den Charakter eines Menschen erkennen, so gib ihm Macht.
Abraham Lincoln

Ich hätte die Macht nie wirklich kennengelernt, wenn ich sie nicht ausgeübt und nicht selber das Opfer dieser eigenen Übung geworden wäre.
So ist mir die Macht nun dreifach vertraut:
Ich habe sie beobachtet,
ich habe sie ausgeübt,
ich habe sie erlitten.
Elias Canetti

Sexagesimae

Predigttext: 2. Korinther 12,1–10

Hans Reinhard Rapp

Theologisch-homiletische Skizze

Es gibt asiatische Kampfsportarten, die auf dem Prinzip beruhen, dem Angriff eines Gegners nicht entgegenzutreten, sondern seinen Vorstoß gleichsinnig zu verstärken und ihn dadurch zu Fall zu bringen. So verfährt auch Paulus mit seinen Widersachern, die ihm in Korinth das Leben schwer gemacht haben. Er hat üble Erfahrungen mit seinen Glaubenskonkurrenten hinter sich. Diese haben sich als die wahren Apostel ausgegeben, im Streit um die theologische Wahrheit aber zum Mittel persönlicher Verunglimpfung gegriffen. Maßlos von sich selbst überzeugt sei er, im Eigenlob befangen, dabei im Auftreten schwach und unsicher. Ja, so nimmt Paulus den Angriff auf, ich hätte ein Recht auf ein Eigenlob; bitte, hier ist der Katalog meiner Leistungen und Leiden. Und meine scheinbare Schwäche ist mein Vorteil, denn sie gibt der Stärke Gottes Raum, und außerdem sorgt ein »Stachel im Fleisch« dafür, daß ich nicht dem geistlichen Hochmut zum Opfer falle.

Das ist die Quintessenz des Predigttextes, dessen Schwerpunkt in Vers 9 zu finden ist: »Meine Kraft ist in den Schwachen mächtig« (nach Luther). Als Übersetzungsvarianten seien noch genannt: »Es genügt dir meine Gnade. Denn die Kraft kommt in Schwachheit zur Vollendung« (U. Wilckens). Oder: »Meine Gnade genügt dir. Denn meine Kraft kommt in Schwachheit zu ihrem Ziel «(K. Barth).

Über den »Stachel im Fleisch« ist viel gerätselt worden; Krankheiten wurden genannt, Epilepsie oder ein Augenleiden. Nähere Anhaltspunkte dazu gibt es nicht. Es wäre auch denkbar, was Konrad Lorenz beiläufig erwähnt: daß insbesondere sehr aktive Menschen von kurzzeitigen, aber heftigen depressiven Abstürzen geplagt würden. So könnte also auch Paulus, ähnlich wie Luther, von plötzlichen Zweifeln, Unwertgefühlen und Versündigungsängsten überfallen worden sein. Aber das sind nur Vermutungen.

Ekstatische Erlebnisse, wie Paulus sie von sich selbst berichtet, sind der Mehrheit der heutigen Gemeinden fremd, den meisten Pastoren ebenfalls. Außerdem ist ja in unserem theologischen Herkommen der Offenbarungswert religiöser Erlebnisse heftig bestritten worden – ob zu Recht, ist die Frage. Solche Erlebnisse können wir also nur erwähnen, nicht vermitteln. Aber der paradoxe Kernsatz unseres Predigttextes gibt genug Stoff her zum Hören und Bedenken.

Vorschläge zur Liturgie

Begrüßung

Der Name des Sonntags »Sexagesimae« (= 60 Tage vor Ostern) gibt uns eine zwanglose Möglichkeit, auf Zahlen und Namen im Kirchenjahr einzugehen. Zahlen waren nicht nur zum Zählen da, sondern hatten ihren symbolischen Schwerpunkt. Neben der Siebenzahl und ihren Vielfachen – Jesus

sendet siebzig Jünger aus, Petrus soll sieben mal siebzig mal vergeben – taucht am augenfälligsten die Zahl vierzig auf: In der Sintflut läßt Gott 40 Tage und Nächte regnen; ebensolange wartet Noah mit dem Öffnen der Arche, nachdem diese auf dem Berge Ararat gelandet war. Jesus fastet 40 Tage in der Wüste und erscheint seinen Jüngern nach seiner Auferstehung im gleichen Zeitraum. Die Zahlenangabe »Sexagesimä« ist rechnerisch ungenau. Es sind einige Tage mehr bis zum Osterfest. Aber sechzig ist eine runde Zahl, die früher bei uns sogar einen eigenen Namen hatte: ein »Schock«.
Bekanntlich hatten früher nicht nur die Sonntage, sondern auch die Werktage einen Namen, zumeist aus dem Heiligenkalender. Im evangelischen Traditionsbewußtsein haben sich davon zumeist noch »Michaelis« (Ende September) und die »Eisheiligen« (Mitte Mai) erhalten, deren Namen – Pankratius und Servatius – nur speziell Kundigen bekannt sind.

Kollektengebet
Gott und Vater, wir haben uns versammelt, deine Stimme zu hören, weil sie die Stimme des guten Hirten ist, die uns zum Leben ruft. Im Menschenwort kommst du zu uns, in Jesus, deinem Sohn, nahm dein Wort lebendige Gestalt an. Nun laß uns gute Hörer sein, und nicht allein Hörer, sondern auch Täter, damit dein Wort Frucht bringt und die Saat aufgeht, uns zur Nahrung und dir zum Lobe. Amen.

Wochenspruch
Der Wochenspruch: »Heute, wenn ihr seine Stimme hört, so verstockt eure Herzen nicht« (Hebr 3,15) wird oft als Abschluß der Abkündigungen gewählt. Er paßt aber auch an den Anfang des Gottesdienstes, also z.B. an den Schluß der Begrüßung, weil sein Motto sich wie ein roter Faden durch die Lesungen zieht und auch in den vorgeschlagenen Gebeten aufgenommen wird.

Elemente des Fürbittengebets
Die Fürbitten gegen Ende des Gottesdienstes nehmen Gedanken und Bilder aus dem Evangelium und der Predigt auf:
»Die Saat deiner Güte, o Gott, haben wir empfangen, so, wie das Land das Korn des Sämanns empfängt. Du geizest nicht mit deiner Saat, mag sie auch auf den Weg, unter die Dornen oder auf steinigen Boden fallen. Etliches fällt immer auch auf gutes Land und bringt Frucht. In diesem Bild erkennen wir uns selbst und wissen wohl, daß Steine und Dornen in unserem Inneren deiner guten Saat im Wege sind. Darum bitten wir: Mache mich zum guten Lande, wenn dein Samkorn auf mich fällt ... Ebenso bitten wir dich für unsere Kirche: Daß Steine, Dornen und festgetretene Wege das Gedeihen deines Wortes nicht hindern, sondern daß auf gutem Land das Brot des Lebens wächst, das die Hungrigen nährt und die Herzen der Wohlversorgten öffnet ...«

Der Schluß des Fürbittengebets kann noch einmal die Motive des Predigttextes ansprechen: »... Wir danken dir, daß die Kraft deines Wortes auch in menschlicher Schwachheit zur Wirkung kommt, so wie in der Geburt des Menschenkindes Jesus, das zum Menschensohn heranwuchs und dich selbst, Gott, in unserer Welt zu Wort kommen ließ. Amen.«

Epistel und Evangelium

Wer es einmal entdeckt hat, stößt immer wieder darauf: Epistel und Evangelium stehen in Spannung zueinander. So auch hier. In beiden Texten ist vom Wort Gottes die Rede. Aber die Epistel beschreibt dasselbe in einem völlig anderen Bild: Nicht als Saatkorn, sondern als schneidendes, scheidendes Schwert, das trennt und bloßlegt im Dienst der Wahrheit (Hebr 4,12–13). Auch dieser Aspekt hat sein Recht. Wer sich in der »Begrüßung« auf die vorgeschlagenen Zahlenspiele und Namenstage nicht einlassen möchte, kann stattdessen auf das unterschiedliche Bildmaterial der beiden Lesungtexte eingehen.

Zu den Liedern

Unter den beiden Gradualliedern ist das Lutherlied (»Es wolle Gott uns gnädig sein« – Nr. 182 EKG) vom Text her vorzuziehen, vorausgesetzt, die Gemeinde läßt sich die Melodie zumuten. Wenn nicht, sei das kurze Lied Nr. 143 (»O Gott, du höchster Gnadenhort ...«) empfohlen. Als Eingangslied eignet sich wegen Vers 4 (»Mache mich zum guten Lande ...«) Nr. 129: »Tut mir auf die schöne Pforte ...«

Vorschläge zur Predigt

Die nachfolgenden Vorschläge gehen davon aus, daß sich die Predigt ohne ständig bemühten Transfer am Leben und Erleben des Paulus orientiert, so, wie er sich selbst in den Kapiteln 10–12 des 2. Korintherbriefes darstellt. Orientierungspunkt bleibt dabei Kap. 12 Vers 9. Beim Zitieren gehe ich von der Übersetzung Luthers aus. Es ergeben sich zwei Möglichkeiten des Einstiegs.

1. Variante

»Der Apostel Paulus muß ein Mann von unbändiger Energie gewesen sein. Im zweiten Brief an die Korinther faßt er einmal zusammen, was er in den zurückliegenden Jahren alles erlebt und erlitten hat. Er findet selbst, daß seine Aufzählung sich wie der Prahlbrief eines Verrückten liest. Kaum zu glauben, daß einer das alles erlebt haben kann. Und doch muß es stimmen. Paulus hatte keinen Anlaß, zu übertreiben.

Bemerkenswert ist zunächst seine offensichtlich eiserne Gesundheit. Er treibt nach einem Schiffbruch anderthalb Tage im Meer, rettet sich nach

einem weiteren Unglück aus den Schiffstrümmern schwimmend auf die Insel Malta und wird, frierend und bis auf die Haut durchnäßt das Feuer versorgend, von einer Schlange gebissen. Er überlebt es; alle wundern sich. Er kann Kälte und Nässe ebenso unbeschadet ertragen wie Hitze und Trockenheit. Wir lesen nichts davon, daß er auch nur eine einzige Reise hat verschieben müssen, um eine Grippe auszukurieren.
Hart im Nehmen war er auch. Juden und Römer prügelten ihn durch, lochten ihn ein, trieben ihn zur Flucht. Ja, er wurde gesteinigt. Wie er das überstanden hat, bleibt ein Rätsel.
Zur körperlichen Energie gesellt sich seine seelische Stabilität, sein kraftvolles, von Fremdurteilen unabhängiges Selbstbewußtsein. ›Ob ihr oder irgendwer sonst mich ablehnt, kümmert mich nicht; das Urteil über mich ist Gottes Sache‹ schreibt er den Korinthern. Natürlich kennt er Ärger, Streß, Enttäuschung, schlaflose Nächte und Sorgen, aber er zerbricht nicht daran. Er ist zum Apostel berufen, und dabei bleibt es. Darum kann er auch von der Gemeinde Gehorsam fordern – ohne Diskussion, versteht sich. So war Paulus, ein Urbild menschlicher Stärke ...«

2. Variante
»Wenn ich schwach bin, so bin ich stark – ist das eigentlich gesund? Ist das normal, sich mit seiner Schwachheit hervorzutun? Merkwürdig: Das Kranke und Schwache wird gerühmt. Das Gesunde und Starke wird abgewertet. Die Maßstäbe werden auf den Kopf gestellt. Wie nun? Stehen Gesundheit und Kraft dem Glauben im Wege? Muß einer erst körperlich oder seelisch angeschlagen sein, bevor Gott etwas mit ihm anfangen kann? Der Philosoph Friedrich Nietzsche, selber ein leidender Mensch, hat nicht aufgehört, das Christentum wegen seiner angeblichen Vorliebe für das Schwache anzugreifen. Wir wissen wohl, daß jemand aus seiner Schwachheit Vorteile ziehen kann, und daß es manche in der Kunst, bedauert zu werden, weit gebracht haben. Doch ist der christliche Glaube nicht die Schule, in der wir solche Künste lernen können. Und wer im wohlberechneten Moment seine Schwäche nach außen kehrt, um sich die Teilnahme und Aufmerksamkeit seiner Umgebung zu sichern, kann sich nicht auf Paulus berufen. Paulus ist vielmehr ein Beispiel dafür, wie jemand ein persönliches Geschick bewußt auf sich nimmt, ohne dagegen anzurennen. Er hat sein Leiden angenommen, hat Ja dazu gesagt. Es gehört zu ihm. Das bringt ein schwächlicher Mensch nicht fertig. Paulus ist darin eine starke Persönlichkeit ...«

Zum weiteren Verlauf
Von beiden Eingangsvarianten aus rückt die Predigt nun der Frage näher, warum Paulus sich seiner Schwäche rühmt. Wir können zeigen, daß das Rühmen der Schwäche eine polemische, eine persönliche und eine theologische Funktion hat; denn

1. Paulus unterläuft damit die Angriffe seiner Gegner,
2. er setzt sich auseinander mit einem Leiden, das ihm persönlich schwer zu schaffen macht,
3. er deutet seine Schwäche als Chance für die Stärke der göttlichen Gnade.

Zu 1.: Sein persönliches Auftreten sei wenig überzeugend gewesen, muß Paulus sich vorhalten lassen. In seinen Briefen ist er groß, aber im Wortstreit versagt er kläglich, heißt es – und was hat er überhaupt an religiöser Vollmacht zu bieten?
Dazu Paulus: Wenn es ums Rühmen geht, da kann ich mithalten. Auf diesem Gebiet habe ich gleiches, ja mehr zu bieten als meine Gegner. Aber gerade das will ich nicht. Lieber rühme ich mich meiner Schwäche, als daß ich der Versuchung religiöser Prahlerei zum Opfer falle. Was die Lust an religiöser Selbstdarstellung angeht, da kann ich meinen Gegnern allerdings nicht das Wasser reichen ...

Zu 2.: »Ausgerechnet dort, wo Paulus seine Stärke ins Spiel bringt, rühmt er sich seiner Schwachheit, damit die Kraft Christi in ihm wohne. Das will erklärt werden.
Da ist zunächst der Pfahl im Fleisch, der Satansengel, der ihn mit Fäusten schlägt. Was verbirgt sich hinter diesem Bild? Darüber ist viel und vergeblich gerätselt worden. Manche Ausleger denken an eine chronische Krankheit, etwa an ein immer wieder auftretendes Anfallsleiden. Es können aber auch Depressionen gewesen sein. Diese sind bei tatkräftigen Menschen nicht ungewöhnlich. Das wissen wir von Luther. So wie dieser könnte auch Paulus von zeitweiligen schweren Anfechtungen, von Sündengefühlen und Strafängsten gequält worden sein. Wenn diese Deutung richtig ist, dann ist es kein Zufall, daß Paulus von dem Pfahl im Fleisch gleich im Anschluß an seinen visionären Höhenflug berichtet. In einer Art von Ekstase wurde er in den Zustand unaussprechlicher Seligkeit versetzt. Aber wer in den Himmel entrückt wird, kann leicht auch in die Hölle fallen. Das zu erleben muß für Paulus überaus schrecklich gewesen sein. Das Leiden ist für ihn ein satanischer Anschlag, es läßt sich nicht wegbeten. Das anzunehmen ist ihm bitter schwergefallen. Seine Gebete bringen ihm Enttäuschung und Klarheit zugleich. Die Bitte um Heilung wird nicht gewährt. Doch das macht ihn empfänglich für eine neue Einsicht: Seine Schwäche gibt der Gnade Christi Raum und Chance. So wächst aus seiner Begrenzung eine neue Art von Stärke: ›Wenn ich schwach bin, dann bin ich stark.‹«

Zu 3.: Wir können in diesem Teil der Predigt darauf eingehen, daß Gottes Botschaft an uns Menschen nicht selten im Gewande der Schwäche einhergeht. Die beiläufige Geburt eines Kindes unter schwierigen Umständen ist das eine Beispiel dafür, das andere Beispiel, das Kreuz, ist als Zeichen der Ohnmacht nicht mehr zu überbieten. Aber auch das Bild der ausgestreuten

Saat zeigt uns die gleiche Richtung. Die Körner sind ja schwach gegenüber den pickenden Vogelschnäbeln, der wuchernden Kraft des Gestrüpps und der Glut der Sonne. Und doch verbergen sie die Keimkraft des Wachstums und der zukünftigen Früchte.

»Daß sich uns die Gnade dort eröffnet, wo wir mit unseren menschlichen Kräften an unsere Grenzen kommen, ist eine vielfach bezeugte Erfahrung. Ob Paulus ohne den ›Pfahl im Fleisch‹ mehr hätte leisten können, ist noch die Frage. Schwachheit kann auch beflügeln, Anfechtung kann den Glauben stärken, die Gegenwart des Leidens kann dem Leben Tiefe und mitfühlende Reife verleihen.

Nach den Worten eines amerikanischen Theologen sind dies die Merkmale eines Christenmenschen: Er ist unendlich glücklich, absolut furchtlos und immer in Schwierigkeiten. Das ist eine hochgemute Beschreibung, die so mancher ehrliche Christ nicht ohne Einschränkung für sich gelten lassen kann. Oft genug sind wir unglücklich, furchtsam und zusätzlich nicht minder in Schwierigkeiten.

Doch dann bleibt uns dies als Trost, daß Christus, wenn nicht mit unseren Schwächen, so doch mit unserer Schwachheit immer noch etwas Positives anzufangen weiß. Das war es wohl auch, was Paulus, auf sich selbst weisend, seinen Korinthern sagen wollte.«

Kontexte

Ein Zitat

Karl Barth meint, die in Rede stehende Schwachheit bei Paulus sei nicht die geheimnisvoll angedeutete Krankheit, sondern die Schwachheit des an Christi Stelle bedrängten Zeugen: »Wir haben es bei Paulus nicht nur mit einer ausdrücklichen und dokumentierten Bestätigung, sondern mit einer emphatischen Bejahung der inneren Notwendigkeit zu tun, die die Christen zu von außen bedrängten Menschen, zu mitten unter die Wölfe gesendeten Schafen macht.«
(Kirchl. Dogmatik IV/3, S. 726)

Spontane Erinnerung

Am liebsten hätte ich die Konfirmanden nach Hause geschickt, denn ich war noch gar nicht recht bei Kräften. Wird sie mir nicht über Tisch und Bänke gehen, die vitale Bande, wenn sie merkt, daß ihr Pastor nicht ganz auf dem Posten ist? Aber merkwürdig: Es wurde eine besonders schöne, besinnliche Stunde in freundlicher Atmosphäre. Ich hatte es nicht nötig, den »starken Mann« zu spielen, im Gegenteil: Meine »Schwachheit«, also die reduzierte Energie, schuf eine Art von Transparenz für das, was ich zur Sprache bringen wollte. So, wie umgekehrt ein Auftreten in der »Stärke« eine Gruppe provozieren kann, ihre Gegenkräfte mobil zu machen.

Estomihi

Predigttext: Amos 5,21–24

Ludwig Keller

Theologisch-homiletische Skizze

Weil wir keinen historischen Vortrag halten wollen über Israel-Nord zur Zeit Jerobeams II. (wirtschaftlicher Wohlstand, politische Ruhe bei Teilung des Volks in zwei Staaten), auch nicht über die damalige Spannung zwischen Priestern und Propheten – sondern uns selbst und unsere Zuhörer als Adressaten des Textes erkennen sollen, müssen wir wohl zuerst uns selbst prüfen, wie denn der Priester in uns erschrickt und ihm auszuweichen sucht (etwa zur schönen Epistel des Sonntags, 1. Kor 13), und wie der Prophet in uns die Gelegenheit für günstig hält, seinen Überdruß am Kultdienst, der seinem ethischen Anspruch nicht genügen kann, zur Sprache zu bringen. Den meisten von uns protestantischen Pfarrern dürfte der »Traum des Theologen« nicht fremd sein, den Manfred Josuttis in seinem gleichnamigen Buch zitiert (S. 11): »Ich predige auf der Kanzel der Martinskirche. Die Kirche ist brechend voll. Ich höre mich sagen: ... ... Die Menge tobt und applaudiert, die Kirchenmauern werden transparent und sind weg. In der ganzen Umgebung bis hin zu den Bergen jubeln die Leute: Endlich einmal ganz klar die Wahrheit gesagt! Unter der Kanzel steht die Kirchenleitung. Ihnen ist es zu unruhig ... Ich schwebe hoch ... ich lache sie aus ... .« – Wir werden, aus dem Traum erwacht, nicht aus Parochie und Kirche, Dienstwohnung und Pensionsanspruch entschweben, sondern über den vorgeschriebenen Text zur vorgeschriebenen Zeit am vorgeschriebenen Ort, in Amtstracht und nicht ohne agendarische Liturgie predigen. Unsere Zuhörer erwarten vermutlich in der Mehrzahl, daß wir als Priester auch Propheten sind, daß wir also diesen Gottesdienst nicht zur Diskussion stellen sondern ihn glaubwürdig mit ihnen und für sie begehen, nämlich so, daß womöglich in seiner Folge »das Recht strömt wie Wasser und die Gerechtigkeit wie ein nie versiegender Bach«.

Wie im Luther-Text »Recht und Gerechtigkeit«, so sind auch im hebräischen Text mischpat und sedaka Synonyme. Sie bezeichnen nicht nur die Gerechtigkeit des Tuns, sondern den Zustand des Im-Recht-Seins, des Friedens, des Heils. Entscheidend für unseren Auftrag ist, »daß die Fähigkeit zum Tun des Guten und damit die Voraussetzung für einen Guttat-Heils-Zusammenhang von JHWH vorgängig dem Menschen ... übereignet werden muß« (K. Koch in ThWAT II S. 517). Dieser Übereignung diente der altisraelische Gottesdienst, in dem die Versöhnung Gottes vollzogen, das Zutrauen zu ihm gestärkt und sein Gesetz eingeschärft wurde. Auch der christliche Gottesdienst dient dieser Übereignung der Fähigkeit zum Tun des Guten, der aber eine andere Übereignung entsprechen muß: »Hat der Tod des Menschen seinen Grund darin, daß der Mensch in seinem Streben, aus sich selbst zu leben, sein Selbst verliert, so erwächst das Leben daraus, daß er, sich selbst an Gott preisgebend, sich selbst gewinnt« (R. Bultmann, Theologie des NT S. 266f.). Vgl. dazu auch das Sonntagsevangelium Markus 8,31–38. Gott übereignet uns die Fähigkeit zum Tun des Guten, und wir empfangen sie in dem Maß, in dem wir uns ihm übereignen. Das soll im Gottesdienst geschehen, und unser Teil dabei ist, Gottes Treue anzusagen und zur Hingabe an ihn zu ermutigen.

Es scheint also angebracht zu sein, den Predigttext zwar als Warnung und Frage an die in diesem Gottesdienst Versammelten auszulegen, dann aber über ihn hinauszugehen und die Frage zu beantworten, wie denn dieser Gottesdienst zu begehen sei, damit er nicht Gottes Gram, Verachtung und Widerwillen hervorruft. Um die Antwort zu finden, bieten sich Stücke der Liturgie an, etwa das Schuldbekenntnis und die Absolution zu Beginn (in manchen Agenden ist die »offene Schuld« und Absolution nach der Predigt für bestimmte Sonntage vorgesehen) oder die fünfte Bitte des Vaterunser. Die Predigt soll den Zuhörern helfen, diese Teile der Liturgie besser zu verstehen und innerlich mitzuvollziehen.

Vorschläge zur Liturgie

Zur Begrüßung

Willkommen im Gottesdienst! Wir alle, die wir gekommen sind, freuen uns, daß auch andere hier sind. Ob das nun bloß wenige sind oder viele: Es ist ermutigend, Gleichgesinnte zu treffen. Sind wir alle gleichen Sinnes? Wonach steht uns der Sinn? – Willkommen im Gottesdienst! Ob wir auch Gott willkommen sind, darüber will ich nicht urteilen. Aber das weiß ich, daß wir ihm willkommen sind, wenn wir unsere Sorgen und Fragen, unsere Schuld und Angst mitgebracht haben – aber auch unsere Freude, unser Staunen, unsere Dankbarkeit und Hoffnung. – Willkommen im Gottesdienst!

Kollektengebet

Vater, weil wir deinen Willen tun und Christus nachfolgen wollen, bitten wir um deinen Geist, daß in uns allen die Kraft zur Wahrheit und zum Guten wachse und das Recht ströme wie Wasser, die Gerechtigkeit wie ein nie versiegender Bach. Das bitten wir durch Jesus Christus, deinen Sohn, der mit dir in dem heiligen Geist lebt und regiert in Ewigkeit.

Fürbittengebet

Vater, wir möchten wieder lernen, deiner Liebe und Treue zu glauben; wir möchten dankbar und im Vertrauen leben, auch dann, wenn wir dein Tun nicht begreifen. Wir wünschen uns, daß in uns allen die Kraft zum Guten und zur Wahrheit wachse und das Vertrauen auf deine Vergebung. Wir wünschen uns die Kraft, denen zu vergeben, die uns kränken und verletzen. Gib uns deinen Geist, damit das Recht ströme wie Wasser und Gerechtigkeit wie ein nie versiegender Bach!

Wir bringen vor dich unsere Trauer über so viel Mißtrauen und Streit unter uns, über viel unvergessene und unvergebene Schuld, die uns krank macht und lähmt. Wir hoffen aber, daß dein Reich zu uns komme und möchten Zeugen des Friedens sein.

Wir bringen vor dich unseren Schmerz darüber, daß die öffentlichen Angelegenheiten in unserem Land nur von der Sorge um unseren eigenen Wohlstand

geleitet werden statt von dem Wunsch nach Gerechtigkeit und Frieden für alle. Wir hoffen aber, daß dein Reich zu uns komme und immer mehr Menschen befreit werden, zu teilen und zu helfen, wir selber zuerst.
Wir bringen vor dich unsere Sorge um das Wasser und die Luft, die Pflanzen und Tiere, unsere Sorge um die mißhandelte Erde. Wir möchten lernen, so zu leben, daß wir nicht immer mehr töten und zerstören, sondern den lebendigen Reichtum erhalten, den du uns anvertraut hast. Wir hoffen, daß dein Reich zu uns komme, der Geist der Weisheit für uns, für unsere Kinder und Nachbarn.

Predigtvorschlag

Möglicher Anfang
Soll ich meines Bruders Hüter sein? So fragt in der alten Geschichte der Mörder Kain, der seinen Bruder Abel aus Neid und Mißgunst und Ärger erschlagen hat. Soll ich meines Bruders Hüter sein? Und er weiß schon die Antwort: Ja, das sollst du! Das Blut deines Bruders schreit zum Himmel. Ja, ja, du solltest sein Hüter sein und hast ihn erschlagen. Wie ein unauslöschliches Zeichen an deiner Stirn wird von nun an deine Schuld mit dir gehen. – Ich hörte einen alten Mann aus seiner Kindheit erzählen. Als Neunjähriger hatte er auf dem Schulhof mit einem Stein gespielt. Als es zum Ende der Pause läutete, hatte er den Stein achtlos weit weg geworfen und, während er schon ins Haus lief, gerade noch bemerkt, wie ein anderer Junge an den Kopf griff und aufschrie; und das war in der Richtung, in die er den Stein geworfen hatte. Hatte er den anderen Jungen getroffen? Er wollte es nicht wissen, vergaß auch scheinbar den Vorfall, konnte ihn aber nie ganz vergessen. Und sein ganzes langes Leben lang kam immer wieder diese Frage in ihm auf: Habe ich damals einen Menschen verletzt, vielleicht für immer geschädigt? Schon das Kind wußte die Antwort auf die Frage »Soll ich meines Bruders Hüter sein?«. Später lernte er, daß ein Neunjähriger im juristischen Sinne noch nicht schuldfähig ist und nicht zur Verantwortung gezogen werden kann. Aber das half ihm nicht: Er fühlte seine Verantwortung und seine Schuld wie ein unauslöschliches Zeichen auf seiner Stirn. – Wir alle wissen, daß wir unseres Nächsten Hüter sein sollen, nicht bloß unserer Schwestern und Brüder und Kinder, sondern aller Menschen, die uns begegnen, sogar der Menschen, von denen wir nur hören, ja sogar der Menschen, die noch geboren werden. Und deshalb sollen wir sogar der Tiere, sogar der Pflanzen, der Luft und des Wassers Hüter sein. Und wir wissen, daß wir dieser Verantwortung nicht gerecht werden, niemals. Wir würden gerne schuldlos leben, aber wir geraten in Schuld, sei es auch nur wegen unterlassener, vergessener Hilfe, wegen unserer Gleichgültigkeit, unseres Schweigens. Wir tragen das Kainszeichen wegen unseres Wohllebens angesichts der Hungernden, wegen der Zerstörung der Natur, von der unsere

Kinder und Enkel leben sollen; wir tragen es als Väter und Mütter, als Töchter und Söhne, die ihren Allernächsten nicht gerecht geworden sind. – Und nun hören wir den Propheten sagen: Wenn das so ist, dann ist euer Gottesdienst verächtlich und widerlich; wenn nicht das Recht strömt wie Wasser und Gerechtigkeit wie ein nie versiegender Bach, dann ehrt ihr Gott nicht mit euren Feiern, Liedern und Gebeten, sondern lästert ihn. Wir wissen, daß es auch heute nicht wenige Leute gibt, die das genau so empfinden. Sie sagen: Wer sonntags in die Kirche geht, von dem müssen wir erwarten, daß er barmherzig, friedfertig, wahrhaftig und gerecht ist, oder sich wenigstens alle Mühe gibt, so zu sein. Und haben sie nicht recht? Es ist wirklich nicht harmlos, sonntags zum Gottesdienst zu gehen: Es kann uns passieren, daß wir dabei zu Heuchlern werden, verächtlich vor Gott und den Menschen.

Skizzierter weiterer Verlauf

Was können wir tun, damit uns das nicht passiert? Gute Vorsätze zu unserer Besserung helfen nicht. Der Weg zur Hölle ist mit guten Vorsätzen gepflastert. – Wenn wir in jedem Gottesdienst beten »Vergib uns unsere Schuld«, dann bekennen wir, daß wir mit unserer Sünde die Liebe und Treue Gottes bezweifelt und zurückgewiesen haben. Denn alle Sünde kommt aus dem Wahn, wir könnten und müßten selbst unser Leben besorgen, obwohl wir doch wissen, daß uns alles geschenkt ist (1. Petrusbrief 5,7; Matthäus 6,25–34). Wenn wir um Gottes Vergebung bitten, dann wenden wir uns wieder an Gottes Liebe und Treue, kehren um zu dem Vertrauen, ohne das wir nicht leben können. Die Gerechtigkeit Gottes ist eine mütterliche und väterliche, eine schenkende Gerechtigkeit. – Der Liebe Gottes und seiner Treue könnten wir uns nicht zuwenden, wenn sie nicht allen Menschen gälte, auch denen, die uns zuwider sind, die bei uns in Schuld sind. Wir erbitten und erhoffen zugleich auch für sie alle Vergebung; und damit ist ausgeschlossen, daß wir ihnen ihre Schulden vorwerfen und sie darauf »festnageln«. Die fünfte Bitte des Vaterunser als einzige ist unter eine Bedingung gestellt: »... wie auch wir vergeben ...«. Wir können uns der Liebe und Treue Gottes nur zuwenden, indem wir die Liebe und Treue untereinander zu beleben versuchen.

Schluß

Es gibt die strenge und unerbittliche Gerechtigkeit. Sie sagt: Du sollst der Treue Gottes trauen und deines Nächsten Hüter sein. Vor dieser Gerechtigkeit sind wir alle schuldig, denn wir müssen uns vorwerfen, daß wir zuerst und immer mehr für uns selbst gesorgt und darüber unsere Nächsten vergessen und weggeschoben, beraubt und geschädigt haben. Wir müssen uns das selbst vorwerfen und manchmal auch anderen. Die Schuld muß bei Namen genannt werden und darf nicht unter den Teppich gekehrt werden. Denn kein Teppich ist groß genug, daß er die Schuld bedecken könnte, die sich im Lauf eines Lebens ansammelt. Was sich da anhäuft, kann krank machen, kann ein Leben vergiften und lähmen. Deshalb muß die angehäufte Schuld wirklich weggeräumt, das heißt, vergeben werden. Neben die strenge und unerbittliche Gerechtigkeit muß immer wieder die freundliche, mütterliche Gerechtigkeit treten, die uns wieder gesund macht, uns Mut macht für unseren Weg. Nicht durch Vorwürfe, nicht durch Strafen werden wir gebessert, sondern durch Vergebung. Vergebung die wir empfangen und Vergebung, die wir gewähren. – In dem großen Bericht der Bibel vom Auszug Israels aus Ägypten in die Freiheit wird erzählt, wie die Israeliten in dem wüsten und ausgetrockneten Gebirge, durch das sie zogen, tagelang kein Wasser mehr fanden. Sie mußten fürchten, mit ihren Kindern und ihren Herden zu verdursten. Da trat Mose vor ihnen allen an einen Felsen, schlug mit seinem Stab dagegen, und aus dem Felsen quoll reichlich frisches Wasser, von dem sie alle ihren Durst löschen konnten. Wir haben auch so einen Stab, mit dem wir an den Felsen der unerbittlichen, harten Gerechtigkeit schlagen können. Es ist das Gebet: Vergib uns unsere Schuld, wie auch wir vergeben unseren Schuldigern. Wenn wir das von Herzen beten, dann kann auch bei uns das Recht strömen wie Wasser und Gerechtigkeit wie ein nie versiegender Bach, und unser Singen und Beten wird Gott und den Menschen gefallen.

Kontexte

Schläfrig
Eine Revolutionärin kann G. schon deswegen nicht sein, weil sie ihren Schlaf, ihre Träume zu sehr liebt. Auch weil sie die Leute nicht mag, die nicht über sich selbst lachen können. Auch weil Revolutionäre nicht darum herumkommen, unmenschlich zu handeln. Daß ihre eigene Schläfrigkeit das Unmenschliche in der Welt begünstigt, ja verstärkt, bemerkt sie nicht, oder doch nur in wenigen lichten Augenblicken, in denen sie sich dann den Prozeß macht und sich verurteilt, zum Tode.

Pause
Einmal ausruhen, nichts aufnehmen, nichts annehmen, nichts gutheißen, schlechtheißen, in Zusammenhang bringen. Vielmehr nur dasein, wie am lateinischen Ufer, wenn auch ohne Sand zwischen den Fingern, ohne Wellen im Blick. Oder doch Wellen, die alten Gezeiten, das immer Gleiche, nicht gerade Heutige, die schöne lange Welle, sie mißlingt und mißlingt und mißlingt. Komm Trost der Nacht, aber gerade in der Nacht stehen sie da, reißen dir die Lider auf, verlangen die Zeugenaussage, von dir, ja gerade von dir.
(Marie Luise Kaschnitz, Steht noch dahin. © Insel Verlag Frankfurt a.M. 1970)

Jesus Christus, ich bete und bete,
aber ich weiß, daß du abwarten mußt
die Zeit meiner eigenen Heilung.
Jetzt liegt mir ja Gift im Blut herum
und mein Herz ist eine offene Falle,

auch meine Gedanken, wenn sie nicht beten,
sind schlaue grausame Schlingen.
So, wie ich bin, kann ich nicht verlangen,
daß du jetzt eingehst unter mein Dach,
denn selbst meine eigene Mutter würde
kaum noch bei mir übernachten.
Ich glaub nicht, daß ich mich reinigen kann,
ich finde in mir kein Bröselchen Würde,
und die Demut, wenn sie mich überkommt,
wird süchtig von allen Giften.
Auch ist mein Herz so nach Liebe aus,
nach der einfachen wärmenden Menschenliebe,
von der es meint, daß sie heilig macht
und den Zustand des Himmels bereitet.
Deshalb, Herr Christus, ist mein Gebet
vielleicht ein Köder, der gar nicht dich meint,
obwohl ich an deine Herrlichkeit glaube,
obwohl ich täglich schöner dich schaue
mit meinen unwürdigen Augen.
(Christine Lavant, aus: Die Bettlerschale. © Otto Müller Verlag Salzburg, 6. Aufl., 1991)

Wenn ich Gottes Forderung gehorche, so habe ich nicht nur einem unpersönlichen Gesetz genügt, sondern eine Liebesbeziehung erfüllt – die freilich jedes abstrakten Gesetzes Erfüllung in sich enthält. Und dann ist ihre Frucht nicht nur das Bewußtsein getaner Pflicht und reinerer sittlicher Würde, sondern tiefere Nähe und lebendigere Teilhabe am sich schenkenden Gott. Gehorche ich aber nicht, dann bedeutet das nicht nur abstraktes Unrecht, sondern Sünde gegen Gottes Liebe, Liebesschuld; und deren Frucht ist ein Fernwerden, ist Fremdheit, ist Abgleiten in Schein, Irre und Tod. ... Und es gibt eine Weise, wie ich mir dieser Schuld in Liebe bewußt werden und mit ihr in die Liebeslebendigkeit Gottes eingehen kann: Die Reue. Die Reue ist die Liebe in der Schuld. In der Reue kann ich bitten, daß Gott die Sünde vergebe. Sein Vergeben bedeutet im Tiefsten das Nämliche, wie seine Forderung, das Rechte zu tun. Auch darin richtet sich der Liebeswille Gottes auf sein Geschöpf, nun aber, sofern es in der Schuld steht.
(Romano Guardini, Das Gebet des Herrn, Matthias-Grünewald-Verlag, Mainz, 5. Taschenbuchaufl. 1990. Alle Autorenrechte liegen bei der Kath. Akademie in Bayern.)

Wenn es in Ihrer Kirche ein Bild des Apostels Petrus mit dem Schlüssel gibt, dann können sie die im Lauf eines Lebens angesammelte Schuld mit einer Mauer vergleichen, die uns einschließt. Vergebung ist der Schlüssel, der uns daraus befreit. Diesen Schlüssel hat jeder.

Invocavit

Predigttext: 2. Korinther 6,1–10

Claus Marcus

Theologisch-homiletische Skizze

In einem Predigtvorbereitungskreis biete ich dieses Selbstzeugnis aus 2. Kor 6,1–10 zum Gespräch an. Bei der ersten Begegnung löst dieser Briefabschnitt aus der Biographie des Paulus sehr unterschiedliche Reaktionen und Gefühle aus, die zwischen Neid, Bewunderung und Ablehnung schwingen. Für nicht wenige beschreibt dieser Text eine ideale Situation, die nicht ohne weiteres auf unsere Zeit zu übertragen ist. Als im Gespräch deutlich wird, daß dieser Gottesdienst am Anfang der Passionszeit 1994 im Februar gefeiert werden wird, konstellieren sich verschiedene Fragen: Inwieweit taugt dieser Text für das Bedenken der Situation von Gemeinde heute? Wer bringt von uns den Mut auf, wie Paulus so selbstverständlich von seinen Stärken und Schwächen zu reden? Wie erleben wir uns als Gemeinde, die das Amt der Versöhnung und das Wächteramt in der Gesellschaft wahrzunehmen hat? Wie gehen wir mit den Erfahrungen von Schmerz und Leid um? Haben wir ein Verhältnis zu unserer persönlichen biographischen Vergangenheit?

Diesen Gottesdiententwurf schreibe ich in einer politisch und wirtschaftlich bewegten Zeit. Konkret macht sich das bemerkbar an dem komplizierten Prozeß des Zueinanderkommens der beiden 40 Jahre getrennten Deutschlands. Das ist in Berlin stärker zu spüren als anderswo. Die Jagd auf Sündenböcke hat noch nicht nachgelassen. Gerichtsprozesse dienen der Aufarbeitung der »Stasi-Vergangenheit«. Die sichtbare Mauer ist vor über drei Jahren gefallen. Aber die Strukturen eines neuen »Mauerdenkens« scheinen sich verstärkt zu haben. In diesem Prozeß von Engagement und Schuldverstrickung steht auch die christliche Gemeinde. Viele Christen in verantwortlicher Stellung haben aus Verantwortung das Gespräch mit dem ideologischen Gegner nicht gescheut. Dafür stehen sie heute im Kreuzfeuer der Kritik und werden verdächtigt, versteckter Sympathisant oder gar inoffizieller Mitarbeiter des Regimes gewesen zu sein. Unter dem hermeneutischen Schlüsselwort »Kirche im Sozialismus« haben Einzelne und Gemeinden die Konsequenzen aus einem Text wie 2. Kor 6,1–10 für ihr Denken und Handeln gezogen.

Wagt man sich soweit in den gesellschaftsdiakonischen Bereich vor, dann kann unser Text zu einer Lesehilfe nicht nur für die eben erwähnte Situation werden, sondern er weitet den Blick kritisch im Bedenken der politischen Großwetterlage: z.B. Nationalitätenkonflikt im ehemaligen Jugoslawien, Intervention von USA und UNO in Somalia, Umsturz in Zaire, Konflikt zwischen Israel und den Arabern. Aber auch das Anwachsen der Arbeitslosenzahl besonders in den neuen Bundesländern, die Zunahme von Gewalt unter Jugendlichen, das Anwachsen neonazistischer Umtriebe und Gewalttaten, die starke Bedrohung des ökologischen Gleichgewichts, nicht zuletzt die tiefe Sinnkrise der gegenwärtigen Menschheit. Auf diesem fazettenreichen Hintergrund könnte m.E. die Botschaft von 2. Kor 6,1–10 entfaltet werden:

- Gemeinde als Mitarbeiterin des gegenwärtigen Christus,
- Gemeinde als Gruppe von Menschen inmitten der Widersprüche ihrer persönlichen und gesellschaftlichen Existenz,

- Gemeinde als Spiegelung Gottes in einer widergöttlichen Zeit,
- Gemeinde als die einzige »Bibel«, die Außenstehende noch bereit sind wahrzunehmen,
- Gemeinde, in der Menschen bereit werden, sich den Erfahrungen von Leid und Dunkelheit zu stellen.

Die beiden Lesungen für den Sonntag Invocavit, die Versuchungsgeschichte nach Matth 4,1ff. und ein Christusbekenntnis aus dem Hebräerbrief (4,14–16) geben Deutehilfe, vor den Herausforderungen des Bösen in der Gestalt von Personen wie Institutionen und den Leiderfahrungen unserer Tage nicht zu fliehen. Unter der Überschrift »Flüchten oder Standhalten« wird die feiernde Gemeinde sich auf die Suche begeben müssen, Spuren des Christus in diese Zeit zu graben, richtungsweisende Zeichen des Lebens zu vermitteln, Oasen des Friedens zu gewährleisten »als solche, die nichts haben, und doch alles haben«.

Der vorgegebenen Exegese (Band 4) schließe ich mich an und übernehme die hermeneutischen Konsequenzen. Als mögliche Gliederung einer Predigt stellen sich mir folgende Schritte dar:

- Christliche Existenz heißt, aus der Verantwortung für die Gegenwart gegenwärtig, spontan handeln.
- Christliche Existenz lebt aus der Freiheit und Notwendigkeit, das Leid in der Welt zu benennen und gemeinsam Wege zu finden, Leben zu gestalten.
- Christliche Existenz gründet in der eschatologischen Gewißheit, über den Abgründen gehalten zu sein.

Vorschläge zur Liturgie

Eingangsvotum

Ein neuer Morgen, ein neuer Tag, eine neue Woche! Zeit des Lebens wird uns anvertraut. Mit unseren Erlebnissen und Erfahrungen der vergangenen Woche kommen wir hier zusammen. Wir spüren die Risse und Brüche in unserem Leben; wir wollen sie nicht verdrängen. Was gelungen ist und was unvollendet bleiben mußte, das bringen wir mit und vertrauen auf die Zusage:

Der Eine ist der Weg, wo unsere Wege enden. Der Eine befreit uns zur Wahrheit, wo wir uns verstecken. Der Eine führt uns ins Leben, wo wir unsere Endlichkeit annehmen – der Eine, der Vater, der Sohn und der Heilige Geist.

Eingangsgebet

Bewegt von der Frage nach unserer Identität spüren wir die Unruhe in unseren Herzen, entdecken wir, wie stark wir mit der Vergangenheit verwoben sind und können nur schwer zulassen, daß wir auf dich angewiesen bleiben, o Gott.

Wo wir deinen Namen aussprechen, da spüren wir, wie zweideutig wir unser Leben führen. Wo wir uns deiner Nähe aussetzen, da erleben wir unsere eigene Fremdheit. Wo wir deiner Stimme lauschen, da werden wir einer Lebensquelle gewahr, die unseren Durst nach Leben stillt.

Gnadenwort
Johannes 6,25

Psalm 91

Kollektengebet
Laß fern von uns sein, was uns unruhig macht. Wir bitten um die Kraft, zu uns selbst zu finden. Lehre uns Schritte aus der Ruhe, um unsere Lebenswurzeln wahrzunehmen. Auf dein Weggeleit hoffen wir. Laß uns das Leben wagen. Mit dir wollen wir die Straße von Glaube, Hoffnung und Liebe ziehen, der du in Christus Bruder für alle Menschen geworden bist.

Fürbittengebet
Du hast uns aufgetragen, die Stimme für die Schweigenden und Verstummten zu erheben. So rufen wir an diesem Morgen zu dir und breiten vor dir aus, was uns das Herz schwer macht, was uns im Alltag ängstet, wonach wir uns sehnen, worum wir dich bitten, was uns dankbar werden läßt – Völker erheben sich aus blindem Nationalismus, richten mörderische Waffen gegeneinander, vernichten unvorstellbar kostbares Leben, Kinder und Frauen zählen zu unschuldigen Opfern, werden mißbraucht und ihre Menschenwürde wird wie ein altes Tuch zerfetzt – darum rufen wir zu dir:
Herr erbarme dich (nach der Melodie von P. Janssens).
Wir bekennen dir unsere Ohnmacht. Wir leiden an der Zerrissenheit deiner Menschen- und Völkerwelt. Menschen beuten einander aus schlimmer als wilde Tiere. Wo wir ehrlich sind, spüren wir unsere Schuldverflochtenheit und können uns nicht aus der Verantwortung herausziehen. Unser gutes Leben können wir nicht länger trennen von den Tränen und dem Schmerz der Menschen in den Billiglohnländern. Aus dieser Unruhe unseres Gewissens heraus rufen wir zu dir:
Herr, erbarme dich ...
Vor dir erinneren wir uns an dein Gebot, den Fremden anzunehmen, weil er wie unsereiner ist. Gib uns den Mut, gemeinsam die trennenden Mauern einzureißen, Vorurteile anzusprechen und abzubauen. Du willst, daß wir gastfrei und menschenfreundlich miteinander umgehen mit allen Menschen gleich welcher Rasse, Hautfarbe oder Nationalität. Jeder Mensch ist dein Geschöpf. – Darum rufen wir zu dir:
Herr, erbarme dich ...
Kinder und junge Menschen fragen nach dem Sinn ihres Lebens. Sie gehen zur Schule, machen eine Berufsausbildung und finden keine berufliche Möglichkeit. Rege du unsere Phantasie an, Wege des gemeinsamen Teilens zu wagen. Wir bitten um offene Ohren, die den Klagen und Wutausbrüchen der jungen Menschen nicht ausweichen. Wir bitten um sehende Augen, die keinen dieser Menschen übersehen. Stille du die Sehnsucht nach erfülltem Leben. Darum rufen wir zu dir:
Herr, erbarme dich ...

Partnerschaften zerbrechen, weil sie den Herausforderungen des Lebens nicht mehr gewachsen sind. Menschen lassen einander im Stich, weil sie ihre Balance verloren haben. Gleichgültigkeit und Enttäuschung wollen den Alltag bestimmen. Wir bitten um Kraft, den Versuch gemeinsamer Begegnung neu zu wagen. Wir bitten um Freiheit, die erlebte Vergangenheit dir ganz anzuvertrauen. Darum rufen wir zu dir:
Herr, erbarme dich ...
Wir denken an kranke Menschen in unserer Gemeinde, an Sterbende – an Ärzte und Schwestern in den Krankenhäusern. Wir bitten um Geduld und Zuwendung, daß Menschen ihr Schicksal annehmen können, daß sie die Nähe von Menschen in ihren oft ausweglosen Situationen erleben können, daß sie Ängste aushalten und der Hoffnung ihres Geborgenseins gewiß werden. Darum rufen wir zu dir:
Herr, erbarme dich ...
Schließlich denken wir auch an uns selbst: Wir sagen dir Dank, daß wir den Ruf zum Leben neu hören, daß wir an diesem Morgen unseren Leib gesund erleben, daß wir mit unseren Augen sehen und unseren Ohren hören können, daß uns die Füße zu anderen Menschen tragen. So bitten wir um die nötige Gelassenheit, aufeinander zuzugehen, die Offenheit, einander wahrzunehmen, den Glauben, uns einander anzuvertrauen, die Liebe, den anderen anzunehmen. Darum rufen wir zu dir:
Herr, erbarme dich ...

Segenswort
Gottes Segen werde uns zum Haus, das uns birgt –
Gottes Segen werde uns zum Weg, der uns zum anderen Ufer führt –
Gottes Segen werde uns zum Licht, das unsere Dunkelheiten erhellt.
So segne uns Gott als der Vater, der Sohn und der Heilige Geist.

Lieder
EKG 59; 201; 208 und EKG (Berliner Anhang) 451 »Gott wohnt in einem Lichte« (J. Klepper), ebenso 351,10+11. An neuen Liedern: Aus singt und dankt, Beiheft 84 zum EKG Rheinland: 657 Unfriede herrscht auf der Erde; 719 Wir haben Gottes Spuren festgestellt; 617 Holz auf Jesu Schulter, von der Welt verflucht; 715 Ins Wasser fällt ein Stein; 711b Ihr seid das Volk; 712 Herr, gib uns Mut zum Brücken bauen; aus Mein Liederbuch: B 71 In Ängsten die einen; B 77 Wir träumen einen Traum; B 97 Selig seid ihr; B 25 Das könnte den Herren der Welt; B 26 Weil Gott in tiefster Nacht erschienen; B 54 Herr, erbarme dich (für Fürbittgebet-Refrain!); aus Wie im Himmel so auf Erden (Lieder und Gebete, 90. Deutscher Katholikentag 1990) 26 Welcher Engel wird uns sagen, daß das Leben weitergeht (Willms/Janssens); 68 Kennst du das alte Lied?; 75 Fürchte dich nicht; 78 Nada te turbe (nichts soll dich ängsten) von Theresa von Avila und Taizé; 80 Wer unter dem Schutz des Höchsten (Ps 91!); 103 Nun singe Lob, du Christenheit; 104 Wenn das Brot, das wir brechen.

Vorschläge zur Predigt

Möglicher Predigtanfang
»Nur in Ausnahmefällen gewährt ein Mensch anderen Einblick in die inneren Beweggründe seines Denkens und Handelns. Über Gefühle von Freude oder Angst, von Enttäuschung oder Hoffnung, von Glück oder Traurigsein spricht man selten mit einem anderen Menschen. Heute zählt der sachliche Stil. Wer Gefühle zeigt, setzt sich der Gefahr aus, mißverstanden oder gar als feiger Schwächling angesehen zu werden. Ein Mensch aber, der sich mit seinem Auftrag identifizieren kann, gerät unweigerlich in das Kreuzfeuer der öffentlichen Kritik. Da kann er sich einerseits seiner Umwelt gegenüber völlig verschließen oder aber deutlich und klar von sich erzählen, den Gegner gleichsam überholen und aus kritischer Offenheit das Gespräch anbieten.«

Zum weiteren Verlauf
1. Der vorgegebene Predigttext bietet uns einen aufschlußreichen Einblick in die persönliche Lebenssituation des Apostels Paulus. Er spricht die eingangs skizzierten Probleme an. Jetzt würde ich kurz auf die Gegner des Paulus in Korinth hinweisen und sein Verständnis als Apostel skizzieren.
2. Dann würde ich die Hörer einladen, assoziativ dem Gedanken nachzusinnen, worin die Aufgaben und Verantwortung christlicher Gemeinde *heute* liegen: Begleitende Hilfe in der Aufarbeitung von persönlichen Konflikten; auch im Blick auf die sog. Stasi-Vergangenheit! Verstehendes Eintreten für die Schwachen in der Gemeinde und in der Gesellschaft wie z.B. Kinder, Jugendliche, alte Menschen, Gastarbeiter, Asylanten, Arbeitslose, Kranke. Gesellschaftsdiakonisches Handeln, um Freiräume des Lebens zu schaffen und so Konkretionen für das »Heute Gottes« anzusagen und zu wagen. Gemeinde als »Sand im Getriebe der Welt« (nach G. Eich); Gemeinde, die am »Sekundenzeiger der Weltenuhr rüttelt« (nach B. Brecht). Zu erinnern wäre auch an den Ausspruch, der D. Bonhoeffer zugeschrieben wird: Gregorianisch darf nur der singen, der bereit ist, lauthals für das Recht der Juden einzutreten.
3. Ein weiterer Schritt bestünde für mich darin, an Lebensschicksale in der jeweiligen Gemeinde zu erinnern; aus seelsorgerlicher Verantwortung sehr behutsam! – um so spiegelnd das Anliegen des Textes deutlich werden zu lassen: Erfahrungen am Krankenbett, wo der Kranke den »Gesunden« tröstet und zum Leben ermuntert. Begegnungen anläßlich der Vorbereitung eines Begräbnisses, wo andere Menschen einem Mut zur Trauer machen, d.h. auch zum Weinen! Eindrücke aus der Unruhe junger Menschen z.B. aus den Konfirmandenrunden. Gefühle im Umgang mit Menschen in Krisen ihrer partnerschaftlichen Beziehungen. Persönlich gefärbte Erlebnisse aus der weitgefächerten Arbeit als Pastor einer Gemeinde; aus der Arbeit des Gemeindekirchenrates unter dem seltsamen Anspruch, Vorbild zu sein.

4. Jetzt mag man daran erinnern und darauf hinweisen, daß christliche Gemeinde eine der Gruppen und der Ort ist, die Augen gegenüber dem Leiden in der Welt nicht zu verschließen. »Flüchten oder standhalten« hieß vor Jahren eine Aufsatzsammlung des bekannten Psychotherapeuten H.E. Richter. In diesem Buch wird deutlich, wie sehr wir Menschen in Konfliktsituationen bereit sind, die Probleme zu verdrängen und aus der Verantwortung zu flüchten. Dabei ahnen wir nicht, wie großen Schaden wir uns durch ein solches Verhalten zufügen können. Die christliche Botschaft weist uns in die Konfliktfelder unserer Zeit ein. Ermutigt uns, dem Leid nicht länger auszuweichen. Jesus, nach dem wir uns nennen, ist den Weg des Leidens bewußt gegangen. So können Menschen in seiner Nachfolge und aus der Begegnung mit seiner Botschaft die Kraft finden, das Leid nicht zu verschweigen, sondern das Leid in der Gemeinschaft mit anderen auszuhalten.

Möglicher Schluß
Ob Menschen, die an Jesus Christus glauben, ihren Lebens- und auch ihren Leidensweg leichter gehen können? Eine Frage, die sich unausgesprochen durch viele Gespräche in der Gemeinde zieht. Der Blick auf Jesus und die Propheten kann uns helfen, anders mit Enttäuschung und Leid umzugehen; macht uns Mut, auch vor absurden Situationen im Leben nicht zurückzuschrecken; gibt uns die Kraft, vor den Abgründen des Lebens nicht angsterfüllt zurückzuweichen, sondern gemeinsam die Gewißheit einzuüben: Der Weg zum Kreuz ist der Weg in ein Leben, das sich aus anderen und neuen Erfahrungen speist und uns die Zuversicht schenken kann: Wir sind wie in einer Arche über den Untiefen unserer Lebenswasser geborgen.
»In jeder Nacht, die mich umfängt, darf ich in deine Arme fallen, und du, der nichts als Liebe denkt, wachst über mir, wachst über allen. Du birgst mich in der Finsternis. Dein Wort bleibt auch im Tod gewiß.«
(Jochen Klepper, aus: Trostlied am Abend, in: Kyrie Geistliche Lieder. © Luther-Verlag, Bielefeld.)

Kontext

ANGST
Angst vor der Geschichte
Angst vor sich selbst
Sich in sich zurückziehen
Aus Angst vor der Welt

Angst auszubrechen
Sich zu blamieren
Sich aufs Eis zu wagen
Angst zu erfrieren

Angst zu verblöden
Vor der Endgültigkeit
Sich an alles gewöhnen
Aus Angst vor der Zeit

Einfach Angst zu verblöden
Bereits mundtot zu sein
Angst stellt ruhig
Angst kriegt klein

Angst braucht Waffen
Aus Angst vor dem Feind
Obwohl keiner so recht weiß
Wer ist damit gemeint

Angst überholt zu werden
Angst vor Konkurrenz
Angst vor der Dummheit
Vor ihrer Intelligenz
Angst als Methode angewandt

Das Einschüchtern ist geplant
Angst stellt ruhig
Angst kriegt klein

Angst voreinander
Angst rauszugehn
Wir sind uns alle verdächtig
Angst in die Augen zu sehn
Angst vor Gefühlen
Angst vor Zärtlichkeit
Angst aus Erfahrung
Zuviel Vertraulichkeit

Angst zu verblöden
Vor der Endgültigkeit
Sich an alles gewöhnen
Aus Angst vor der Zeit
Angst zu verblöden
Bereits mundtot zu sein
Angst stellt ruhig
Angst kriegt klein

Angst ferngelenkt zu werden
Angst vor dem Aus
Es allen recht zu machen
Angst frißt auf

Angst sich zu wehren
Angst alleine zu sein
Angst vor der Angst
Wir schlafen ein

Musik und Text Herbert Grönemeyer, V: Kick / Grönland.

Reminiscere

Predigttext: Jesaja 5,1–7

Friedhelm Borggrefe

Theologisch-homiletische Skizze

Diese Gerichtsrede ist zwar ein Meisterwerk prophetischer Rhetorik und begeistert die Exegeten. Sie provoziert Wahrheit und Klarheit des Predigers und fordert ihn heraus, die Dinge ans Licht zu bringen, die Recht und Gerechtigkeit entgegenstehen (Seybold). Aber ich habe Sorge, auf dieser dunklen Folie das Licht der Hoffnung zu erkennen.

Da erinnere ich mich an einen Liebesbrief, den wir uns als junge Leute geschrieben haben. Ganz nah war damals Trennungsschmerz und Trauer, Weltuntergang und die Erfahrung mangelnder Resonanz. Ob ich dies zum Ausgangspunkt der Predigt machen kann: meine Erfahrung und das Liebeslied Jesajas? In der Meditaiton gehen die Gedanken zwischen dem Lied und dem Brief mit dem Schlußstrich hin und her. Ich entdecke die Bilder: Bräutigam, Weingärtner, Anwalt, Prozeß, Weinberg. Gottes Liebe wird ganz neu geboren in mir, ihr Schmerz, ihr Leiden, ihre Emotion, ihre Enttäuschung und ihre Herzensbindung rühren mich an.

Obwohl es um soziale und politische Fragen im Text geht, fasziniert mich eher das Grenzproblem der Liebe: Wann ist alles aus? Will Gott aufgeben? Kann er überhaupt aufgeben im nachchristlichen Zeitalter? Kann ich dazu etwas sagen? Der verletzte Gott, wie reagiert er? Wohin führt seine Passion heute? Führt sie in Programme, neue Forderungen? Oder darf ich nur fragen? Weiß ich, was er will? Kann ich Prophet sein?

Solche Fragen bewegen mich. Und ich möchte angesichts eines solchen Wortes eher aufgeben als predigen.

Beim Studium der Literatur finde ich viel Interessantes: eine narrative Predigt, ein Gespräch zwischen Micha und Jesaja (Gottesdienstpraxis IV,1 1987, S. 136ff. von Klaus Wende), mit einer Nachdichtung des Textes. In den Predigtstudien versuchen Rainer Stuhlmann und Jürgen Debek sich dem Text psychologisch zu nähern (Das Rätsel des Mißerfolgs IV,1 1987, S. 155ff.). Und daneben werden ökologische, konziliare Bilanzen mit Jesaja für heute gezogen. Ich entscheide mich zu der Frage: »Alles ist aus?« und versuche Antworen von der Passion der Liebe Gottes her zu finden.

Vorschläge zur Liturgie

Lesung

Es bieten sich die »Weinbergtexte« Markus 12,1–12 oder Matthäus 20,1–15 oder Matthäus 21,33–41, aber auch Joh 15,1–8 an.

Kollektengebet

Vater, deine Liebe zu uns läßt sich mit Worten nicht sagen.
Aber wir leben davon. Du vertraust uns diese Welt an.

Du willst mit uns deine Gerechtigkeit aufrichten und dein Reich bauen. Du möchtest durch uns deine Güte zu den Menschen bringen. Hilf, daß wir sorgfältig und mit Verantwortung deinen Willen tun. Laß uns hören auf dein Wort, damit wir neuen Mut gewinnen. Amen.

Fürbitten
(L = Liturg/in; G = Gemeinde)

L Laßt uns in Frieden zum Herrn beten:
Um ein waches Gewissen, um Vergebung unserer Schuld
und ein Leben, das Frucht bringt,
laßt uns bitten:
G Herr, erbarme dich!

L Um Verständnis für unsere Mitmenschen,
um Mut, die Wahrheit zu sagen und dafür einzutreten
besonnen und offen
laßt uns bitten:
G Herr, erbarme dich!

L Um die Fähigkeit, allen Menschen so zu begegnen,
daß sie auch durch uns Gottes Liebe spüren,
laßt uns bitten:
G Herr, erbarme dich!

L Für unsere Kirche, für die ganze Christenheit,
daß sie sich bewußt ist: Wir sind der Weinberg,
den Du, Gott, gepflanzt hast, den du behütest,
auf dem du ernten willst.
Laßt uns bitten:
G Herr, erbarme dich!

L Für unser Volk und alle Völker der Welt,
daß sich Gerechtigkeit durchsetze
und Friede werde, wo Krieg ist,
laßt uns bitten:
G Herr, erbarme dich!

L Für die Menschen, die dich besonders brauchen,
die Hungernden, daß ihnen geholfen werde,
die Kranken, daß sie Heilung finden in dir.
Laßt uns bitten:
G Herr, erbarme dich!

L Gott, bleibe bei uns mit deinem Wort
und schenke uns die Kraft zum Wachstum,
wir sind dein Weinberg, du bist unser Weingärtner,
laß uns an dir bleiben wie die Reben am Weinstock.
Darum bitten wir dich im Glauben an Jesus Christus,
unseren Herrn.
Amen.

Lieder
EKG 195,1–5; 390,1+5

Vorschläge zur Predigt

Möglicher Predigtanfang
Es ist alles aus! – Ich erinnere mich genau. Damals kam ein Brief an, und mittendrin war da ein großer Strich, quer über die Seite gezogen. Ein Liebesbrief. Da stand mit dürren Worten zu lesen: Wir müssen uns trennen. Was vorgefallen ist, bedeutet: alles ist aus.
Solche Briefe werden vielleicht heute nicht mehr so oft geschrieben. Aber zwischen Menschen, die sich lieben, kommt es – leider – viel zu oft zu dem Schluß: Alles ist aus. Passionszeit für die Ehe. Es ist überhaupt nicht mehr selbstverständlich, zusammen zu bleiben. Und man ist in bester Gesellschaft von Lothar Matthäus bis Willy Brandt.
Aber muß es das bedeuten? Wenn der Satz heraus ist und der Strich gezogen wurde: Muß es bedeuten, alles ist aus? Oder könnte es auch der Anfang sein? Ein unmöglicher Anfang, aber ein Anfang?
Ich lese jetzt nach der Zürcher Bibel den heutigen Predigttext, Jesaja 5. Es ist ein Liebeslied. Es geht um einen enttäuschten Bräutigam und eine Braut, die es »nicht gebracht hat«, eine Frau, die maßlos enttäuscht hat. Die Folgen können Sie sich denken. Der Text gehört zu den großen Stücken der Weltliteratur. Eigentlich geht es um Gottes enttäuschte Liebe.
Hören Sie:
Text lesen

Zum weiteren Verlauf
Wenn ich an meinen Liebesbrief denke, von damals: Das war nicht das Ende; das war der Anfang einer langen Beziehung; sie war nie ungefährdet, aber immer lebendig; immer voller Chancen zum Neuanfang.
Wie ist das mit dem Liebeslied von Jesaja: Alles aus? Oder – so müssen wir uns ja fragen: Warum wird uns diese Passionsgeschichte der Liebe Gottes hier erzählt? Hat das überhaupt eine Bedeutung für uns; Jesaja ist ja schon ziemlich lange her, und Volk Gottes ist nicht ohne weiters unsere Volkskirche.

Wir können uns allerdings an dem Bild vom Weinberg viel klarmachen. Jesus benutzt es auch, um seinen Leuten die Liebe Gottes zu zeigen. In diesem Bild wird klar: Gottes Liebe ist nicht einfach Gras und Ufer. Sie ist Arbeit. Gott hat nicht nur ein Gefühl für Menschen, sondern er schafft für Menschen. Hier wird es ganz konkret gesagt: Er gräbt. Er säubert. Er pflanzt. Er läßt sich die Sache etwas kosten, edle Reben werden gesetzt. Ein Turm wird gebaut und eine Kelter wird angelegt.
Gott ist wie ein Winzer, der alles für seinen Weinberg tut. Wenn das keine gute Nachricht ist! So ist Gott. Und das wird uns in der Bibel nicht nur einmal, sondern immer wieder erzählt. Jesus bringt die Geschichte von den Arbeitern im Weinberg, und es kommt ihm darauf an zu sagen, wie großzügig Gott ist. Er zeigt in der Geschichte von den bösen Weingärtnern, welche Verantwortung Menschen für das Reich Gottes haben. Und er hat viel Geduld mit dem Feigenbaum im Weinberg; er läßt ihn eher noch ein Jahr als Schattenspender stehen, bevor er ihn abhaut. Auf diesem Hintergrund können wir das Liebeslied von Jesaja hören und fragen: Bedeutet das, alles ist aus? Oder will der Prophet eine Wende im Volk Gottes erreichen: Soll es ein Ende von Bluttat und neue Guttat geben? Soll Rechtsbruch aufhören und Rechtsspruch folgen? – Ich kann mir nicht vorstellen, daß Gottes Liebe umsonst leidet.
Vielleicht stoßen Sie sich an dem Gedanken, daß Gott Liebeskummer haben könnte. Aber ist es nicht ein Wunder, daß wir einen Gott haben, der liebt? Es ist ihm nicht gleichgültig, wenn auf dieser Erde das Recht gebrochen wird. Er mischt sich ein. Es verursacht ihm Schmerzen, wenn unser Leben fruchtlos und leer bleibt. Er ist aufs äußerste beteiligt, wo Menschen ihm Resonanz verweigern.
Im Blick auf die Liebe Gottes sind in unserem Wort zwei Bilder wichtig: Es ist nicht die Liebe zwischen Mann und Frau, sondern die Liebe des Weingärtners zu seinem Weinberg, die hier gezeichnet wird. Also eine Liebe, die ins Gelingen verliebt ist, die Frucht sehen will und Wachstum erfahren möchte. Es ist eine sehr sachliche, keineswegs eine sexuell aufgeladene Liebe, von der hier gesprochen wird. Es gibt Religionen genug, die an der Natur orientiert sind. Wir müssen nicht in die alten Stammeskulte Afrikas und Asiens gehen, sondern wir haben natürliche Religionen genug vor der Haustür. Wenn Jesus sagt: »Ich bin der wahre Weinstock und mein Vater der Weingärtner« (Joh 15,1), dann wird klar und sachlich über eine Gottesbeziehung gesprochen, die ganz nüchtern und praktisch ist.
Und das andere Bild, in dem die Liebe abgebildet ist, spricht vom Prozeß. Gott streitet um sein Recht. Der Prophet ist sein Sprecher und Anwalt, der erhebt die Anklage. Er erinnert: Da ist ein Vertrag. »Mein Freund hatte einen Weinberg.« Er stellt fest: Der Weingärtner hat alles getan, was nötig ist. Er klagt an wegen der mangelnden Pflichterfüllung: Da ist keine Frucht. Nicht Guttat, sondern Bluttat. Nicht Rechtsspruch, sondern Rechtsbruch. Und die Gemeinde selbst wird zum Schiedsspruch aufgeru-

fen. »Nun, ihr Bürger von Jerusalem und ihr Männer von Juda, richtet zwischen mir und meinem Weinberg!«
Das sind Bilder: Gott im Prozeß mit seinem Volk. Das Volk als Zeuge und Angeklagter und Richter zugleich. Auf allen Ebenen geht es um die eine Sache: die Gerechtigkeit.
Damit wir es nur klar haben! In der Zeit Jesajas wird das ganz konkret. Es folgt auf das Weinberglied eine Liste von Mißständen. Da geht es um die Eigentumsfrage, das Drogenproblem, Bestechung, Rechtsbeugung und Hochmut.
Wenn wir uns heute klar werden wollen, was Gott Kummer macht bei uns, dann müßten wir ganz andere Listen zusammenstellen, wenn wir konkret werden wollen.
Wie ist das mit der Gewalt?
Wie steht es um die Fremden?
Organisieren wir unsere Arbeitsprozesse so, daß alle, auch die Alten und Behinderten mitkommen? Oder pflegen wir das Leistungsprinzip um jeden Preis?
Warum schweigen die Christen in der Ökumene, wenn es um den Konflikt auf dem Balkan – eine Flugstunde von uns entfernt – geht?
Warum haben die Juden schon wieder Angst in Deutschland?
Gott liebt sein Volk und will Frucht sehen.
Und er trauert, er leidet, wo nichts kommt. Es schmerzt ihn, wo unser Leben leer bleibt. Und dann spricht er von Leere. Er bleibt nicht stumm. Er spricht von der zerbrochenen Beziehung. Er sagt, was zerstört ist. Und er weist nach: Es ist nicht mein Fehler. Ich habe alles für mein Volk getan. Begraben. Gereinigt. Bepflanzt. Gebaut. Gehofft. Geschützt. Bewacht. Befeuchtet. – Alles habe ich getan, was nötig war, um Frucht zu bringen. Und jetzt mache ich einen Strich, aus Liebe.
Wie sieht der Strich aus, den Gott aus Liebe macht? Wie sollen wir uns das vorstellen? Was sagt das: Ich mache einen Strich drunter. Meint das: Es ist alles aus? Vorbei? Oder ist das die Bilanz, die er zieht, um Neues zu beginnen?
Christen wissen vom Anfang, der im Ende liegt. Christen glauben an Kreuz und Auferstehung Christi. Wenn Gott einen Schlußstrich macht, dann ist tatsächlich das Ende gegeben, ein schmerzhaftes, leidensvolles Ende; Passion. Schon bei Jesaja ist zu spüren: Dieses Ende ist nicht das Ende der Liebe. Wie sollten wir sonst begreifen, was hier steht: Es ist ein Liebeslied, das Lied vom Weinberg. Aber bei Jesus lernen wir: Der Schlußstrich unter alles Versagen und allen Kummer, den Menschen Gott machen können, der Schlußstrich ist das Kreuz. Gott läßt es sich alles kosten, seine ganze Liebe gibt er dran, um die Beziehung zu seinem Volk offen zu halten. Er will unbedingt sein Reich bauen. Er will seine Herrschaft aufrichten. Er will Recht und Gerechtigkeit auf Erden. Er will sein Urteil durchsetzen.

Was will Gott? Versuchen wir es in ein paar Sätzen zu sagen und arbeiten wir dafür:
Gott will genießbare Früchte und nicht verseuchte Pflanzen.
Gott will saubere, wertvolle Menschen und nicht kaputte Typen.
Gott will liebevolle, zärtliche Beziehungen und nicht harte Kontakte.
Gott will hoffen für den Menschen und nicht verzweifeln an ihm.
Gott will Leben behüten und nicht Leben zertreten.
Er schenkt uns das alles. Er hat das alles in uns gepflanzt und liebt uns. Wenn wir ihm auf die Spur kommen, kann es in unserer Gemeinde anders werden, wärmer, fruchtbarer, sinnvoller.

Kontext

»Kurz und gut, meine Herren, ihr habt ja Augen im Kopp,
überzeugt euch selbst, wie's um meinen Weinberg steht.«
(Carl Zuckmayer: Der fröhliche Weinberg)

Oculi

Predigttext: 1. Petrus 1,(13–17),18–21

Andreas Zeuschner

Theologisch-homiletische Skizze

Die Passionszeit ist mittlerweile die Zeit des Kirchenjahres, in der das weltweite Leiden der Menschen in den Vordergrund rückt, und zwar zusammen mit den bekannten Ursachen: Faschismus, Unterdrückung, Krieg. Diese Menschen leiden wie Jesus: Sie können nichts dafür. Was hat der Text dazu zu sagen? Er fordert auf zu einem »heiligen« Lebenswandel – mit einer für heutige Ohren recht esoterischen Begründung, nämlich aufgrund der Erlösung durch das »wertvolle Blut« eines »makellosen und fehlerfreien Lammes«: eine christologische Metapher für den Tod des Menschen Jesus von Nazareth. ›Heiligkeit‹, ›Erlösung durch Opfer und Blut‹ – was hat der Verfasser dabei im Sinn?

Zum besseren Verständnis möchte ich den Abschnitt 2,18ff. heranziehen. Hier haben wir die gleiche Struktur: eine moralische Forderung mit anschließender christologischer Begründung. Was ist demnach ein Beispiel für heiligen Lebenswandel? Die still duldende Unterordnung der Sklaven unter ihre Herren, auch die »verkehrten«, die »perversen«, wie man durchaus übersetzen könnte. Sie sollen alles ertragen, weil auch Christus die Schläge der Menschen widerstandslos über sich ergehen ließ. Selbst wenn man die Zeitumstände in Rechnung stellt, ist dies ein Affront gegen unser ethisches Empfinden. Doch die Moral des Apotels und seine Theologie bilden eine Einheit. Wenn wir also die Beherrschung und Unterdrückung von Menschen durch Menschen nicht widerspruchslos hinnehmen wollen, so geraten wir in einen tiefen Konflikt mit der Opferchristologie – eben jener Christologie, in deren Formulierung unser Predigttext gipfelt. Eine diesem Text kongeniale Predigt müßte Christus als Opfer für unsere Sünden darstellen, sie müßte das Luststreben angreifen und Gehorsam fordern (Vers 14). Doch in unserer Zeit würde sie eben dadurch verhindern, daß »Glaube und Hoffnung sich auf Gott richten« (Vers 21).

In einem gesellschaftlichen Zusammenhang ist Jesus ein ›Sündenbock‹; er wird stellvertretend bestraft, weil man der Mächtigen nicht habhaft werden kann, weil die eigentlich Verantwortlichen sich in der Undurchschaubarkeit des Systems verbergen, auch deshalb, weil man eigenes Versagen sich nicht eingestehen kann. Dieses Schicksal teilt Jesus durch die Jahrhunderte hindurch mit allen Minderheiten, und in der Gegenwart ist dieses Thema von bedrohlicher Aktualität. Gegen die Auswahl von Opfern ist die Heiligkeit, das Tabu der Menschenwürde ins Spiel zu bringen. Ich schlage daher vor, den Predigttext mit Vers 16 beginnen zu lassen; denn das alttestamentliche Zitat ist eine sinnvolle Überschrift für den ganzen Text.

Vorschläge zur Liturgie

Lieder

60,1+2+5 (Herzliebster Jesu); 190 (Wohl denen, die da wandeln); 198,1+5-8 (Lobe den Herren, o meine Seele)

Eingangsspruch
Psalm 25,15 (Oculi)

Sündenbekenntnis und Gnadenspruch
Deine Kinder, o Gott, verstricken sich in Unrecht und Schuld.
Wir legen einander Fesseln an und schränken unsere Handlungen ein.
Jeden Tag ziehen wir die Stricke an, immer mehr, einer dem anderen.
Wir verwenden viel Kraft darauf, einander zu fesseln, und sagen uns zum Trost, die Zwänge und die Verhältnisse sind unsere Verstrickungen.
Deine Kinder, o Gott, kommen zu dir mit ihren gefesselten Händen.
Wir kommen mit unserer Schuld zu dir und bitten dich um Erlösung, um Lösung, um Befreiung.
[*Stille*]
Wenn du willst, löse einem anderen die Fesseln –
mit deinen gebundenen Händen kannst du befrein.
Wenn du selber frei bist, entfesselt,
dann sind es nicht nur deine Hände.
Deine Hoffnung und deine Kraft kann entfesselt werden –
und deine Liebe.
(Aus der lateinamerikanischen Beatmesse auf dem Düsseldorfer Kirchentag 1985)

Fürbittengebet
Für alle, die gekreuzigt wurden wie dein Sohn,
für alle Menschen, die von dir verlassen sind, bitten wir dich.
Für alle, die ihr Schicksal nicht ertragen, für die Leidenden
und jene, die weder Sinn noch Ausweg sehen.
Für alle, denen mißtraut wird, die leben unter dem Druck
von Verdächtigungen und Verleumdung;
für alle, denen kein Verständnis begegnet, kein Wort, das sie heilt,
kein Mensch, der sie annimmt.
Für alle Gehemmten und Ängstlichen,
deren Gewissen verkrampft und unfrei ist,
für alle, die in Spannung und Unruhe leben, unsicher und ratlos.
Für alle, die mit Unrecht leben müssen, die eingebaut sind
in ein unmenschliches System und ihm nicht entkommen können –
für die Soldaten an der Front, die gegen ihren Willen und ihr Gewissen
gezwungen sind, zu kämpfen und zu töten.
Für alle, die Krieg wollen und Zwietracht säen:
für jene, die aus der Vernichtung anderer ihr Geld machen;
für die Vergifteten und Gefährlichen:
um Befreiung aus ihrer Unmenschlichkeit – gegen sie und für sie bitten wir.
Für alle, die mutlos werden im Anblick all des Bösen in dieser Welt.
Aber auch für alle, die Hoffnung haben, für alle, die Kraft ausstrahlen
und Freundschaft geben können:
daß sie standhaft bleiben in der Prüfung und unter uns nie fehlen.
(Huub Oosterhuis: Dein Trost ist nah. Gebete für Stunden der Bedrängnis. © Verlag Herder, Wien 1978, S. 56–58, in Auszügen)

Vorschläge zur Predigt

Möglicher Anfang
»Liebe Gemeinde, wieviel gilt ein Menschenleben? Weniger als noch vor ein paar Jahren, fürchte ich. Unsere Gesellschaft ist gewalttätiger, brutaler geworden. Die grausamen Bilder sehen wir täglich, wir haben uns daran gewöhnt. Nach wie vor leben die meisten in Sicherheit und Wohlstand, aber am Rand hat ein Kampf ums Dasein begonnen, der mit Fäusten und Waffen geführt wird, mit Menschenverachtung und wütenden Parolen. Natürlich trifft es in erster Linie die, die sich nicht wehren können, weil sie als Gruppe zu schwach sind: die Minderheiten, Ausländer und Asylanten, in zunehmendem Maße auch Juden, Behinderte, Homosexuelle. Die Fremden eignen sich gut als Zielscheibe des Hasses. Unerwünscht sind sie immer. Aber in guten Zeiten werden sie nicht beachtet, vielleicht toleriert. Jetzt werden sie wieder geschlagen und verhöhnt, und einige haben damit begonnen, sie auszumerzen. Man hört ihn wieder, jenen schnarrenden, häßlichen Fluch: ›Heil Hitler!‹
Wenn Menschen versuchen zusammenzuleben, dann geschieht dies, indem eine Mehrheit ihre Interessen durchsetzt; und deshalb hat jede Gesellschaft ihre Opfer. Es sind diejenigen, die in ihr leben müssen und es doch nicht können oder dürfen. Weil sie die Anforderungen nicht erfüllen: deutsch zu sein, zahlungsfähig, jugendlich und gesund, heterosexuell. Der demokratische Staat hat die Erwartung geweckt, daß auch Minderheiten in ihm eine Heimat finden können. Doch er hat vor diesem Anspruch versagt. Welche Lebensperspektive haben die Abgewiesenen, wenn sie einsehen müssen, daß sie den anderen für immer fremd bleiben werden? Unser Text spricht davon, daß ein Opfer uns erlöst; aber näher als diese theologische Frage liegt doch die folgende: Wer erlöst die Opfer? Wie können die Fremden in diesem Deutsch-Land leben?«

Zum weiteren Verlauf
Wovon sollen die Menschen erlöst werden? Der Apostel spricht von einer sinnlosen, einer nichtigen Existenz, einem Leben ohne Perspektive und ohne Hoffnung (Vers 18). Zur Sinnerfahrung gehört aber vor allem, von anderen akzeptiert zu sein, vielleicht sogar gewollt. Eben dies ist es, was den Ausgegrenzten von vornherein verweigert wird. Am Rand der Gesellschaft ist der Sinn des Lebens zerbrechlicher als in der Mitte; Möglichkeiten der Sinnerfahrung wie sozialer Erfolg, Achtung, guter Ruf sind verschlossen. Nicht zufällig besteht eine deutliche Tendenz zum Drogenmißbrauch und zum Selbstmord. Es ist das Leiden – die Einsamkeit des Leidens –, das in prägnanter Weise sinnlos ist, weil es das ganze Leben sinnlos machen kann. Alternativ dazu mag man bedenken, wie auch die Mehrheit selbst sich beschränkt und an ihrer freien Entfaltung hindert. Auch hier gibt es eine Tendenz zur Sinnlosigkeit: ein ordentliches, ausländerfreies,

durch und durch gesundes und normales ›Gemeinwesen‹. Aus der Distanz betrachtet, lassen sich Täter und Opfer manchmal nicht leicht voneinander unterscheiden; nur die Täter und Opfer selbst sehen da klar. »Was also ist dieses sinnlose und nichtige Leben, von dem der Apostel hier spricht? Es ist auf Unterdrückung und ängstlicher Abgrenzung aufgebaut. Nur Menschen, die Angst vor sich selbst haben, weil sie selbst sich fremd sind, können Fremde hassen. Sie üben Zwang aus und sind doch selbst gebunden. Ihre Ohren sind taub, und sie sehen nur das, was sie sehen wollen – ›wie die Väter es ihnen überliefert haben‹.

Sündenböcke. Die Menschen brauchen Sündenböcke. Jemanden, dem sie all das Negative, ihre Schicksalsschläge und ihr eigenes Versagen anlasten können. Den sie schuldig sprechen können für das namenlose, sinnlose Leiden. Es ist grotesk, zu sagen: ›Die Asylanten sind an allem schuld‹. Aber einfach. Einfach und für viele einleuchtend. Wohnen sie nicht sogar in Hotels? Wie auch immer, die Wut sucht eine schwache Stelle, die sie verletzen kann: ›Kreuzige ihn! Pilatus aber sprach zu ihnen: Was hat er denn Übles getan? Aber sie schrien noch viel mehr: Kreuzige ihn! Pilatus aber gedachte, dem Volk zu Willen zu sein.‹ (Mk 15,13b–15a)« Soziologisch kann man es nicht mehr erklären, höchstens noch theologisch: Es gibt Menschen, die verachtet werden, weil sie verachtet sind (Is 53,3b). In einem schrecklichen Sinne werden sie ›erwählt‹, ausgesondert, eliminiert. Deshalb wird Jesus von Nazareth der Stachel im Fleisch der Kirche bleiben, mag sie auch noch so sehr sich auf die Seite der Mehrheit schlagen.

»›Denn es steht geschrieben: Ihr sollt heilig sein, denn ich bin heilig‹. Auch das Heilige ist ausgesondert, es ist tabu. Es darf nicht berührt, geschweige denn verletzt werden. ›Gott‹ nennen wir das, was allein heilig ist, und heilig ist alles, was unter dem Schutz des Gottes steht: das Leben und die Würde des Lebens. Wer sich am Leben oder an der Würde eines Menschen vergreift, der überschreitet eine äußerste Grenze, die Grenze des Menschlichen, und dem wird das, was sein letzter Trost und die Erfüllung des Lebens sein könnte, nur noch als Richter begegnen.« Wir sind in die schwierige Gattung der Moralpredigt geraten – was übrigens gut zum Text paßt. Ein Hauptproblem der normativen Ethik ist die Motivation. Letztlich ist sie auf pädagogischem Wege nicht zu vermitteln; gerade die Auswüchse des Faschismus und der Massenvernichtung in unserem Jahrhundert zeigen die Grenzen der humanistischen Erziehung. Die Moralpredigt muß sich auf die natürliche Scheu vor dem Tabu verlassen – oder darauf, daß das Heilige selbst sich seinen Bezirk schafft, in dem es anwesend ist.

Möglicher Schluß

Gott hat das Opfer nicht angenommen, vielmehr hat er sich selber mit dem Opfer identifiziert; der Sündenbock ist zurückgekehrt. Er hat sich nicht in der Wüste verirrt, um dort einsam zu sterben, Gott hat ihn erweckt: Er will, daß er lebt. Von Menschen verachtet, gibt Gott ihm die Ehre. Deswegen ist er zuallererst ein Gott der Ausgestoßenen und Entwürdigten, er ist ihre Hoffnung auf Befreiung: »Selig sind, die um Gerechtigkeit willen verfolgt werden; denn das Himmelreich ist ihr.« Sie können ihren Glauben und ihre Hoffnung auf Gott richten. Erst danach ist er auch ein Gott für alle Menschen, für die Mehrheit – aber nur, wenn sie die Minderheit achtet und respektiert. Es gibt eine unvergebbare Sünde: die Verteufelung des Heiligen; und der Mord an einem schutzbedürftigen Fremden ist schlimmer als die Schändung des Altars. Der Prediger oder die Predigerin möge selbst entscheiden, ob das Evangelium auch für Faschisten gilt. Ich weiß es nicht. Aber das Gesetz muß sie treffen.

Kontexte

»Eine Spätfolge der Kreuzigung Christi scheint im Bereich der Kunst eine menschliche und gesellschaftliche Rehabilitierung (sozusagen!) des Häßlichen gewesen zu sein. Mindestens sind Leiden, Schmerz, Häßlichkeit nicht mehr länger aus dem Weltbild der Bilder verdrängt worden. [...] Ist damit etwas gewonnen für die Erkenntnis des Gekreuzigten selbst? Vielleicht dies: Die Rechtfertigung des Häßlichen in der Kunst als Spätfolge des Karfreitagsgeschehens könnte eine Art Gleichnis sein. Gleichnis wofür? Für die Solidarität Gottes mit denen, die verstoßen, verfolgt, gequält, verhäßlicht werden. Sie werden von den herrschenden Kunstnormen (die die Normen der Herrschenden sind) immer wieder übersehen, ausgeklammert, verdrängt. [...] Insofern ist der Einzug des Häßlichen in die Kunst über das Motiv der Kreuzigung zum immer neuen kunst- und sozialrevolutionären Impuls geworden, der anzeigt, daß keines der vorhandenen Sozialsysteme schon das Reich Gottes – und damit ein wahrhaft menschliches Reich! – ist. Darum bleibt der Gott des gekreuzigten Christus Parteigänger der Entrechteten, Leidenden, ›Häßlichen‹. Und die immer neuen Anläufe der Kunst, das Häßliche zu rechtfertigen, sein Darsteller und Anwalt zu werden, können als Gleichnis für Gottes Handeln gelten.«
(Kurt Marti: Grenzverkehr. Ein Christ im Umgang mit Kultur, Literatur und Kunst, 1976. © Neukirchener Verlag des Erziehungsvereins GmbH.)

»[Z]uerst werden alle Menschen etwas verlegen grinsen, dann werden sie lächeln, dann lachen und schließlich so losprusten, daß die, die noch vor kurzem sehr geweint hatten, schon ein bißchen mitlächeln. Man wird sich auf die Schulter schlagen und sagen: Mensch! Denn ein anderes Wort wird ihnen zunächst nicht einfallen. Mensch! werden sie alle sagen, und denken werden sie alle, wie konnten wir nur so lange so dumm sein, wo wir doch immer dachten, wir wären so klug. Und wenn wir dann sehen, wie Marxisten nicht mehr Marxisten und Kapitalisten nicht mehr Kapitalisten und die Faschisten nicht mehr Faschisten und die Kommunisten nicht mehr Kommunisten und die Nationalisten nicht mehr Nationalisten und die Rassisten nicht mehr Rassisten und die Stalinisten nicht mehr Stalinisten zu sein brauchen, dann werden wir sehen, wie eine zufriedene Menschheit durch Täler und Schluchten, über Gebirge und auf wilden Flüssen sich auf den Weg macht, um sich Guten Tag zu sagen und zu fragen: Wie geht es Dir? Und wen wundert's dann, wenn dann Chinesen in Bonner Cafés sitzen und Deutsche auf dem Roten Platz in Moskau Luftballons steigen lassen, wen wundert's dann, wenn Orthodoxe sich mit Atheisten übers Wetter unterhalten und Farbige in europäischen Krankenhäusern operieren und Juden und Kleinbürger, Hindus, Christen und Zigeuner an einem schönen, runden Tisch im Freien sitzen und sich Witze erzählen. Wen wundert's dann?«
(Aus der Predigt von Hanns Dieter Hüsch auf dem Düsseldorfer Kirchentag 1985)

Laetare

Predigttext: Philipper 1,15–21

Michael Becker

Eine Skizze. Theologisch? Homiletisch?

Paulus, nachgespürt

Ach Paulus, soll ich wirklich glauben, daß Du hier meinst, was Du sagst? Sterben ist Dein Gewinn? Wenn nur Christus verkündigt wird, ist es Dir gleich, wie es Dir ergeht?

Das klingt zu schön, um wahr zu sein. Das klingt so selbstlos, daß es schon wieder lockt, nach Deinem Interesse zu fragen. Willst Du hinter den Absichten so sehr verschwinden, bis Du gefunden wirst? Siehst Du so auffällig von Dir ab, bis alle genau hinsehen? Ach Paulus, Deine Freude bereitet mir etwas Unbehagen. Selbstlosigkeit überhaupt bereitet mir Unbehagen, manchmal auch Kummer. Je mehr von ihr geredet wird, desto weniger glaube ich sie. Je mehr in manchen Gemeinden Christus selbstlos vorangestellt, vorangetragen, vorgehalten wird, desto mehr frage ich mich, was das Interesse dieser angeblichen Selbstlosigkeit sein mag. Wird der Hirte etwa darum so groß gemacht, damit leichter verborgen bleibt, wer alles seine Schäfchen ins Trockene bringt, die geistlichen wie die materiellen?

Verzeih mir, Paulus, diese Abschweifung ins Heute. Du mußt wissen, in unserer Zeit sind die Feuer in den Gemeinden sehr verschieden verteilt. Und alle wollen sie Christum treiben, wie einer Deiner besten Ausleger das nannte. Manche Deiner späten Gemeinden bringt das an den Rand der Spaltung, alles ganz selbstlos, versteht sich. Manches Schäfchen ist da schon im Trockenen, manche klammheimliche Freude verbreitet sich hinter einem vorangestellten »um Christi willen«.

Ich weiß natürlich, mit Dir und den Frauen und Männern in Philippi war das ganz anders. Die hast Du wirklich geliebt, hoch geachtet, hast sogar Geschenke angenommen. Und in Deinem Brief an sie gibst Du uns in bewundernswerter Offenheit Auskunft über Deine Lage, wenn wir auch nicht erfahren, wo Du in Haft bist und warum genau. Ihnen brauchst Du vermutlich nicht lange zu erklären, wie Dir zumute ist. Sie in Philippi sehen Dein Gesicht und hören Deine Stimme, wenn ihnen Dein Brief vorgelesen wird. Sie werden voll ernster und ehrlicher Teilnahme zuhören, wenn der Älteste liest, daß Sterben Dir Gewinn ist, weil Christus Dein Leben ist. Sie werden auch die leise Trauer mithören, die sich in Deiner Beschreibung verbirgt, daß Einige Christus aus Neid predigen. Sie werden Dir, vermute ich, auf's Wort glauben.

Aber wir, was können wir?

Wir, Paulus, haben ja nur das Papier, auf dem Deine Worte gedruckt sind. Und wir haben einen Sonntag mit dem schönen Namen Laetare, an dem wir Deine Worte auslegen und weitergeben sollen. Jesu, meine Freude, werden wir dazu singen und sagen und Dich sozusagen zum Kronzeugen der Freude machen, sogar mitten im Leid, sei das nun eine Krankheit, oder das Gefängnis, oder welcher Kummer auch immer gerade plagen mag. In Dir ist Freude. Ja, in Dir, und natürlich in Christus, der wiederum von Dir als Zeuge angerufen wird. Alles richtig, und klar. Auf dem Papier, das wir ja nur haben von Dir. Und das so selbstlos klingt. Aber das hatten wir ja schon. Die Philipper werden es zu hören wissen. Wie aber hilfst Du uns zur Freude?

Es ist etwas in Deinen Zeilen, Paulus, das mich wirklich erstaunt. Es ist nicht direkt ein Wort oder ein Satz, nein, es ist eher ein, wie soll ich sagen, ein gewisser Ton, ein besonderer Klang. Ich habe diesen Briefteil, den Du ja im Gefängnis diktiert hast, immer wieder einmal laut und leise gelesen. Ich wüßte jetzt auch gar nicht zu sagen, ob Dir dieser Klang bewußt gewesen ist. Natürlich steckt er auch in den großen Worten, aber die haben ja, wie ich schon schrieb, ihr ganz eigenes, selbstloses Interesse. Nein, ich meine eher einen Unterton, einen sehr verhaltenen Klang, den ich Dir, Paulus, viel unmittelbarer glauben kann als die großen, heute zum Teil sogar fett gedruckten Worte.
Ich glaube, Du bist wirklich in dem Augenblick, in dem Du dies schreiben läßt, nicht festgeklammert ans Leben. Du hast nicht diese fürchterliche Erdenschwere, die jede Freude lähmt, ja einfriert. Es ist da so ein Klang von Unbeschwertheit in der Schwere, die Du erlebst; ein bisweilen sogar heiteres Danebenstehen. Du klingst wie nicht ganz von dieser Welt, obwohl Du doch mitten in ihr bist. Du klingst wie wirklich gehalten, Du mußt Dich an nichts klammern. Auch wenn die Schwere uns unerträglich scheint, Du glaubst wirklich, daß Christus in Dir lebt und Dich nichts von ihm trennt. Das ist Deine Freude, Paulus, und ich höre sie mehr heraus als daß ich sie lese.
Ich werde mir erlauben, davon zu erzählen am Sonntag der Freude im Leid. Von der Unbeschwertheit, von der Gelöstheit der Getragenen. Es gibt ja nur eine wirkliche Freude, Paulus. Die Freude, Ernst und Schwere überwinden zu können. Durch den, der überwunden hat. Zu jeder Zeit. An jedem Ort.

Vorschläge zur Liturgie

Liturgische Eröffnung

Der Friede Gottes sei mit euch allen, Amen.
Wir feiern Gottesdienst am Sonntag Laetare, dem vierten Sonntag der Passionszeit.
Der lateinische Name des Sonntags erklärt sich durch die ersten Worte des Eingangspsalms:
Laetare – Es *freue* sich das Herz ...

Der Wochenspruch ...
Das Wochenlied ...
Im Gottesdienst ... (Hinweise auf Chor-/Orgelmusik)

In den Gottesdiensten der Passionszeit singt die Gemeinde kein Gloria und Halleluja.
Um Gottes Geist bitten wir mit Lied 99.

Kyrie

Zu oft laufen wir davon, wenn Leid sich naht.
In Not und Schwäche anderer verhärten wir das Herz.
Gott, erbarme dich unserer Schwachheit.

Eingang / Kollektengebet

Wir wollen uns dir nahen, Christus,
der du dem Leid
nicht entkommen wolltest.

Nahe dich uns, Christus,
denn der Weg zur dir
ist bitter für uns.

Öffne unsere Herzen und Sinne, Christus,
auch für die Frucht,
die reif wird durch Leid. Amen.

Lesung
Johannes 12,20–26

Schlußgebet / Fürbitten
(langsam, ruhig, mit Stille sprechen)

Christus, wie schwer ist uns das,
Frucht zu sehen selbst noch im Leid.
Könnten wir es doch.

Du hast die Bitterkeit angenommen,
den Spott ertragen,
die Schmerzen erduldet.

Du hast den Zweifel ausgehalten,
dem Vater vertraut,
und so die Frucht reifen lassen, der wir bedürfen.

Christus, lehre uns festhalten an der Güte Gottes.
Erbarme dich aller, für die wir dich bitten.

- Für die Menschen in ..., die vom Krieg bedroht und verfolgt sind (Herr, erbarme dich)
- Für die Kranken und die, die sie pflegen
- Für die Sterbenden und die, die bei ihnen wachen
- Für die Menschen, die ihre Heimat verlassen und Zuhause suchen bei uns
- Für uns, wenn sich unsere Herzen und Sinne verhärten in Not und Schmerz

Christus, lehre uns festhalten an der Güte Gottes,
in den Zeiten der Freude,
in den Zeiten der Not,
in der Stunde des Todes.

Wir beten still ...

Vaterunser

Lieder
EKG 293; EKG 288; EG (Entwurf) 98 »Korn, das in die Erde ...«

Predigt

Einleitung
Ein Mensch sitzt im Gefängnis und schreibt von seiner Freude. Er freut sich nicht über alles, aber alles gibt ihm Grund zur Freude. Er ist nicht zerknirscht, er ist nicht wütend oder verärgert, er bereut nichts. Er spürt aufmerksam dem nach, was ihn ins Gefängnis gebracht hat. Er beschreibt einige Vorgänge aus seiner Welt außerhalb des Gefängnisses. Er lobt die, an die er schreibt. Und immer wieder schreibt er, was ihn gefreut hat, was ihn freut und was ihn freuen wird. Alles kann Grund zur Freude werden. Jedenfalls bei ihm.
Ich lese einige Zeilen aus dem Brief des Apostels Paulus an die christliche Gemeinde in der Stadt Philippi ...
Philippi war die erste Gemeindegründung des Paulus in Europa. Es ist kein Wunder, daß Paulus diesen Männern und Frauen zugetan war und der Ton seines Schreibens von besonderer Herzlichkeit ist. Aber warum sage ich es nicht ganz klar: Er liebte sie. Er erfreute sich an ihnen und hatte sogar schon Geschenke von ihnen entgegengenommen. Darum erwarte ich auch nicht, daß er ihnen ausführliche Klagen schreibt über sein schweres Los im Gefängnis, oder gar in weinerlichem Ton Mitleid erzeugen will. Das würde er diesen Menschen gegenüber nicht fertig bringen. Aber, im Gefängnis sitzend, viel von der Freude zu schreiben, das ist erstaunlich genug. Er freut sich nicht über alles, wie die ersten Zeilen deutlich machen, aber alles wird ihm ein Grund der Freude. Wie gelingt ihm das? Wie macht er das?
Ich kann mir nur eine Antwort denken. Paulus will Freude. Er will sie, weil er sie unbeirrbar, ja starrsinnig, für möglich hält.

Hauptteil
1. Er will Freude, weil er viel Kummer gebracht hat. Für sein ganzes uns bekanntes Apostelleben hat Paulus einen wichtigen Antrieb. Er möchte wieder gut machen, was er in seinem weitgehend unbekannten Leben angerichtet hat. Er war ein offenbar gefürchteter Christenverfolger. Nach der wundersamen Änderung seines Sinnes richtet sich sein ganzes Trachten auf das genaue Gegenteil: Er will Freude bringen. Durch sein Leben, durch sein Schreiben, durch sein Predigen. Er will ein Zeuge der Freude sein, die Christus ihm geschenkt hat und schenkt.
Das ist verständlich und berechtigt. Und bei der Suche danach, wie ihm Freude gelingt, darf dieses persönliche Interesse, glaube ich, nicht übersehen

werden. Es zu leugnen wäre viel schlimmer. Paulus ist nicht selbstlos. Und wenn das so klingt, dann deswegen, weil er selbstsüchtig war und das zu einem Besseren wenden will. Paulus will Freude für sich und für andere. Er will Freude lehren, weil er Kummer gebracht hat. Und er kennt und nennt nur einen einzigen Grund. Jesus, meine Freude.

2. Paulus erfreut sich an Jesus. Er erfreut sich daran, daß Jesus verkündigen wird, egal wie. Er erfreut sich daran, wie Jesus lebte, wie Jesus litt – nicht, daß er litt – und wie Jesus auferweckt wurde. Seine größte Freude aber ist, was wir Selbstbewußten vermutlich am schwersten nachempfinden können. Paulus ist gewiß, daß Jesus in ihm lebt, ja verherrlicht wird. Mit seinem ganzen Leib, wie er das für unsere Ohren drastisch ausdrückt, will er Abbild Jesu sein. Mit seiner Schmächtigkeit, mit seiner Wortgewalt, mit seiner Fürsorge für die ihm anvertrauten Menschen, sogar mit seiner Ehelosigkeit. Und dann auch mit seinem Elend im Gefängnis und mit seiner Willenskraft, dies zu bestehen. Mit allem eben.
Paulus ist überzeugt, daß Jesus in ihm lebt. Jesu Geist ist in ihm. Das kann nur Freude sein, reine Freude. Alle Frucht, die Jesu Leben und Sterben brachte, wird Paulus auch bringen können. Wenn er sich nur dem Willen Gottes beugt, auch wenn das ein gewaltsamer, schmerzhafter Tod sein sollte. Wenn er nur Hinweis ist auf Christus, wird er auch Weizenkorn sein, das hundertfältige Frucht bringt. Nichts soll ihn trennen von seinem Herrn. Nichts.

3. Ich wünschte, ich könnte das.
Ich kann es nicht.
Ich beneide Paulus um seine Freude und um seine Fähigkeit, so davon erzählen zu können. Und natürlich fehlt mir auch seine überwältigende Christuserfahrung, um so Zeugnis ablegen zu können von der Freude, die Christus schenkt. Ich kann nicht Paulus sein.
Aber vielleicht kann ich etwas anderes. Ich kann Paulus verstehen lernen, seinem Weg nachdenken und seine Gedanken mit Leben füllen. Ich kann das gleiche Ziel haben wie Paulus. Ich kann seinen Weg nicht gehen, ich kann aber meinen eigenen Weg suchen, finden und ihn gehen. Ich möchte Freude haben und geben. Ich möchte Hinweis sein, daß Freude möglich ist. Wie Paulus kann ich mir wünschen, daß Jesu Geist in mir lebt.

4. Dann darf mich nichts trennen von ihm. Wirklich nichts. Das ist mein dorniger Weg, glaube ich, der zur Freude führt. Bequemer ist der andere Weg, Jesu Geist nur zu zeigen, wenn er nicht weh tut. Sonntags vielleicht, und im Abendgebet, manchmal unter Gleichgesinnten. Aber sonst bloß nicht. Sonst gelten andere Geister und andere Gesetze. Das Leben ist aber nicht zu teilen in verschiedene Geister. Sein Geist ist unteilbar. Mein Hinweisen ist unteilbar. Ich darf mich nicht trennen, darf mich nicht trennen

von ihm, und mich nicht trennen lassen. Zuhause Nicht. Beim Arbeiten nicht. Am Stammtisch nicht. Im Treppenhaus und auf der Straße nicht. Im Krankenhaus nicht. Ich darf mich nicht trennen von ihm, soll nur nach seinem Munde reden. Das ist mein dorniger Weg, vermute ich. Wenn ich ihn gehe, erlerne ich ihn und erlebe ich ihn. Jesu Geist in mir. Auf diesem Weg, beladen mit Hoffnung und Versagen, beflügelt von Paulus und anderen, bestärkt durch Gebet und Fürbitte, vielleicht sogar ausgelassen durch kräftigen Gesang, wird das Versprechen Jesu wahr an mir. Ich werde Freude haben, und Freude sein. Er trägt mich.

Schluß

Das will ich ja, getragensein. Ich tue seinen Willen, lebe seinen Geist, übe sein Mitgefühl, weil ich getragensein will. Weil ich die Schwere nicht allein verkrafte. Das wollte Paulus ja, getragensein. Er wollte schreiben und erzählen, wie gut das tut. Wie sehr es ihn trägt, wenn Jesus in ihm lebt. Wie groß das Erlebnis der Freude ist, wenn er empfindet, das Leben nicht festklammern zu müssen. Er wurde leichter, freier, manchmal heiter und beschwingt.

Das will ich ja. Leichter werden, getragen werden, manchmal heiter und beschwingt sein können. Das ist seine Freude. In allem Leid.

Kontexte

Eine Glücksdefinition

Die meisten Definitionen von Glück erschöpfen sich in Klischees, denen man daher mißtraut. Der Liebende fragt sich beunruhigt nach der Echtheit seines Gefühls, und wen das Große Los einer Lotterie getroffen hat, beginnt nach allzu kurzer Euphorie schon die Folgen des Gewinnes zu fürchten. Ob nicht Glück, und zwar jenes auf das kein Schatten von Zweifel fällt, in einer einfachen Unterlassung besteht? Man erinnere sich der Seligkeit des Augenblicks, da aus irgendeinem Grunde ein Schultag ausfiel – vielleicht weil man krank wurde oder irgendein anderes unvorhergesehenes Ereignis den Schulbesuch aufschob. Ein Gefühl, das tatsächlich nur als Glücksgefühl zu bezeichnen ist und das grundiert war von merklich unverhoffter Freiheit. Möglicherweise ist überhaupt das eine ohne das andere nicht denkbar – daß also Glück sich nur dort einstellt, wo auch die Freiheit deutlich empfunden wird; die immer noch unausgeschöpfte Möglichkeit vielfältiger Weltbeziehung. Etwas davon ist sogar als ein Tag der Woche aus dem Gestein grauer Zeit gebrochen worden – jener Tag, an dem man frei vom Zwang der Arbeit wird. Wenige Erfindungen der Menschheit, zumindest der europäischen, enthalten, obschon religiös gefärbt und auf einen bloß noch regenerativen Zweck heruntergebracht, so viel Glückspotential wie dieser Tag, der Sonntag heißt. Und wie jedes wahre Glück, das seine Intensität aus dem Wissen um die eigene Vergänglichkeit zieht, so leuchtet auch dieser Tag nur derart hell, weil ihm unweigerlich der Montag folgen muß.

(Günter Kunert, »Eine Glücksdefinition«. Aus: Ders., Im toten Winkel. Ein Hausbuch. © Carl Hanser Verlag München Wien.)

An manchen Morgen stehe ich auf, schaue durchs Fenster, sehe dem Tag ins Gesicht und weigere mich entschieden, ihn zu empfangen. Er hat etwas Trübes, Hinterhältiges, Kleinliches, Heuchlerisches, das mich abhält, ihn einzulassen. Es sind die Tage der Gläubiger, die kommen, um etwas mitzunehmen, nicht um uns etwas dazulassen. Also schlage ich ihnen die Tür vor der Nase zu, wie einem Hausierer oder wie diesen alten Bekannten, die uns unvermutet überfallen, damit wir ein Manifest unterschreiben oder eine schon erloschene Freundschaft neu beleben. Versiegelte, tote Tage, die außerhalb unseres Lebens ablaufen und uns ins Grübeln und ins Schweigen zwingen. Aber vielleicht verdanken wir ihnen unser Bestes.
(Julio Ramón Ribeyro, Text Nr. 147, aus: ders., Heimatlose Geschichten, © 1991 by Ammann Verlag AG, Zürich.)

Judica

Predigttext: 4. Mose 21,4–9

Wolf-Dietrich Hardung

Homiletische Skizze

Was bitte fangen wir einen Sonntag vor Palmarum mit der ehernen Schlange an? – In manchen Landeskirchen, z.B. in Württemberg, ist dieser Sonntag Judica zudem einer der möglichen Konfirmationstage in der Fastenzeit.
Aus der vorangegangenen Exegese (Band 4) entnehme ich das Stichwort »apotropäisches Zeichen«. Die eherne Schlange in der Erzählung (4. Mose 21,4–9) kann man als ein solches aufgerichtetes Zeichen verstehen, wie es z.B. auch an mittelalterlichen Kirchen zu sehen ist. In Form von Wasserspeiern und an Strebepfeilern sind furchterregende Wesen dargestellt. Aber sie sind gleichsam in Stein gebannt. So können sie dem Gläubigen nichts mehr anhaben. In dem er sie ansieht, ist er vor ihnen gewarnt und gefeit. Im Innenraum der Kirche aber wohnt Gott und nicht die Dämonen.
Im Innenraum der Kirche ist freilich noch ein anderes Zeichen aufgerichtet: Jesus am Kreuz. In der Exegese (Band 4) wird darauf hingewiesen, daß im Nikodemus-Gespräch des Johannesevangeliums Jesus selbst die Verbindung von Kreuz und eherner Schlange herstellt (Johannes 3,14 und 15): »Und wie Mose in der Wüste die Schlange erhöht hat, so muß der Menschensohn erhöht werden, damit alle, die an ihn glauben, nicht verloren werden, sondern das ewige Leben haben.« Der Gekreuzigte ist also ein furchterregendes Zeichen dafür, was Menschen einander antun können und in welche Gottverlassenheit das Mitleiden und der Erlösungswille Gottes reichen. So entspricht also das Zeichen der ehernen Schlange dem Zeichen des Kreuzes, an dem Christus starb. Durch Gottes gnädigen Willen sind zwei Symbole der Todesangst zu Zeichen des Heils geworden.

Liturgische Skizze

Der Gottesdienst, den ich vor Augen habe, entspricht in Württemberg nicht der Messform, sondern eher der oberdeutschen Liturgie. Hier wird nach dem liturgischen Gruß der Wochenspruch oder ein anderes einführendes Wort gesprochen. Ich würde das Wort aus Matthäus 20,28 wählen: »Der Menschensohn ist nicht gekommen, daß er sich dienen lasse, sondern daß er diene und gebe sein Leben zu einer Erlösung für viele.« Im Blick auf Konfirmations- und Abendmahlsfeiern zur Konfirmation könnte auch aus *Psalm 34* das Wort von der Erhöhung des Herrn gewählt werden: »Preiset mit mir den Herrn und laßt uns miteinander seinen Namen erhöhen« (Psalm 34,4). Dieser Psalm könnte in liturgischer Form (34,1–9) auch im Wechsel gesprochen werden. Denn er enthält im Angesicht des Leidens – »als einer im Elend rief« – das Gotteslob und die Freude – »daß es die Elenden hören und sich freuen« – (auch für den Mund von Konfirmanden).

Unter diesem Blickwinkel könnte auch der Gottesdienst in der Passionszeit mit einem *Loblied* eröffnet werden: »Lobe den Herrn, den mächtigen König der Ehren« (EKG 234); zumal der Versteil: »in wieviel Not hat nicht der gnädige Gott über dir Flügel gebreitet« ein wichtiges Deutewort in der Predigt sei könnte.
Als *weitere Lieder* werden für eine evtl. Konfirmationsgemeinde Lieder mit bekannten Texten und Melodien vorgeschlagen; so das Psalmlied EKG 188,1–3,5: »Nun lob mein Seel den Herren«; das Lied der böhmischen Brüder, EKG 205,1–4: »Lobt Gott getrost mit Singen«; sowie das Lied im Blick auf die Gemeinde und Kirche, EKG 206,1–3: »Preis Lob und Dank sei Gott dem Herren, der seiner Menschen Jammer wehrt«.
Das *Eingangs- und das Schlußgebet* sind kurze Anrufungen, um evtl. selbstgestalteten Gebeten von Konfirmanden oder deren Eltern Raum zu geben.

Eingangsgebet
Lieber Gott,
wir danken dir für diesen Feiertag.
Öffne unsere Seele zum Lobpreis.
Sei mit allen, die glücklich sind,
damit ihr Glück und ihre Freude sie dankbar machen.
Sei mit allen, die es schwer haben
und sich unglücklich fühlen,
damit sie deine Nähe spüren,
dein Seufzen mit allen Leidenden.

Schlußgebet
Lieber Vater im Himmel
Wir leben diesseitig in einer säkularen Welt.
Du aber verheißt uns deine Gegenwart,
wann immer wir darum bitten.
Jesus Christus, unser Heiland,
lebt und leidet mit uns.
Er ist unser Herr und Bruder,
sein Geist tröstet uns und richtet uns auf.
Durch ihn wissen wir, daß du uns nahe bist
in allen Freuden und allen Leiden unserer Welt.
Nun bitten wir dich für die Kranken
und Schwermütigen in unserem Umfeld,
für die Menschen in Kriegszonen,
für solche, die sich schuldig wissen
und solche, die sich nach Gerechtigkeit sehnen;
für alle, die leidenschaftlich leben wollen
bitten wir, stehe uns bei durch den Heiligen Geist.

Predigtskizze

Die Predigt könnte wie folgt beginnen: Liebe Gemeinde, wir leben in der Passionszeit. Es ist die Zeit, in der uns die kirchliche Überlieferung die Passion, das Leiden von Jesus Christus vor Augen rückt.
Vom Leiden erzählt auch unser heutiger Predigttext des Alten Testaments. – Die Menschen, die sich mit Mose in die Wüste gerettet haben, sind zwar der Sklaverei der Ägypter entronnen. Dafür leiden sie nun unter der Sklaverei des Mangels. Es fehlt ihnen an den Grundnahrungsmitteln Wasser und Brot. Das Manna, das die Wüste als Nahrung hergibt, »hängt ihnen zum Halse heraus«. Die Rettung, das Wunder Gottes, ist vergessen, denn sie fühlen sich akut am Leben bedroht. Sie haben keine Geduld mehr und kein Vertrauen. Sie ballen die Fäuste wider Gott und wider Mose, seinen Propheten.
Gott aber fügt sich nicht ihren Zornausbrüchen. Im Gegenteil: Er sattelt auf die Menge der Leiden noch eines darauf. Nun müssen sie sich auch vor den giftigen Schlangen fürchten. Deren Biß ist tödlich. Zahlreiche Israeliten sterben daran. Und nun? – Die Leute lamentieren nicht etwa noch erbitterter, sondern sie gehen plötzlich in sich. Im Angesicht der zahlreichen Toten erkennen sie wieder, wie sehr sie in der lebensfeindlichen Wüste bisher vor dem Schlimmsten bewahrt worden sind. Sie erkennen ihre Undankbarkeit und fühlen sich schuldig. Mose soll helfen. Sie brauchen seine Fürsprache vor Gott. Die Erkenntnis – »in wieviel Not hat nicht der gnädige Gott über dir Flügel gebreitet« – ist eine wesentliche Botschaft der heiligen Schrift. Sie ist der Schlüssel zu Dank und Fürbitte.

Zum weiteren Verlauf
An dieser Stelle mag nun der Prediger Geschichten persönlicher Lebenserfahrung einfügen. Sie können aus dem Umfeld von Krankheit und Altern kommen aber auch aus dem sozialen Bereich: z.B. Verlust des Arbeitsplatzes, Verlust eines wichtigen Mitmenschen durch Wegzug, durch den Tod oder durch Scheidung. In den Zeiten des Verlustes können wir uns schwer vorstellen, daß Lebensverluste bis hin zu Altern und Tod zu dem Leben dazugehören, für das uns Gott bereitet hat.

Aufnahme des Predigtfadens
Um diesen inneren Prozeß in Gang zu setzen, bedürfen wir der Zeichen, abschreckender und aufbauender. Abraham selbst ist im Alten Testament ein solches Zeichen. Er, der unbeirrt Gottes Stimme hört, lernt, daß Gott keinesfalls Menschenopfer verlangt, schon gar nicht das Opfer seines Sohnes Isaak.

Zum weiteren Verlauf

Das ist eine Botschaft, die in unsere Tage reicht, in denen angeblich um Gottes und der Menschen willen ungeheure Menschenopfer verlangt werden. Hier können Quasi-Religions- und Bürgerkriege genannt werden; etwa in Irland der Kampf zwischen Katholiken und Protestanten oder im ehemaligen Jugoslawien die Auseinandersetzungen zwischen katholischen Kroaten, orthodoxen Serben und moslemischen Bosniern.

Aufnahme des Predigtfadens

Ein abschließendes Zeichen ist in den alttestamentlichen Schriften die Gestalt des Hiob. Der gottesfürchtige Hiob vermag angesichts seiner persönlichen Verluste zu beten: »Der Herr hats gegeben, der Herr hats genommen. Der Name des Herrn sei gelobt« (Hiob 1,21b). Er selbst, Hiob, verliert im geistlichen Ringen mit seinen Freunden diesen Frieden mit Gott, um ihn am Schluß des Buches mit Gottes Hilfe wieder zu erlangen. – Die Gestalt des Hiob , der elend vor dem Scherbenhaufen seines Lebens sitzt, erst in Demut, dann im Zorn, schließlich im Frieden ist ein Zeichen schon im Vorfeld der Christusbotschaft.

Zum weiteren Verlauf

Zu den apotropäischen, ganz und gar schrecklichen Zeichen unserer Zeit gehört das Hakenkreuz. Es wird heute verwendet, um der Völkergemeinschaft und der Mitmenschlichkeit ohne Ansehen der Person und Herkunft den Kampf anzusagen. Es erscheint an Ausländerquartieren, an Synagogen, Kirchen und jüdischen Friedhöfen. Im Namen dieses Zeichens wird verbrannt und getötet. Vor Jahrtausenden einst ein Lebenszeichen, ist es jetzt zum Todeszeichen geworden und zum Zeichen der Gottlosigkeit. Dennoch hat dieses Zeichen auch heilsame Wirkung. Durch die nazistische Vergangenheit rüttelt das Hakenkreuz auf und ruft zur Entscheidung heraus im eigenen Denken und Glauben. – Tausende von Menschen haben friedlich auf den Straßen demonstriert, um dem bösen Geist dieses Zeichens entgegenzuwirken im Namen der Humanität, der Mitmenschlichkeit und im Namen ihres Glaubens.

Schluß der Predigt

Der Abschluß kann wieder zum Anfang zurücklenken: Gott sendet uns erschütternde Zeichen, sie sollen uns aufrütteln aber auch von der Furcht und der Gottesferne befreien. Wie im alten Bund die eherne Schlange erhöht wurde, damit sich die Menschen nicht in der Wüste der Gottlosigkeit verirren, so steht in der Passionszeit das Kreuz des Christus vor uns, damit wir glauben, daß Gott der Mitleidende bleibt in allen unseren Anfechtungen.

Mitarbeiterinnen und Mitarbeiter

Pfarrerin Ingrid Adam, Mainz; Pfarrer Ernst Arfken, Göttingen; Pfarrerin Gisela Arp-Kaschel, Esgrus; Pfarrer Michael Becker, Kassel; Dekan Dr. Friedhelm Borggrefe, Ludwigshafen; Pfarrerin Berthild Boueke-von Waldthausen, Bielefeld; Pfarrerin Birgit Brügge-Lauterjung, Duisburg; Prof. Dr. Karl-Fritz Daiber, Hannover; Pfarrer Erhard Domay, Landau; Pfarrer Klaus Eulenberger, Hamburg; Pfarrer Joachim Funk, München; Pfarrer Dr. Friedrich Gölz, Stuttgart; Pfarrer Dr. Jürgen Grimm, Dörrenbach; Dekan Wolf-Dietrich Hardung, Tübingen; Propst Karl-Behrnd Hasselmann, Kiel; Pfarrerin Hildegard Heimbrock-Stratmann, Aßlar-Werdorf; Pfarrer i.R. Ludwig Keller, Kassel; Pfarrer Dr. Wolfgang Lipp, Ulm; Pfarrer Claus Marcus, Berlin; Pfarrerin Sabine Ost, Unteraltenbernheim; Pfarrer Martin Ost, Unteraltenbernheim; Pfarrer i.R. Hans Reinhard Rapp, Hermannsburg; Pfarrer Christian Schad, Weingarten; Pfarrer Dr. Klaus Schäfer, Bonn; Pfarrer Jobst von Stuckrad-Barre, Göttingen; Pfarrer Andreas Zeuschner, Gelsenkirchen